FINANZAS PARA TODOS

PACO DE LEON

FINANZAS PARA TODOS

Toma el control de tus finanzas

OCEANO

FINANZAS PARA TODOS
Toma el control de tus finanzas

Título original: FINANCE FOR THE PEOPLE. Getting a Grip on Your Finances

Autora: Paco de Leon

© 2022, One Jelly Bean, Co.

Esta edición es publicada según acuerdo con Sterling Lord Literistic y MB Agencia Literaria

Traducción: Karina Simpson

Diseño de portada: Elizabeth Yaffe y Paco de Leon

D. R. © 2022, Editorial Océano de México, S.A. de C.V.
Guillermo Barroso 17-5, Col. Industrial Las Armas
Tlalnepantla de Baz, 54080, Estado de México
info@oceano.com.mx

Primera edición: 2022

ISBN: 978-607-557-594-0

Impreso en México / Printed in Mexico

A mi dulce esposa, Jenn,
por creer siempre en mí;
a mi antiguo yo de 15 años;
y a usted, lector, cuyo potencial
de creatividad y cambio es ilimitado

ÍNDICE

INTRODUCCIÓN

El dinero es un sustituto del poder y creo, igual que muchos seres humanos en el mundo moderno, que cuando tienes dinero tienes poder. La forma más obvia en la que pensamos esto es creyendo que quien tiene una gran cantidad de dinero suele poseer una gran cantidad de poder. Pero, por supuesto, lo contrario también ocurre. Y estoy convencida de que por eso muchas personas tenemos profundas asociaciones emocionales con el dinero. Una vez un terapeuta me dijo que el sentimiento más temido es la impotencia. Cuando me di cuenta de esto, observé muchos de mis comportamientos bajo una nueva luz. Mi carrera en el mundo del dinero tuvo mucho sentido cuando la miré a través de esta lente. Luchar con el dinero, creer que no tienes suficiente, sentir que no tienes control sobre tu vida financiera es, en su esencia, una sensación aterradora de impotencia para mí, para ti, para todos.

El poder tiene una mala reputación; algunas personas lo buscan para ejercerlo sobre los demás. Yo deseo tener poder porque no quiero que lo ejerzan sobre mí. Empoderarme en una sociedad que no quiere que yo tenga poder es la acción más radical que puedo emprender. La segunda acción más radical es escribir este libro.

No lo escribí debido a mi pasión por las finanzas personales. De hecho, *no tengo* una gran pasión por las finanzas personales. Lo que me importa es ayudar a la gente a conectar con su poder personal, porque una vez que accedes a él, es como una campana que no deja de sonar. Entrar en tu poder te da claridad. Cambia tu mundo sutilmente y para siempre. Te muestra que siempre tendrás opciones, pero debes aprender a verlas.

Escribí este libro por razones prácticas; es valioso entender cómo navegar a través del sistema financiero de la mano de alguien que conoce sus vericuetos. También es increíblemente práctico utilizar procesos y sistemas que te ayudan a alcanzar los hitos financieros. Gran parte de los conocimientos pragmáticos que comparto en este libro provienen de mi experiencia como planificadora financiera, contadora, consultora de pequeñas empresas, agente de cobranza, vendedora fracasada y como dueña y directora de pequeñas empresas. Este libro es diferente a las demás publicaciones de finanzas personales por varias razones. Aunque es sumamente práctico, también es mucho más que eso. Te ayudará a pensar en el dinero de una manera diferente. Al igual que cuando yo me di cuenta de mi relación con el poder, quiero ayudarte a ver tu relación con el dinero bajo una nueva luz.

Aclaro que no comparto lo que he aprendido desde la perspectiva de alguien de la industria financiera que se beneficia de ella y quiere mantener el *statu quo*. Que se joda el *statu quo*. Este libro busca liberar la información.

Tomé la decisión de estudiar finanzas y economía de la misma manera que mucha gente toma sus decisiones financieras: yo seguía la sabiduría convencional al azar, en el intento de ser práctica y de no arruinar mi vida.

Antes del último semestre de la carrera, cuando examiné las opciones que me ofrecía poseer un título en Finanzas, decidí que me convertiría en una planificadora financiera o en consultora de empresas. Como yo lo entendía, los planificadores financieros ayudaban a la gente a administrar su dinero, y los consultores de empresas ayudaban a las empresas con el suyo. Pensé que era el mismo tipo de trabajo, pero para diferentes tipos de clientes.

Un par de meses después de graduarme, y por una serie de acontecimientos afortunados, encontré un empleo remunerado en una consultoría empresarial en Los Ángeles. Pero esto parecía una broma del destino: la consultora subarrendaba una oficina y unos cubículos dentro de una empresa de planificación financiera. Extrañamente, conseguí las dos cosas que quería.

Mi primer día de trabajo en la consultora fue en agosto de 2008, justo en el momento en que la crisis de la vivienda estaba empezando a calentarse. La empresa de planificación financiera con la que compartimos espacio tenía una reunión de personal en la sala de conferencias. Escuché que hablaban del inicio del colapso de la vivienda; los clientes estaban entrando en pánico, y ellos formulaban un plan para ayudarles a mantener la calma. Ya sabía que quería estar en esa sala de conferencias, sentada en esa mesa, escuchando esas conversaciones. Lo que ocurría en el mundo financiero parecía un evento emocionante, único en la vida. Yo quería estar en primera fila mientras el mundo financiero ardía. Sé que eso me hace sonar como una loca, pero tenía 22 años y toda mi aburrida carrera por delante. Pensé que eso sería lo más emocionante del mundo de las finanzas. Dos años después, terminé trabajando para esa empresa de planificación financiera. Logré entrar a la sala de conferencias. Conseguí un asiento en esa mesa. En esa sala, en las reuniones de personal de los lunes por la mañana, escuché hablar a economistas, periodistas y gestores de fondos, quienes nos enseñaron cómo funcionaba este mundo. Me senté frente a los clientes. Aprendí cómo funcionaban el poder y el dinero en la vida real, y me di cuenta de que yo no tenía ninguna de esas cosas. Aprendí a crear planes financieros y a manejar la dinámica familiar de los clientes. Los planificadores financieros más experimentados compartieron su sabiduría conmigo. Me enseñaron que, si quieres conocer toda la historia, debes seguir el dinero; que la combinación más peligrosa en un cliente (o en cualquier persona, en realidad) es la ignorancia y la arrogancia, y que, como inversionistas profesionales, los clientes siempre elegirían tener suerte antes que habilidad.

Cuando dejé de sentirme tan afortunada y agradecida por haber conseguido un lugar en esta mesa, me pregunté por qué pude lograrlo. ¿Por qué tuve la fortuna de obtener esta visión sobre cómo funciona el mundo financiero? ¿Por qué yo, y no otra chica morena y gay, que estudió en una universidad estatal sin importancia y por suerte tropezó en esa oficina? ¿Por qué tuve este acceso que a tantos otros se les negó? ¿Por qué estaba aprendiendo las cosas que sólo se comparten detrás de las puertas cerradas de las empresas de planificación financiera y de los hogares en las zonas más ricas de Estados Unidos? Después de una larga batalla para acallar mi intuición, finalmente me rendí. Me di cuenta de que debía compartir lo aprendido con el mayor número posible de personas. Deseaba compartirlo con quienes más necesitaban esta información, pero que no tenían la menor posibilidad de pagar por ella. Deseaba compartirlo con todas las personas que se han sentido ignoradas y desatendidas por la industria de las finanzas personales.

Mi experiencia de ser una forastera dentro de ese mundo es la base de las filosofías que comparto en este libro, pero también estoy profundamente influida por otras disciplinas. Por supuesto, veo el dinero a través de la lente de la economía, pero también a través de lo que nos contamos a nosotros mismos en nuestras historias personales y colectivas. Me concentro en el papel que desempeñan nuestras emociones en la toma de decisiones racionales. Y cómo el trauma y el estrés no pueden ser divididos y separados de nuestras vidas financieras. Para entender nuestra relación con el dinero, este libro, a diferencia de la mayoría de las publicaciones de finanzas personales, no ignora los problemas propios de nuestro sistema. Tampoco ofrece soluciones a estos problemas tan arraigados: eso sería un trabajo totalmente diferente. Pero reconoce la realidad y examina cómo el origen del dinero, la deuda y los productos financieros han atravesado el espacio y el tiempo para dar forma a nuestra vida moderna actual. Este libro trata de hacer lo posible con lo que tenemos.

Aunque usemos herramientas prácticas y modernas para intentar controlar el resultado, este tipo de enfoque integral va más allá de eso. También se trata de sentirnos menos frágiles al implementar prácticas que nos ayuden a sobrellevar la situación y dejar de lado lo que está fuera de nuestro control.

Piensa en este libro como una llave maestra para tener una mejor relación con el dinero. No voy a enseñarte nada avanzado como, por ejemplo, cómo ganar dinero con el comercio de divisas o animarte a ahorrar el 50% de tu salario para que seas financieramente independiente a los 32 años. Pero si estás empezando a preocuparte por tus finanzas, éste es un comienzo sólido y completo.

Una de las observaciones más fascinantes a lo largo de los años que llevo trabajando con clientes y escribiendo sobre finanzas, es la desconexión que la gente tiene entre lo que quiere y lo que hace; en especial, la gente que está empezando a navegar por sus finanzas por primera vez. La gente quiere ahorrar más, pero no lo hace. La gente quiere invertir, pero pasa otro año y no empieza. La gente necesita ganar más dinero, pero se resigna a aceptar lo que se le da.

Así que he tratado de abordar por qué los seres humanos, incluyéndome, somos incoherentes entre nuestras intenciones y comportamientos. Unas veces son las circunstancias; otras ocasiones son las creencias. La mayoría de las veces es la superposición entre las circunstancias, las intenciones y los comportamientos. Espero que estas dificultades resuenen con las tuyas, sin importar sus causas. Y si no, tal vez te ayuden a descubrir cuáles son las tuyas. En última instancia, esta excavación es una parte necesaria para llegar a un punto en el que elijas centrarte en tu capacidad de acción, y no en cosas que no puedes controlar.

Aunque este libro detalla estrategias específicas para poner en práctica en tu vida financiera, no creas que porque soy una experta sé exactamente qué es lo correcto para ti. He aprendido a medida que más personas me pedían consejo, y me di cuenta de que cada quien sabe lo que le conviene; sólo necesita desarrollar su sentido de la escucha para oír su propia voz.

Así que, a lo largo de la lectura, una gran parte del trabajo consiste en hacer ejercicios de autoindagación que fomentan tu capacidad de escuchar tu propia voz, tus deseos y tu intuición. Una vez que tu guía interior esté informado de los hechos y la realidad del mundo, puedes acceder a tu propia genialidad. No me refiero a una genialidad como la de Einstein; me refiero a la genialidad de sentir que estás al mando de tu vida.

La primera observación que te invito a hacer es la única suposición universal de que todos somos raros con el dinero y que debemos abordar cómo y por qué somos raros. Abordar esta rareza nos da la claridad que los consejos prescriptivos no pueden, porque todos somos raros (cada quien a su manera).

Nuestra comprensión de cómo funciona el dinero en el mundo proviene de un coctel de perspectivas, incentivos, historias y creencias contradictorias. Aunque se supone que el dinero es un sistema de acuerdo social que expresa lo que valoramos como sociedad y como individuos, no todo el mundo valora lo que el sistema premia y castiga. Es fácil experimentar un desequilibrio entre lo que valoras y lo que *deberías* hacer.

Entender por qué somos raros con el dinero es el primer paso para ser menos raros al respecto. Este trabajo es llevar el inconsciente a la conciencia; es encender la luz en una habitación oscura. Nos da una nueva perspectiva. Nos da opciones y nos muestra nuevas formas de actuar: desde nuestros hábitos diarios hasta la forma en que nos relacionamos con los demás y las políticas que apoyamos.

He dedicado años de trabajo constante a deshacer muchas de las ideas y creencias que he interiorizado sobre mí misma y mi valor. Ideas que se reflejan de forma tangible en el mundo que me rodea, a través de cosas como la brecha salarial y la diferencia de ingresos entre las empresas que son propiedad de mujeres de color y las empresas de mujeres que no pertenecen a minorías. Ideas que me han conminado a interiorizar la creencia de que no soy digna de cosas que otras personas merecen intrínsecamente. He tenido que asumir la responsabilidad de mi interiorización de estas creencias, que es sólo otra capa del descompuesto y raro pastel del dinero.

Una gran parte de este libro se basa en esta estructura, porque, cuando conocemos las cosas que nos dan forma, tenemos la oportunidad de cambiar. Cuando nos damos cuenta de nuestro poder para cambiar, dejamos de sentirnos como víctimas y nos convertimos en personas empoderadas y libres.

Convertirse en esa persona no requiere una fuerza sobrenatural. Lo que sí necesita es tu voluntad de estar abierto. Incluso es necesario que estés dispuesto a dejar de lado tus creencias actuales porque te impiden ver las cosas de otra manera.

Piénsalo así: ¿alguna vez has intentado explicar el sabor de un mango a alguien que nunca ha probado uno? ¿Has intentado imaginar un color que nunca has visto? Justo así se siente pensar en ser buenísimo con el dinero, o simplemente mejor de lo que eres ahora.

La realidad es así de divertida. Es difícil imaginar algo diferente de lo que ya has vivido porque no tienes experiencia anterior como marco de referencia. Pero por eso debes estar abierto a ver lo que aún no has visto. Estar abierto es una forma de sentirte libre porque no te aferras a las expectativas. Cuando te liberas de esa presión, puedes ver otras formas de ganar.

Este libro es mi pequeña contribución a la industria de las finanzas personales, la cual no ha sido impresionante a lo largo de los años. Es mi intento de mejorarla un poco, siendo honesta y real sobre lo que he visto de primera mano: cómo el mal comportamiento dentro de la industria es incentivado y se convierte en algo sistémico, y cómo, frente a esa realidad, la gente puede acceder a su poder y aprender a tomar el control de sus situaciones financieras. Para hacer algo real y honesto es preciso entender el mundo, no como creemos que debería ser, sino como es en realidad. Así que, no te diré que no compres cafés *latte* o un sándwich súper sano de aguacate, y también me abstendré de argumentar lo que se debería hacer para que las cosas sean justas. No estoy en contra de que las cosas sean justas, pero la realidad es que, aunque fueran igualitarias, todos seguiríamos teniendo problemas diferentes porque la vida es un desastre. La desgracia es real (muy real). Y dado que no tengo ninguna experiencia en la que sentí que podía confiar en un gobierno o cualquier otra institución para luchar por mi parte justa, he llegado a creer que buena parte de estar empoderados es aceptar que no podemos esperar a que alguien venga a salvarnos.

Cada persona de cada generación ha tenido su sándwich de mierda: algunos fueron reclutados en una guerra que alteró el curso de sus vidas, muchos aceptaron préstamos estudiantiles sin entender completamente los términos, algunas personas compraron casas durante el pico del mercado, y otros supuestamente se iban a jubilar, pero la crisis de 2008 diezmó sus ahorros, y a la vuelta de la esquina tenemos la amenaza de la automatización y los robots que vienen a quitarnos el trabajo. Algunas personas se enfermaron de gravedad y el costo de su recuperación es tan alto que nunca podrán pagarlo. Y al momento de escribir esto, todos estamos averiguando cómo sortear la economía covid. Cada crisis financiera genera una crisis personal de la que algunas personas nunca se recuperan. Muchos somos víctimas de la desigualdad y muchos más intentan vivir en una ciudad donde el aumento de las rentas no se corresponde con el estancamiento de los salarios. Ha

LOS DIFERENTES SÁNDWICHES DE MIERDA DE LA VIDA

ENLISTADO PARA LA GUERRA	NO COMPRENDIÓ LOS PRÉSTAMOS ESTUDIANTILES	COMPRÓ UNA CASA EN EL PUNTO MÁXIMO DEL MERCADO	CUENTA PARA EL RETIRO PERDIDA UN AÑO ANTES DEL RETIRO	ESTUDIANTE DE PRIMERA GENERACIÓN GRADUADO DE LICENCIATURA DURANTE UNA PANDEMIA GLOBAL

habido generaciones de políticas económicas, educativas, legales, de salud y de vivienda que han frenado a la gente debido a su clase, su raza o ambas condiciones. Ojalá tuviera soluciones para eso, pero no las tengo. ¿Cómo pueden salir todos adelante, cuando no todos pueden permitirse el lujo de comprarse unas botas? Ésta es la parte de la metáfora que debe enfatizarse: alguien más hace las botas y las correas. Nos necesitamos unos a otros. La humanidad progresa porque nos ayudamos unos a otros.

Este libro es sólo una forma de ayuda. Aunque me gustaría escribir un libro que ofrezca una solución prescriptiva a la profunda desigualdad, por medio de la redistribución equitativa de la riqueza, en definitiva no tengo las respuestas para arreglar un sistema contra el que yo misma lucho.

Pero sí sé que enseñar a tanta gente como pueda sobre cómo funciona el sistema actual es un paso más hacia el cambio. No podemos trabajar para cambiar algo que no conocemos, pero cuanto más aprendemos, mejor dotados estamos para desafiar el sistema. Conocer las reglas del juego es importante porque, lo reconozcas o no, eres un jugador. La mayoría de nosotros nacimos en el sistema en el que participamos, y al tomar la decisión de no excluirnos, estamos optando por participar. Una vez que aprendes las reglas puedes elegir la forma de jugar. Puedes optar por salir, puedes darles a otros un asiento en la mesa.

Este libro busca motivarte a que tomes en serio tu relación con el dinero y te da las herramientas para lograrlo. Se trata de ayudarte a desenterrar las razones más profundas por las que no te importa un comino. Se trata de lo que puedes hacer con lo que tienes para cambiar tu vida y la de quienes te rodean. Es simple, pero no siempre fácil. Confía en el proceso.

CÓMO UTILIZAR ESTE LIBRO

E ste libro es una invitación a cambiar tu forma de pensar sobre el dinero, cómo te sientes acerca del dinero y lo que haces con él.

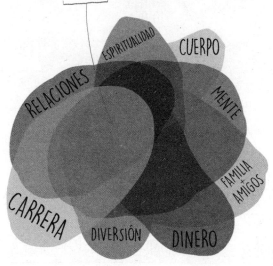

LAS ÁREAS DE TU VIDA QUE HACEN
QUE TU VIDA SE SIENTA COMO TU VIDA

ESPIRITUALIDAD

CUERPO

RELACIONES

MENTE

FAMILIA + AMIGOS

CARRERA

DIVERSIÓN

DINERO

Todos los elementos de nuestra vida están conectados; se superponen y forman lo que sentimos sobre nosotros mismos. Por lo tanto, no puedes dividir tus sentimientos acerca del dinero. Llevas esos sentimientos a tus relaciones y a tu vida cotidiana. Lo que sientes acerca de ti mismo influye en las decisiones que tomas. Y todas las decisiones que tomas crean lo que eres, lo que eres capaz de hacer y lo que te permitirás ser.

Te invito a hacer algo muy difícil: aprender las reglas de un juego injusto, intentar jugarlo, confiar en que el proceso te ayudará a conocerte a ti mismo y al mundo que te rodea, y a darte cuenta de que, si quieres ayudar a cambiar el sistema en general, primero tienes que empezar por transformarte. No puedes esperar modificar nada fuera de ti, si no estás dispuesto o no eres capaz de cambiarte a ti mismo desde dentro.

LA PIRÁMIDE DE LAS FINANZAS IMPACTANTES

Toda buena guía de campo debería darte una visión clara y kilométrica del mundo al que vas a descender. Nuestra guía se denomina Pirámide de las

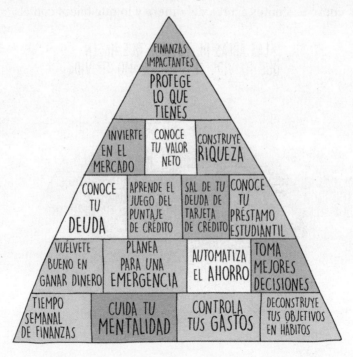

Finanzas Impactantes. Es el mapa de tu viaje como héroe. Es el bosque que contiene los árboles. Es una herramienta destinada a darte un vistazo del mundo de las finanzas personales. Una forma de ver todos los componentes en una panorámica, en lugar de presentarte la intimidante jerga de la letra pequeña. Es mi manera de comunicarte que este mundo es mucho más pequeño y más fácil de entender de lo que te habías dado cuenta.

CÓMO USAR LA PIRÁMIDE: TEORÍA Y PRÁCTICA

Cada ladrillo de la Pirámide de las Finanzas Impactantes representa un concepto financiero que debes aprender y acciones que debes emprender. La idea es que, en un mundo perfecto sin fricciones, puedes aprender cada concepto y luego tomar medidas para poner en práctica lo que aprendiste y, ¡*voilà*!, mágicamente te conviertes en un genio financiero.

La base de la pirámide se compone de bloques de construcción fundamentales, un punto de partida sólido. El nivel de los ladrillos en la pirámide asciende en orden de prioridad. Entonces, si quieres leer este libro como si

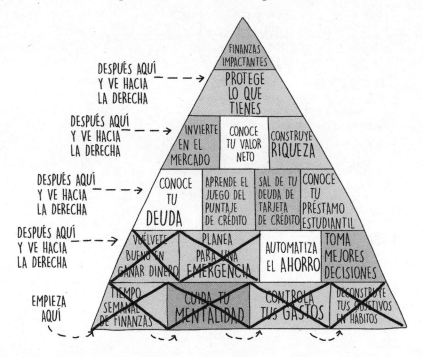

fuera un libro de "elige tu propia aventura", debes tener cuidado: la presentación de estas ideas tiene una lógica. Los fundamentos, como saber cuánto dinero se puede gastar, impulsarán la toma de decisiones que se presentan en los capítulos posteriores, como la cantidad de dinero que debes ahorrar o el tipo de seguro de vida que necesitas.

Hay algunos conceptos que quizá ya has empezado a abordar. Por ejemplo, tal vez ya has aprendido acerca de la jubilación y estés aportando a un plan 401(k). No te preocupes si ése es el caso, ahora puedes volver atrás y rellenar los huecos. Si necesitas hacer cambios en lo que ya has empezado, puedes llevarlos a cabo poco a poco. Aunque todos los lectores utilizarán la misma guía de campo, el viaje real será diferente para cada persona.

Nuevo nivel, nuevo demonio

En cada nivel de la Pirámide de las Finanzas Impactantes hay un nuevo demonio al que enfrentarse. Es como *Super Mario Bros.* A medida que avanzas,

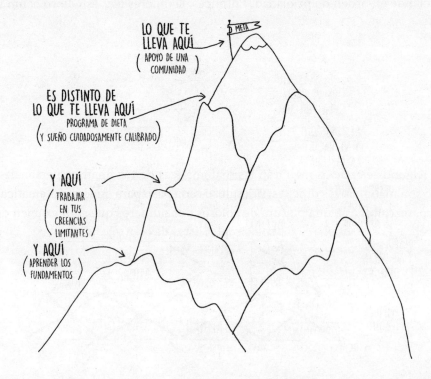

cada personaje al que te enfrentas es más grande, con más armas lloviendo sobre ti. Para ganar el siguiente nivel quizá necesites una técnica diferente a la del nivel anterior. Tu demonio interior podría ser una creencia limitante que te impida dar los pasos necesarios para ganar más dinero. Podría ser tu lucha por conciliar tu participación en la financiación del mundo y su mayor impacto en los trabajadores. Saber que esto es parte de tu propio progreso, te facilitará detectarlo y lidiar con él cuando te confronte. Cuando te sientas atorado, recuerda que la mentalidad y las acciones que te llevaron a donde estás hoy en este momento quizá son distintas a la mentalidad y las acciones necesarias para llegar al siguiente nivel de progreso.

Movimiento vs. acción: aprender lo que es el trabajo vs. hacer el trabajo

En el libro *Atomic Habits*, de James Clear, el autor explica que el movimiento son todas las cosas que puedes hacer sin realmente actuar sobre algo. Es investigación, leer, aprender, pensar, desarrollar conciencia. Y la acción es… hacer la cosa en sí misma. El movimiento es ver tutoriales en YouTube, hojear libros de cocina y marcar las recetas de pan. La acción es probar la levadura y amasar la masa.

Cada capítulo de este libro se sumerge en conceptos y teorías para que tengas un conocimiento inicial de los fundamentos de las finanzas personales: el movimiento. Y dentro de cada capítulo habrá oportunidades para que pongas en práctica lo aprendido, y para que practiques y lo apliques a través de diferentes ejercicios.

Algunos ejercicios incluirán las matemáticas de tus finanzas personales. No son matemáticas difíciles, y desgloso cada paso para que las matemáticas se parezcan más a una pintura de colores por números que a un examen de álgebra. Los otros ejercicios son simples listas de control y preguntas, o bien sugerencias para profundizar tu indagación interior por medio de un diario.

Yo aprovecho el aprendizaje al máximo cuando me doy el espacio para escribir un diario. Espero que consideres seriamente llevar un diario mientras lees este libro y realizas los ejercicios. Por mucho que quiera animar a todo el mundo a llevar un diario, me doy cuenta de que no es para todos. Por supuesto, escribir un diario no es la única manera de obtener claridad:

dar un paseo o salir a correr también funciona. Por favor, no evites el trabajo de indagación interior. Tienes que aprender a crear las condiciones que te permitan dar un paso atrás y observar lo que está pasando. La observación aguda es una parte importante de la recopilación de datos en los cuales se basan las decisiones.

Esta parte del trabajo es fundamental porque ayuda a producir el cambio. No siempre será divertido, ni se trata de algo a lo que estés acostumbrado. A lo largo del libro y a través de los ejercicios voy a desafiarte a ti, tus creencias y tus suposiciones. Pero el desafío es parte de la diversión.

Diversión tipo 2

Una vez, durante unas vacaciones de Acción de Gracias con unos amigos, conocí a un tipo que acababa de grabar un episodio del programa *Naked and Afraid.* Ya conoces el programa. Dos personas, normalmente un hombre y una mujer (o, en este episodio en particular, un grupo grande), son abandonadas en medio de un extenso territorio en medio de la naturaleza y tienen que averiguar cómo sobrevivir durante 21 días. Y están desnudos. Esa parte me parece cruel.

Así que, en la primera noche de mis vacaciones, estaba sentada a la mesa frente a este tipo. Estábamos tomando cervezas en un encantador bar estilo *country-western.* Mientras se comía las sobras de la comida, me contó que acababa de volver de la selva. Aunque no podía revelar detalles de su última estancia por el acuerdo de confidencialidad, nos habló de la primera vez que estuvo en el programa.

Nos describió a todos, su público cautivo, el día en que una avispa le picó en el pene. También nos contó sobre el tipo de conversaciones que tuvo con sus compañeros de concurso. Charlas muy diferentes, pero importantes, porque eran esenciales para su supervivencia. Se preguntaban unos a otros los detalles de sus movimientos intestinales para controlar su salud. Y hablaban de manera profunda y descriptiva sobre las recetas y la exquisitez general de las galletas y los productos horneados.

Me di cuenta de que estaba describiendo mi peor pesadilla, y él decía todo esto con una enorme sonrisa en la cara. En un momento incluso admitió que extrañaba estar desnudo en la selva y que deseaba volver a hacerlo.

Así que, por supuesto, tenía que hacerle la pregunta más obvia: "¿Te pareció divertido?".

Y entonces me explicó el concepto de diversión tipo 2. La diversión tipo 1 es la que disfrutas mientras sucede, como tomar cervezas frías en la playa, dar un paseo por el parque: diversión fácil y sencilla. La diversión del tipo 2 es en la que te sientes miserable mientras sucede, pero con el tiempo te entusiasma mirar atrás y valorarla como una experiencia que forjó tu carácter.

Aunque personalmente creo que intentar sobrevivir desnudo en la naturaleza no es divertido ni mucho menos, trabajar para aprender sobre ti mismo y desafiar tus creencias para cambiar tu vida financiera no es tan aterrador, peligroso o desafiante.

No soy partidaria de comparar nuestros sufrimientos con los de los demás, pero te diré esto: si este tipo puede recordar una experiencia que incluye una picadura en la punta del pene y decir genuinamente que se divirtió, entonces tú puedes leer este libro, hacer el trabajo, cambiar, o profundizar en lo que fundamentalmente crees que eres, mirar atrás y ver lo divertido que fue el desafío. ¿Verdad?

Programar un tiempo semanal de finanzas

Reservar un tiempo semanal para ocuparte de tus finanzas es una de las cosas más importantes para mejorar tu vida financiera. Si hay algo que puedes sacar de este libro es esto: cuando le das espacio a tu vida financiera en forma de tiempo, le das la oportunidad de expandirse. Es una de las acciones más sencillas que puedes emprender para empezar a mejorar esta parte de tu vida de inmediato. Doy fe de su eficacia.

El tiempo semanal de finanzas puede ser de 30 minutos a una hora, y se reserva cada semana para darles a tus finanzas el cuidado y la atención que requieren. Al reservar ese tiempo, te comprometes contigo mismo por adelantado. Das prioridad a tu vida financiera y no dejas que tus demás obligaciones o deseos invadan este tiempo tan importante. Cada vez que te presentas en ese espacio, aprendes a confiar un poco más en ti mismo. Generas confianza en tu capacidad para cambiar y crear nuevos hábitos.

Al crecer, nunca interioricé la idea de que el trabajo duro conduce al éxito. Lo que sí interioricé fue que la constancia conduce a buenos hábitos que se acumulan con el tiempo. Acudir a tu cita semanal con regularidad es un éxito en sí mismo, debido a la persona en la que te conviertes gracias a ese compromiso, sin importar el resultado.

DAR ESPACIO PARA EL TRABAJO IMPORTANTE CREA EL ESPACIO PARA QUE LAS COSAS IMPORTANTES SE EXPANDAN

El tiempo semanal de finanzas parece una recomendación tonta y simple, pero a menudo las cosas más efectivas que implementamos en nuestra vida se reducen a actos simples y consistentes en medio de un mundo incierto e incontrolable.

El compromiso de darle 30 minutos de tiempo a tus finanzas funciona porque es un acto relativamente fácil. Es mucho más fácil comprometerte psicológicamente a trabajar una vez a la semana, que comprometerte con un gran objetivo como pagar todas tus deudas y convertirte en la persona libre de deudas que realmente eres. Sólo debes crear el sencillo hábito de hacerlo cada semana; el resto vendrá por sí solo. Es como el típico consejo de comprometerte a ponerte la ropa y el calzado deportivo para correr cada dos días, en lugar de comprometerte a correr cuatro días a la semana. Es mucho más fácil comprometerte a cambiarte de ropa. Y una vez que te pones la ropa, casi siempre terminas saliendo a correr, tengas ganas o no.

Lo que haces durante tu tiempo semanal de finanzas puede variar. Es un espacio para contemplar grandes decisiones financieras, como cambiar de trabajo, iniciar un nuevo negocio o averiguar qué necesitas hacer para prepararte financieramente antes de formar una familia. Durante el tiempo semanal de finanzas puedes investigar y tener el espacio para encender tu cerebro cognitivo en la toma de decisiones. Los trabajadores independientes y los dueños de empresas dedican una buena parte de este tiempo a gestionar y revisar las finanzas de su negocio (como enviar nuevas facturas, dar seguimiento a los pendientes, realizar pagos, gestionar la nómina y llevar la contabilidad).

He aquí otras formas de aprovechar el tiempo: llama a tu proveedor de telefonía móvil para averiguar si hay un plan más barato y que se adapte mejor a tus necesidades. Revisa tu plan de pago de la tarjeta de crédito para celebrar que estás más cerca de librarte de tu deuda. Organiza tus documentos fiscales y prepárate para presentar tus impuestos mucho antes de la fecha límite. Llama a tu antiguo empleador y reintegra tu antiguo 401(k). Puedes decidir que tu hora semanal para las finanzas será un momento para que tú y tu pareja discutan las decisiones financieras. Transferir una bonificación de fin de año a una cuenta de ahorro o de inversión. Automatizar tus pagos porque usas un plan de gastos en el que confías y sabes que no te vas a sobregirar. Una forma excelente y muy recomendada de utilizar el tiempo semanal de finanzas es dedicarlo a la lectura de este libro y a la realización de los ejercicios.

Si sientes alguna resistencia a la hora de programar tu tiempo semanal de finanzas, esto es lo que ocurre con nuestro sistema financiero y con la vida en general: a veces, algo que creemos que nos frena y nos atrapa puede ser también lo que nos ayuda a encontrar el camino hacia la libertad. En la disciplina está la libertad. La disciplina de la hora semanal de finanzas nos brinda la libertad de no preocuparnos por nuestras finanzas, porque sabemos que hemos reservado el tiempo para ocuparnos de ellas. Les damos su propio espacio para que no lo ocupen en nuestra mente cuando no queremos. El tiempo semanal de finanzas es un pequeño acto de libertad.

Los círculos de control y preocupación

Un último concepto que te resultará útil para usar este libro y navegar por tus finanzas son los círculos de control y los círculos de preocupación. Stephen Covey, el autor del *bestseller Los 7 hábitos de la gente altamente efectiva*, acuñó estas herramientas para ayudar a demostrar que, si bien podemos observar todas las cosas que nos preocupan, también podemos darnos cuenta de que tenemos más poder del que pensamos sobre las cosas que parecen fuera de nuestro control.

Como su nombre lo indica, las cosas que están dentro de nuestro círculo de control son aquellas sobre las que tenemos autonomía directa: a quién le compramos, qué leemos, qué habilidades aprendemos, qué actitud elegimos y dónde invertimos nuestro dinero. Las cosas dentro de este círculo no sólo están bajo nuestro control, sino que también tienen un impacto directo en cómo se siente nuestra vida, y pueden afectar el mundo que nos rodea.

Las cosas dentro de nuestros círculos de preocupación pueden tener o no un impacto en nuestras vidas, pero no tenemos control sobre ellas. Los precios de las acciones, la forma en que los famosos gastan su dinero, el Instagram de tu antiguo compañero de trabajo y las fotos de sus vacaciones o la economía en general, son cosas que pueden estar o no dentro de tu círculo de preocupación, pero que ciertamente están fuera de tu círculo de control.

En los momentos de impotencia, yo intento ampliar mi círculo de control centrándome en las cosas que hay dentro de él. Por ejemplo, cuando siento ansiedad por mi futuro financiero, primero controlo en qué me estoy centrando: mi respiración y la sensación de ansiedad en mi cuerpo. Una vez que me siento menos reactiva, puedo entender qué hay detrás de esa sensación. Quizás un gran cliente potencial decidió no firmar con nuestra empresa, tal vez surgió un gran gasto inesperado o bien el mercado de valores se desplomó. En cada caso, me concentro en las cosas que están dentro de mi círculo de control. Cuando pierdo un gran cliente, me vuelvo a centrar en el marketing y en entender por qué no conseguimos el trabajo, para así mejorar nuestra tasa de cierre de proyectos. Cuando hay un gasto inesperado, me concentro en el presupuesto del mes: ¿dónde puedo ahorrar dinero para cubrir el gasto? Un mercado bursátil que se tambalea tal vez significa que debo dejar de revisar mi cartera de inversiones durante unos días y recordarme a mí misma que el mercado está haciendo lo suyo y que, a largo plazo, estaré bien. Al ampliar mi círculo de control, puedo elegir no ser reactiva. Reducir la reactividad significa que puedo ser más reflexiva sobre cómo gastar mi energía dentro de mi círculo de control. Utilizar mi energía para influir en las cosas que puedo controlar tiene un impacto drástico en mi vida diaria. Estas cosas también pueden tener un impacto mayor en el mundo que me rodea; por ejemplo, este libro.

Es fácil dejarte consumir por tu círculo de preocupaciones. Puedes caer en un estado de coma al sentirte impotente. Pero, aunque tu poder se encuentra dentro de tu círculo de control, también ahí está tu vulnerabilidad. Puedes sentir miedo de asumir la responsabilidad de tu poder, a pesar de todas las cosas que están fuera de tu control y que afectan a tu vida. A veces tal vez sientes como si una ola te estuviera revolcando. Pero en cada momento podemos elegir luchar y encontrar nuestro equilibrio. Podemos preocuparnos y ser críticos con el mundo que nos rodea, pero seguir poniendo la mayor parte de nuestra energía en acciones que impacten nuestros círculos de control. El mundo necesita esto de nosotros.

RECORDATORIOS DE "UTILIZA ESTA HERRAMIENTA"

A lo largo de este libro he incluido algunas herramientas que me han resultado muy útiles para mejorar mi relación con el dinero, y ordenar mis finanzas. Algunas de estas herramientas pueden clasificarse como extrañas y esotéricas. Pero el dinero es raro y esotérico. Su valor se basa en nuestra imaginación colectiva. No hay nada más raro que eso.

HAZ EL TRABAJO

Establece tu tiempo semanal de finanzas

- PASO 1. Escucha [inserta una canción motivadora de tu elección aquí] mientras te miras en el espejo y decides qué quieres cambiar. Si crees que estoy bromeando sobre este paso; no es así.
- PASO 2. Sea cual sea el calendario que utilices, ábrelo.
- PASO 3. Encuentra una hora en tu semana que puedas apartar para una reunión semanal permanente contigo mismo.

⌐ PASO 4. Prográmala como tu tiempo semanal de finanzas.

⌐ PASO 5. No estés disponible para reuniones, llamadas o cualquier otra cosa que no sea tu tiempo semanal de finanzas. Protege este tiempo de forma aguerrida, pero a veces, como al estar de vacaciones, es comprensible que no lo lleves a cabo.

⌐ PASO 6. Cuando te sientes a trabajar durante tu tiempo semanal de finanzas, elige un área de preocupación, lee el capítulo correspondiente de este libro y realiza los ejercicios.

⌐ PASO 7. Sigue estando presente para ti mismo. Durante años. Para siempre.*

⌐ PASO 8. Observa lo que ocurre y házmelo saber. En serio, quiero saberlo.

Dibuja tu propia pirámide

Es hora de meter los pies en la fría espuma de mar y poner en práctica la teoría creando tu Pirámide personal de las Finanzas Impactantes.

⌐ PASO 1. Utiliza esta Pirámide de las Finanzas Impactantes para llevar la cuenta de tus progresos (dibuja la pirámide y usa tu creatividad para plasmar tu propio estilo).

⌐ PASO 2. Compártela con nosotros en redes sociales.

⌐ PASO 3. Asegúrate de poner el *hashtag* de #financeforthepeople

---

* Éste es el paso crítico. Éste es el paso que separa a los profesionales de los aficionados. Éste es el paso que se compone a sí mismo y cambia tu vida. Es fácil hacer cualquier cosa de forma inconsistente. Es fácil ir a una clase de Pilates y luego no volver a aparecer. No seas inconsistente.

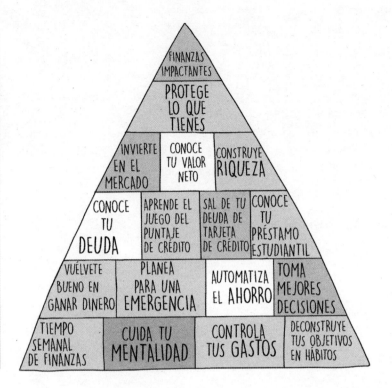

PARTE 1

TOMA EL CONTROL

La historia del dinero es cualquier historia que te cuentes a ti mismo. El dinero es valioso porque todos creemos que lo es. Damos por hecho que todos somos participantes voluntarios en un elaborado juego de simulación, el cual se ha convertido en nuestra realidad. No podría escribir un libro sobre el dinero sin examinar cómo construimos nuestras historias sobre lo que el dinero significa en nuestras vidas.

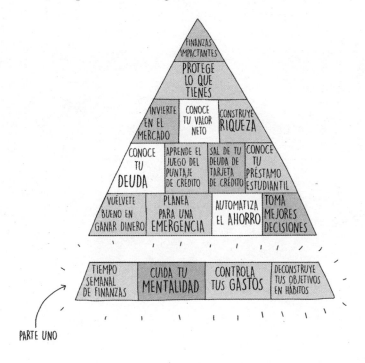

En esta parte, nos adentraremos en las razones por las que todos somos raros con el dinero. Dedicaremos tiempo a considerar todos los acontecimientos, factores y condiciones que han sentado las bases de la relación del consumidor moderno con el gasto. Aprenderemos a construir un sistema de gestión del gasto que nos proteja de nosotros mismos. También estudiaremos cómo establecer objetivos financieros que estén en consonancia con nuestros valores y deseos.

CAPÍTULO 1

POR QUÉ SOMOS RAROS CON EL DINERO

Mi primer trabajo en servicios financieros fue en el verano de 2006, como cobradora de deudas para un banco. Me sentaba en un centro de llamadas situado en la soleada ciudad de Brea, en California, para hablar con los clientes que se retrasaban en los pagos de sus coches. Yo no tenía un familiar que me consiguiera un periodo de prácticas en Goldman Sachs, así que éste fue mi intento de obtener experiencia en la "industria financiera".

Al principio, me sentí maleducada e incómoda. No sólo era una veinteañera que nunca había sido responsable del pago de un coche (o de casi nada), sino que también era una voz incorpórea al teléfono que le hacía preguntas muy personales a la gente. Esto puso en evidencia mis propios sentimientos sobre el dinero. Me educaron en la creencia de que la gente sólo contaba los detalles de sus transgresiones y errores financieros en una soledad oscura y vergonzosa, y no mediante una apertura casual con extraños. Aprendí a hablar de dinero con desconocidos. Pero no de forma superficial, como el dependiente de una tienda que te dice el total de tu compra. No, a *cada cliente* con el que hablé tuve que preguntarle por qué se había retrasado en el pago de su coche. Además de aprender a hablar de manera informal sobre el dinero y cómo funcionaban los préstamos y las puntuaciones de crédito, mi tiempo en el banco me enseñó algunas cosas que impactaron en mi visión del mundo para siempre.

LA RECETA DE POR QUÉ ERES RARO CON EL DINERO

EN UNA MENTE EN DESARROLLO, MEZCLA LOS SIGUIENTES INGREDIENTES:

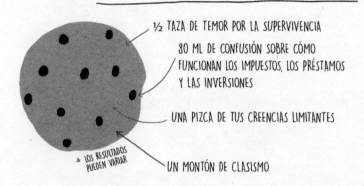

½ TAZA DE TEMOR POR LA SUPERVIVENCIA

80 ML DE CONFUSIÓN SOBRE CÓMO FUNCIONAN LOS IMPUESTOS, LOS PRÉSTAMOS Y LAS INVERSIONES

UNA PIZCA DE TUS CREENCIAS LIMITANTES

UN MONTÓN DE CLASISMO

* LOS RESULTADOS PUEDEN VARIAR

* COCINA A LA TEMPERATURA DE UNA SOCIEDAD DESIGUAL DESDE LA EDAD 0 HASTA AHORA

SER RARO ES UNIVERSAL

A lo largo de mi carrera, he hablado con miles de personas sobre el dinero. Un rasgo común, sin importar el género, la raza, la identidad sexual, la afiliación política y el entorno socioeconómico, es que la gente es rara con el dinero. Estoy segura de que esto no te sorprende, por supuesto. La receta es perfecta: emociones negativas + lagunas de información sobre el mundo del dinero y nuestras propias mentes × desigualdad = rareza y problemas. Ésa es, básicamente, la fórmula de tu propia tragicomedia financiera.

Y toda esa rareza contribuye a nuestra toma de decisiones financieras en las pocas áreas en las que tenemos control.

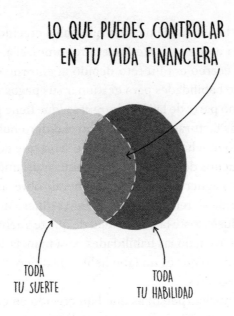

LO QUE PUEDES CONTROLAR
EN TU VIDA FINANCIERA

TODA
TU SUERTE

TODA
TU HABILIDAD

Desde una perspectiva psicológica, nuestros entornos externos e internos, comportamientos pasados y el grado de destreza que percibimos que tenemos, moldean y son moldeados por la forma en que pensamos y creemos sobre el dinero, lo que valoramos y el tipo de personas con las que nos identificamos.

Una vez hablé con una mujer que heredó grandes cantidades de dinero, pero estaba en contra de la desigualdad económica, racial y de riqueza. Sus dos identidades entraban en conflicto y le causaban gran sufrimiento y dolor. Se sentía tan incómoda con su riqueza heredada y sus privilegios que parecía gastar su dinero rápidamente, como si quisiera deshacerse de él. Cada mes recibía un reparto del fondo fiduciario y lo gastaba todo antes de que llegara el siguiente mes, por lo que pasaba apuros entre cada pago del reparto; en esencia, vivía como mucha gente, de cheque en cheque. Se esforzaba por lidiar con sus identidades conflictivas y sus sentimientos de culpa, vergüenza y quizá de aptitud. Psicológicamente, nuestros cerebros quieren reconciliar los conflictos internos reestructurando nuestras creencias, identidades o comportamientos. A menudo, los comportamientos que elegimos acaban siendo un autosabotaje, como el de esa mujer. La mejor aplicación para hacer presupuestos no podrá ayudarla. Ella necesita examinar su rareza con el dinero. Ése es el primer paso.

Otra mujer con la que hablé me dijo que había crecido con riqueza y estaba acostumbrada a que la gente hiciera todo por ella. Así que pagar las facturas y abrir el correo era un reto debido al entorno en el que se había criado, a su falta de habilidades para gestionar sus pagos y a que ella misma se identificaba como parte de la clase burguesa, que tiene gente que gestiona su correo y paga las facturas por ella. Como el dinero nunca fue un problema, nunca le prestó mucha atención, aunque sabía que debía. Por supuesto, esto dio lugar a muchos descuidos. Pagaba innecesariamente los cargos por retraso y tenía una ceguera e ignorancia general sobre su economía personal, incluso a pesar de su relativa riqueza. Tener dinero no te hace inmune a ser raro con él; incluso existe la posibilidad de que te vuelva más raro porque quizá no te hayan enseñado las habilidades para manejarlo de forma práctica. Y si te han enseñado que es un tabú hablar de dinero, tal vez nunca pidas ayuda cuando la necesites.

He conocido a muchas personas que han crecido en entornos de pobreza, escasez e imprevisibilidad y que están traumatizadas, pero que también se *identifican* fuertemente como personas traumatizadas y victimizadas. Más allá de los obstáculos externos a los que se enfrentan estas personas, existe otra capa de obstáculos internos. Cuando alguien se identifica como una persona traumatizada y victimizada, pero desea estabilidad financiera, a veces los comportamientos que la llevan a la estabilidad entran en conflicto con su identidad. Este conflicto, como tantos otros, da lugar a la batalla entre lo que uno cree que es y cómo se comporta. Para reconciliar ese conflicto, uno puede sanar su trauma y trabajar para encontrar formas de identificarse menos con su trauma... o comportarse de una forma que confirme su identidad de víctima, lo que es autosabotaje.

Si no entendemos los distintos marcos psicológicos que explican por qué las personas son raras con el dinero, podría parecer que actúan al margen de sus intereses por no tener educación ni fuerza de voluntad. Por eso, muchos de los consejos financieros tradicionales de los expertos son tan equivocados. En el menor de los casos, son superficiales porque tienden a abordar sólo las habilidades y los comportamientos. Ignoran el papel de los entornos externos e internos que conforman y son conformados por nuestros valores, creencias, identidad y el doloroso conflicto que todos estos factores generan cuando hay un desequilibrio.

EL CAPITALISMO Y EL CONSUMISMO
NOS VUELVEN RAROS CON EL DINERO

Sigmund Freud fue un neurólogo austriaco y fundador de la práctica del psicoanálisis, un método para tratar las enfermedades mentales y comprender el comportamiento humano. Freud postuló que los acontecimientos y las experiencias que tuvimos durante el desarrollo temprano moldean en gran medida nuestra personalidad e influyen en nuestra vida adulta. Creía que el cerebro tiene varias capas de conciencia: la mente consciente, la subconsciente y la inconsciente. Creía que los comportamientos humanos, que podríamos creer que están motivados por decisiones conscientes y racionales, a menudo están estimulados por nuestras mentes subconscientes e inconscientes.

Edward Bernays, sobrino de Freud, fue la primera persona que utilizó las ideas de Freud sobre la humanidad para manipular a las masas a través de lo que hoy conocemos como marketing y publicidad modernos.[1] Inició durante la Primera Guerra Mundial, utilizando los medios de comunicación para ayudar a la administración de Woodrow Wilson a promover el esfuerzo bélico de Estados Unidos en el país y en el extranjero. Tras asistir a la conferencia de paz al final de la guerra, Bernays vio de primera mano la eficacia de la propaganda y se preguntó cómo podría utilizarse para controlar y manipular a las masas en tiempos de paz. A su regreso a Estados Unidos, creó una empresa para crear propaganda, concepto que rebautizó como "relaciones públicas".

Usando las ideas de su tío, Bernays desarrolló un enfoque que denominó "ingeniería del consentimiento". Se basaba en la idea de que es posible manipular a las personas a través de sus emociones inconscientes e irracionales e influir en ellas para que se comporten de una manera determinada. Bernays vendía los medios para "controlar a las masas según nuestra voluntad sin que lo sepan".[2] Él pensaba que los objetos irrelevantes podrían crear símbolos de cómo querías que la gente te viera; que era posible conseguir que la gente actuara de forma irracional si vinculaba los productos a sus deseos y sentimientos emocionales. Antes de la adopción a gran escala de este tipo de publicidad, la mayoría de las formas de marketing se centraban en la practicidad de las características del producto. El enfoque de Bernays no apelaba a lo que uno necesita, sino a lo que se desea inconscientemente. No crees que *necesitas* esa nueva prenda, crees que te *sentirás mejor* con ella.

Una de las campañas más notables y exitosas de Bernays fue una de-
mostración en el Desfile de Pascua de 1929 en la ciudad de Nueva York.
George W. Hill, presidente de la American Tobacco Company, se puso en
contacto con él para lograr que las mujeres fumaran en la calle y no sólo
en interiores. Bernays recurrió a las teorías psicológicas y consultó al psiquiatra A. A. Brill, alumno de Sigmund Freud, para preguntarle cuál era la
base psicológica del deseo de fumar de las mujeres. Brill le respondió que
los cigarros simbolizaban a los hombres y que fumarlos era una forma de
sentirse igual a un hombre. Los cigarros eran sinónimo de libertad e igual-
dad. Así que Bernays organizó una dramática exhibición pública de mujeres fumando durante el Desfile de Pascua y dijo a la prensa que esperaba
que las sufragistas encendieran "antorchas de libertad". Al día siguiente, el
1 de abril de 1929, la portada de *The New York Times* rezaba: "Grupo de
chicas fuma cigarros como gesto de 'libertad'". Y, como dice el dicho: el
resto es historia.

Después de esta exitosa maniobra, las empresas empezaron a seguir el
ejemplo y Wall Street no tardó en hacer lo mismo. Un importante banquero de Wall Street, Paul Mazur, de Lehman Brothers, escribió en un número
de 1927 de *Harvard Business Review*: "Debemos cambiar a Estados Unidos
de una cultura de necesidades a una de deseos. Hay que entrenar a la gente
para que desee, para que quiera cosas nuevas, incluso antes de que las viejas
se hayan consumido por completo. Debemos formar una nueva mentalidad
en América. Los deseos del hombre deben eclipsar sus necesidades". Este
cambio cultural condujo a un auge del consumo que creó un *boom* bursátil,
en el que Bernays también estuvo directamente implicado al elaborar la idea
de que la gente normal debía poseer acciones y participaciones.

Las empresas elaboran los mensajes de marketing modernos basándose
en las teorías psicológicas que plantean cómo nuestras mentes nos engañan
silenciosamente. Nos manipulan para que tomemos decisiones irracionales
y compremos cosas que no necesitamos, para que gastemos dinero que podríamos ahorrar, para que nos endeudemos, incluso cuando sabemos que
no nos conviene. Estos mensajes que nos impulsan a consumir son ineludi-
bles y apelan a nuestras emociones y mentes de formas que la mayoría de la
gente desconoce.

Es difícil creer esta historia porque parece descaradamente falsa. Pero la
economía estadunidense es tan fuerte precisamente por el insaciable deseo

de consumir. Esto es algo que nos vuelve extraños con el dinero; y, por supuesto, es sólo uno de los muchos factores invisibles.

CONFUNDIR LOS PROBLEMAS SOCIALES CON LOS PROBLEMAS FINANCIEROS PERSONALES NOS HACE RAROS CON EL DINERO

La vida en sociedades en las que existen grandes diferencias entre ricos y pobres crea un estrés psicológico y social continuo. Los investigadores y científicos han rastreado cómo la desigualdad externa tiene una conexión fisiológica con el cuerpo humano a través de la inflamación crónica, el envejecimiento cromosómico y la función cerebral.[3]

El estrés de la desigualdad no sólo desgasta el cuerpo humano a nivel celular, creando problemas de salud y afectando negativamente el sistema inmunitario, sino que también impacta en el cerebro y la capacidad de tomar decisiones. Lo vemos cuando las personas que viven en la pobreza gastan parte del poco dinero extra que tienen en billetes de lotería en lugar de ahorrar. Lo vemos cuando la gente pide préstamos personales con tasas de interés criminales y condiciones tan terribles que es casi inevitable que caigan en la trampa de deber constantemente. Es evidente que una persona racional sabe que no debería comprar billetes de lotería ni pedir préstamos personales. Pero la decisión no necesariamente se toma con la parte cognitiva y racional del cerebro. Lo que le ocurre a un cerebro sometido a constantes tensiones económicas es un ciclo en el que la corteza prefrontal (responsable de la toma de decisiones sensatas, la planificación a largo plazo, como el establecimiento de objetivos y el control de los impulsos) experimenta una menor actividad; esencialmente, se apaga y la mente primitiva toma el control. A nivel neurológico, las conexiones entre las neuronas y la mielinización (proceso que aísla los cables entre las neuronas y les ayuda a pasar las señales más rápido) se ven afectadas. En la práctica, esto se traduce en una toma de decisiones pésima e impulsiva. Y con un córtex prefrontal menos activo, es más difícil que el cerebro elija la salud a largo plazo sobre el placer inmediato.

Las sociedades más desiguales tienen mayores índices de delincuencia, homicidios, encarcelamiento, *bullying*, embarazos adolescentes, problemas psiquiátricos, alcoholismo, abuso de drogas, así como menores índices de alfabetización y movilidad social, los cuales crean traumas en las mentes, cuerpos y cerebros. Los factores constantes de estrés crean una trampa en la que los estratos socioeconómicos más bajos quedan atrapados, en un ciclo de toma de decisiones financieras en las que no participa su pensamiento cognitivo.

EL CICLO DE DECISIONES POR EL ESTRÉS DE LA DESIGUALDAD

ESTÁS CONSTANTEMENTE ESTRESADO

TUS DECISIONES NO SON RACIONALES

LAS "MALAS" DECISIONES GENERAN RESULTADOS POCO ÓPTIMOS

La desigualdad tiene una especie de efecto agravante que es negativo para la sociedad en general. Primero, debemos ser capaces de ver su verdadero impacto en la salud financiera y en la capacidad de las personas para tomar decisiones financieras en las pocas áreas donde pueden ejercer control. Cuando los expertos financieros achacan los problemas de comportamiento a la fuerza de voluntad, cuando simplifican una solución a través de la educación financiera y cuando utilizan la vergüenza y los juicios morales, no ayudan a nadie y perjudican a toda la sociedad. No sólo es incómodo que los expertos en finanzas personales no se den cuenta de que algunos problemas financieros son problemas sociales disfrazados. Una perspectiva estrecha fomenta soluciones que también son estrechas.

Lo que nos hace sentirnos raros con el dinero no es sólo nuestro entorno externo y las cosas que están fuera de nuestro control. Hay muchas cosas que están bajo nuestro control o que podemos cambiar y que contribuyen a esta rareza.

Exploremos algunas de ellas.

SOMOS LO QUE NOS DECIMOS A NOSOTROS MISMOS: NUESTRO ENTORNO INTERNO Y NUESTRA IDENTIDAD

Ser raro con el dinero es el resultado de las historias que nos han contado y que seguimos contándonos, consciente e inconscientemente. Esas historias provienen de lo que aprendemos de los demás, de lo que experimentamos y de cómo interpretamos el mundo. Cuando somos jóvenes, aprendemos estas historias de las personas que nos cuidan: nuestros padres, abuelos, tíos, primos, amigos y el niño de tu vecindario con el que andabas en bicicleta. También aprendemos historias de la policía, el sistema legal, los profesores, los medios de comunicación, el marketing, los artículos, los libros, la música, las películas, las redes sociales e internet en general. Sacamos conclusiones y establecemos conexiones gracias a esas historias, que se convierten en nuestras creencias y refuerzan nuestra mentalidad.

Todo lo que experimentamos se añade, se mezcla y se convierte en nuestra comprensión de cómo funciona el mundo. Incluso te moldean las cosas en las que decides no creer todo está conectado.

Pongamos el ejemplo de un niño pequeño que es testigo de la frustración de su padre porque su mujer gana más que él. Este niño tendrá su propia interpretación de las discusiones y peleas que sus padres tienen sobre el dinero y que él atestigua. En lugar de pensar que los conflictos están relacionados con las creencias heredadas de su padre sobre el papel del hombre en el matrimonio o con su ego e inseguridad general, el niño puede simplificar la explicación: hablar de dinero provoca peleas. Las peleas me hacen sentir inseguro. Hablar de dinero es inseguro. Y cuando el niño se siente inseguro se pone a la defensiva y se aísla. Todos tenemos experiencias como ésta y las interpretamos de forma diferente.

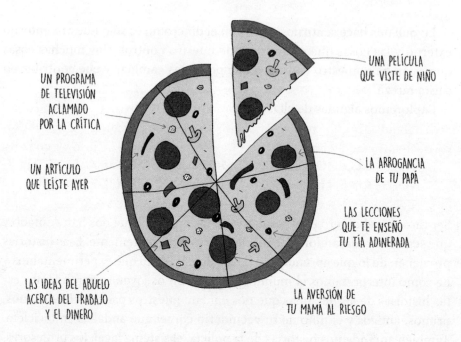

UNA PELÍCULA
QUE VISTE DE NIÑO

UN PROGRAMA
DE TELEVISIÓN
ACLAMADO
POR LA CRÍTICA

LA ARROGANCIA
DE TU PAPÁ

UN ARTÍCULO
QUE LEÍSTE AYER

LAS LECCIONES
QUE TE ENSEÑÓ
TU TÍA ADINERADA

LAS IDEAS DEL ABUELO
ACERCA DEL TRABAJO
Y EL DINERO

LA AVERSIÓN DE
TU MAMÁ AL RIESGO

Lo que nos hace aún más raros con respecto al dinero es la decisión que se-guimos tomando de guardar un silencio sepulcral sobre el tema a nivel social. Por ejemplo, ¿cuántos hemos trabajado en lugares donde no se permitía ha-blar de nuestro salario con los compañeros de trabajo? Y estoy seguro de que a la mayoría nunca nos motivaron a hablar de dinero con nuestras familias. Tal vez fuimos testigos de discusiones sobre el dinero, pero quizá no presen-ciamos la resolución de esos conflictos. Cuando reprimimos constantemente cualquier deseo de hablar de dinero es muy probable que cuando lo hagamos no sea de la forma más tranquila o directa, sino en un arrebato emocional. Si no hablamos de dinero, quizá seremos pésimos abordando el tema.

Estamos en una época en la que se puede usar una aplicación de citas en el teléfono para solicitar abiertamente sexo y es cada vez más común que en las biografías de estas aplicaciones la gente revele libremente su afilia-ción política. Por ello, es sorprendente que la clásica creencia de que "hablar de dinero es tabú" siga arraigada con tanta fuerza en el sistema colectivo de creencias de la sociedad. Para mí, este tabú tiene mucho sentido cuando se piensa en las clases sociales y el papel de la esclavitud en la prosperidad eco-nómica. En la historia siempre han existido "los que tienen" y "los que no tienen". Los que tienen generalmente son ricos y se preocupan poco por el dinero. Los que no tienen luchan por satisfacer sus necesidades básicas o, en el caso de la extrema desigualdad de la esclavitud, no tienen nada. Por ello sí puedo comprender por qué hablar de dinero, ante la difícil situación de los demás, provoca sentimientos de incomodidad, vergüenza y culpabilidad. Es fácil entender por qué hablar de dinero en esas circunstancias se ha calificado de inapropiado. Pero la idea de que es inapropiado o incluso vergonzoso hablar de dinero, sin importar las circunstancias, se ha extendido a toda la sociedad. Y sólo ahora empezamos a cuestionar estas creencias.

TUS CREENCIAS SUBCONSCIENTES ESTÁN JUSTO DEBAJO DE LA SUPERFICIE

Las experiencias se entierran como semillas en tu subconsciente y crecen hasta convertirse en creencias que dan forma a tu mentalidad: las acciones que realizas, los trabajos que solicitas, los lugares a los que sientes que puedes pertenecer; todas estas cosas empiezan primero como ideas en tu mente. Si no desmontas tu visión del mundo para ver cómo se han generado las creencias, si nunca decides lo que se queda y lo que se va, estás dejando que un montón de reglas de otras personas dicten a nivel subconsciente cómo te enfrentas al dinero y cómo crees que funciona en el mundo, desde tu trabajo hasta cómo gastas tu sueldo y cómo el dinero afecta tus relaciones. Estas creencias construyen tu mentalidad en torno al dinero.

¿Tus padres te dijeron que sólo los flojos aceptan el desempleo? ¿Tu abuela siempre te decía que el dinero es sucio? ¿Viste a tu padre sacrificar todo su tiempo libre y renunciar al ocio porque la mayor búsqueda en la vida es el dinero todopoderoso? ¿Has pensado en cómo estas historias han calado hondo en tu mente y te han convertido en lo que eres? ¿Te gustaría tener otras creencias? ¿Quién serías con otras creencias? ¿El tipo de persona que negocia con confianza su salario? ¿El tipo de persona que ahorra dinero con cada cheque? ¿El tipo de persona que no cree que es difícil ganar dinero? Por eso es tan importante ser crítico con tus creencias y con la forma en que las has adquirido. Te da una visión y te libera de las esperanzas, los sueños y los miedos de quienes te precedieron, y eso te da el poder de cambiar.

No todos los cambios en tu sistema de creencias se producen de golpe.

Algunos son graduales con el transcurso del tiempo. Mi forma de pensar sobre el dinero ha evolucionado a lo largo de muchos años, con momentos y epifanías. La persona que soy hoy, la que escribe un libro para ayudar a la gente con sus finanzas, se construyó, no nació. Y cuando doy un paso atrás para ver el primer paso que di para llegar a lo que soy hoy, empiezo por analizar mi mente y examinar mis patrones de pensamiento. Toda la experiencia de nuestras vidas se vive realmente sólo entre nuestras dos orejas. Tenemos que empezar por ahí, reconociendo las historias que hemos estado reproduciendo en un bucle y reescribiendo las que nos han frenado.

Aunque abordar tus creencias puede parecer una confrontación, no tiene por qué ser conflictivo. Simplemente se trata de dejar de lado las cosas que te han llevado hasta donde estás hoy, pero que no pueden llevarte hasta donde quieres estar mañana. Es como cambiar el libro de álgebra de tercero de secundaria por el de geometría de primero de preparatoria. Como herramienta, el libro de matemáticas sólo puede llevarte a aprobar álgebra. Tienes que cambiar de herramientas para aprobar geometría.

Necesario, pero no suficiente

Antes de que sigamos hablando de las creencias, quiero decir rápidamente que no soy tan ingenua como para pensar que cambiarlas será suficiente para eliminar todos tus problemas financieros. Por supuesto, hay otros factores que tienen un impacto real, como las acciones que realizas, el estado del mercado laboral, tu entorno, el racismo sistémico y la desigualdad. Hay cosas reales y prácticas a las que nos enfrentamos. Pero, sin importar las circunstancias, el conjunto correcto de creencias sigue siendo necesario para lograr cualquier cosa. En otras palabras, las creencias por sí solas no te llevarán a tu destino, pero no tener las correctas podría impedirte dar el primer paso.

Descubre tus creencias

Tal vez piensas que conoces muy bien tus creencias, tu mente consciente puede enumerar tu lista de valores. Pero si alguna vez has hecho o dicho algo que te parece fuera de lugar, algo que te ha hecho reflexionar y preguntarte qué te ha motivado a actuar así, quizá no seas del todo consciente de cómo tus creencias subconscientes influyen en tu comportamiento cotidiano. Estás en piloto automático y, si quieres cambiar, debes tomar conciencia no sólo de cómo te comportas, sino de por qué te comportas así.

Esto se logra navegando en tu subconsciente para descubrir lo que hay allí. Nuestra mente subconsciente es como un sótano o un ático. Es donde se almacena el equipaje emocional, donde nos deshacemos de cosas en lugar de procesarlas y dejarlas ir. Donde hemos archivado nuestras ideas y creencias sobre cómo funciona el mundo. A menos que hayamos pasado tiempo explorándolo, no estamos del todo seguros de lo que hay en esos rincones oscuros. Así que, por supuesto, es natural querer evitar lo oscuro y espeluznantemente desconocido.

Pero, al igual que un sótano o un ático, el miedo a lo desconocido es lo que nos asusta. Una vez que encendemos las luces, somos capaces de ver que lo que nos daba miedo era la idea misma del miedo.

Hay muchos métodos diferentes para acceder a tu subconsciente. Hay varias formas de terapia, meditación, *coaching*, hipnosis y los sueños lúcidos, por nombrar algunos. No hay un único camino. Dependiendo de tus

TU YO VALIENTE
Y CREATIVO
QUE OCULTAS
DEL MUNDO

COSAS
QUE TEMES
ENFRENTAR

BAGAJE
EMOCIONAL

LA MENTE SUBCONSCIENTE ES COMO UN ÁTICO OSCURO

circunstancias personales y económicas, así como de tu historial de salud mental, tal vez requieras la ayuda de un terapeuta u otro profesional para explorar tu subconsciente.

NUESTROS SENTIMIENTOS FRACTURADOS
NOS VUELVEN RAROS CON RESPECTO AL DINERO

Cada persona es una multitud de deseos y miedos. Cada uno de nosotros somos una persona formada por muchos "yo", con sus propios deseos. Esto a menudo puede crear una fuerza de oposición dentro de nosotros. Una parte podría saber que necesitamos algo, pero la otra parte podría despreciar lo que necesitamos. Una parte de ti quiere invertir tu dinero mientras que la otra está en conflicto con la ética de la inversión. Una parte de ti quiere trabajar para ti mismo, mientras que la otra parte teme el riesgo y la incertidumbre. Una parte de ti quiere tener el control de tus gastos, mientras que la otra odia sentirse restringida.

Es completamente normal tener estos conflictos. Los problemas surgen cuando no sabemos integrar nuestro yo conflictivo y tratamos de rechazar

ciertas partes. A medida que crecemos, recibimos señales de nuestro entorno que nos dicen cómo debemos actuar y quiénes debemos ser para que nos quieran y no nos rechacen. Cualquier deseo, sentimiento o parte de nosotros que esté fuera de lo que consideramos aceptable, amenaza nuestro sentido de pertenencia. Para preservar nuestra seguridad, a nivel inconsciente reprimimos y ocultamos esas características. Algunos psiquiatras llaman a estos aspectos ocultos de nosotros mismos "la sombra del yo".

Conocí el concepto psicológico de la sombra del yo gracias a una de mis entrenadoras de desarrollo personal, Kristan Sargeant. Pero el concepto se atribuye al psiquiatra y psicoterapeuta Carl Gustav Jung, quien propuso que la sombra del yo es la parte no consciente con la que nuestro ego no se identifica o a la que rechaza activamente. Nuestra sombra es el lado oscuro, desconocido y subconsciente de nuestra personalidad. Son las partes que no queremos ver, las que consideramos poco atractivas, las que intentamos apartar, minimizar o esconder bajo la superficie porque pensamos que la sociedad o nuestra familia no aceptarán esas características de nosotros.

Si alguna vez has escuchado a tus padres decir que preocuparte por el dinero te vuelve avaro, hambriento de poder, materialista o inmoral, es posible que intentes ocultar o repudiar inconscientemente esas partes de ti que desean poder o posesiones. Y esta fractura de ti mismo te lleva a tener dificultades para aceptar y pedir cosas, como un trabajo bien remunerado, un ascenso, un aumento de sueldo o incluso detectar oportunidades para invertir tu dinero. Tal vez eso provoque que esquives o que no aproveches oportunidades, o quizá rechaces las ideas de tu educación y acumules en secreto un montón de cosas que no necesitas o te preocupes de forma enferma por acumular dinero. Cada persona tendrá una respuesta única que le ayudará a afrontar los sentimientos que le cuesta trabajo conciliar.

La única forma real de hacer frente a nuestros comportamientos financieros, sentimientos negativos y traumas del pasado es llegar a su raíz y trabajar para integrarlos en nuestras vidas. En nuestra sociedad, los sentimientos negativos no tienen cabida. Nunca se nos enseña a lidiar con ellos. Esto se extiende a nuestra cultura consumista. Si tenemos sentimientos negativos, los mensajes de marketing nos animan a comprar algo para que esos sentimientos desaparezcan, porque si no desaparecen algo está mal con nosotros. Cuando evadimos los sentimientos negativos, garantizamos que sigan apareciendo en nuestras vidas y que sigamos preocupados por no poder resolverlos. Continuaremos intentando consumir para arreglar algo que el consumo no puede arreglar. Entonces nos empezamos a sentir mal por nuestros sentimientos negativos (quizá comencemos a experimentar vergüenza y culpa, que son emociones bastante comunes asociadas al dinero).

Cualquier persona que sienta vergüenza por el dinero tendrá una historia o un recuerdo detrás de esa vergüenza, a la que se ha aferrado con tanta fuerza que ha creado una regla o creencia al respecto. Una persona puede sentir vergüenza si cree que no merece tener dinero porque no ha trabajado lo suficiente para obtenerlo, una regla que quizá la persona creó al ver a sus padres trabajar muy duro para mantenerse. La vergüenza de otra persona puede impedirte gastar dinero en ti mismo porque crees que no te lo mereces. La misma experiencia puede provocar que gastes más de la cuenta porque crees que tener dinero te convierte en una mala persona. Podemos sentir vergüenza cuando pensamos en nuestras deudas, y eso nos impide hacer un plan para pagarlas más rápido. La vergüenza evita que tengas una conversación difícil sobre el dinero, o también puedes proyectar involuntariamente tu vergüenza en la conversación. Si la vergüenza te hace sentir que querer más dinero no es una buena cualidad en una persona, entonces evitará que encuentres una mejor oportunidad para obtener ingresos como, por ejemplo, emprender un negocio o aprender a negociar mejor la próxima vez que pidas un aumento.

La culpa es otro sentimiento común asociado al dinero. Puede aparecer cuando nos aventuramos fuera de los límites de lo que se espera de nosotros o de lo que deberíamos o no hacer. Endeudarse, arriesgarse a iniciar un negocio en lugar de encontrar un trabajo estable, o seguir una carrera que no es lucrativa son grandes ejemplos de cómo nos sentimos culpables cuando nos aventuramos fuera de las expectativas. Cuando nos dicen que no debemos hacer algo, el sentimiento de culpa nos mantiene dentro de unos parámetros que se suponen aceptables. Nos ayuda a resistirnos a hacer cosas que podrían perjudicar o perturbar nuestros intereses colectivos e individuales.

Todos estos sentimientos negativos se unen en una combinación única para cada individuo. La culpa y la vergüenza mantienen a alguien en un trabajo que con una paga insuficiente, y pueden obligar a otra persona a sacrificar su vida para alcanzar el éxito material. Una vez me contaron la historia de una mujer cuyo primer recuerdo del dinero estaba entrelazado con la adicción, el abuso físico y el trauma. Uno de los padres recibía un cheque, lo gastaba para emborracharse y luego volvía a casa y abusaba de la madre. Esta mujer fue testigo de eso con regularidad y empezó a asociar el dinero con el peligro. A medida que crecía, evitaba mirar sus finanzas y solía gastar todo el dinero que tenía debido a sus reglas subconscientes y tácitas sobre lo que representaba el dinero. Cuando finalmente fue capaz de traer este doloroso recuerdo a su conciencia, llegó a la raíz de sus problemas de dinero.

Jung escribió: "Todo el mundo lleva una sombra y cuanto menos se emite en la vida consciente del individuo, más negra y densa es. Si una inferioridad es consciente, uno siempre tiene la oportunidad de corregirla".[4]

Despertar al poder de tu subconsciente e inconsciente te permite integrar activamente partes de ti mismo que has rechazado y fragmentado. Este trabajo es imperativo; cuando no lo haces, a nivel inconsciente estás permitiendo que las viejas reglas atraviesen el espacio y el tiempo para dictar cómo te comportas hoy.

¿QUÉ CREES ACERCA DEL DINERO?

Cambiar tu relación con el dinero empieza por desenterrar tus creencias sobre él.

Para reconstruir mi relación con el dinero tuve que entender de dónde aprendí mis ideas sobre el valor y la aptitud. Tuve que enfrentarme y aceptar algunos de los sentimientos, ideas y características de mí misma que rechacé para sentirme segura o tener un sentido de pertenencia. Tuve que convocar estas partes rechazadas de mí misma y enfrentarme a por qué no creía merecer lo que otras personas merecían. Tuve que llegar a la raíz de por qué no me veía merecedora de estabilidad o de sentirme a gusto en mi vida financiera. Tenía que intentar comprender de dónde procedía mi creencia de que debía sufrir para ganarme el susten-

to. Y tenía que entender por qué creía que anteponerme a los demás me hacía ser egoísta.

Llegué a la raíz de mis creencias, de las reglas sobre el dinero y de cómo había rechazado partes de mí misma por medio de un diario libre, de la terapia y del trabajo con un *coach* de desarrollo personal, especializado en el trabajo con la sombra. A través de estos procesos, vi con claridad las cosas de las que más me avergonzaba o las que temía. Al encontrar mis vulnerabilidades, empecé a sanar, aceptar y llamar (en lugar de rechazar) a todo mi ser.

Hoy en día, cuando me siento mal, en el fondo es doloroso, pero soy capaz de superarlo y utilizar mis emociones como datos. He aprendido a rechazar trabajos, a rebatir en las negociaciones y a subir mis precios sin sentirme culpable. En los momentos en que tengo dudas sobre si gastar dinero en cosas que me reconfortan, me alegran o me hacen ganar tiempo, me aseguro de pensar por qué creo que no lo valgo. Integrar y permitir los sentimientos negativos es un proceso continuo.

En última instancia, aceptarnos con todas las imperfecciones es una forma de lograr una confianza inquebrantable en nosotros mismos, lo que repercute directamente en nuestra autoestima. Es una forma de recuperar nuestro poder, porque no estamos aceptando ciegamente el rechazo de los demás a lo que realmente somos. Aceptarte a ti mismo cuando los demás no te aceptan es una manera definitiva de mandar al diablo a todos. Por eso es tan poderoso hacerlo.

Carl Jung dijo que cuando aceptamos plenamente nuestra sombra accedemos a la sabiduría que contiene. El miedo puede convertirse en una oportunidad para la valentía. El dolor puede convertirse en resiliencia. Tus retos son oportunidades de crecimiento y cambio.

Si quieres ser menos raro con el dinero, si quieres dejar de repetir patrones, debes enfrentarte a cómo te volviste raro al respecto en primer lugar. Aprende a procesar el dolor, permítete sanar y aceptarte a ti mismo. Carl Jung dijo: "Hasta que no hagas consciente el inconsciente, éste dirigirá tu vida y lo llamarás destino".

HAZ EL TRABAJO

¿Y quién dijo esto?

Primero pregunta y luego escucha. Acceder a tu subconsciente y conectar con tu sombra es un proceso maravillosamente sencillo que puedes realizar a través del diario. Responde a las siguientes preguntas:

- Escribe un ejemplo de tu infancia en el que hayas visto a personas cercanas estresadas por el dinero. ¿Cómo ha influido esta experiencia en tu relación personal con el dinero?
- ¿Quién sentías que debías ser en tu familia para ser visto, amado, conocido y valorado? Da un ejemplo de esta experiencia en tu infancia.
- Mientras crecías, ¿qué historias aprendiste de tu familia sobre el funcionamiento del dinero? ¿Cuáles eran los mensajes explícitos y tácitos sobre el dinero?
- Da un ejemplo de una experiencia en tu infancia en la que hayas percibido ideas negativas y de desaprobación sobre el dinero.
- Da un ejemplo de una experiencia al crecer en la que hayas aprendido ideas negativas o de desaprobación sobre el poder y la abundancia.
- Da un ejemplo de una experiencia mientras crecías en la que fuiste testigo de que la gente sentía vergüenza por el dinero.
- ¿Te sentiste valorado mientras crecías? ¿Cómo? ¿No te sentiste atesorado mientras crecías? ¿Cómo?
- ¿Tienes deseos sobre el dinero, la abundancia y el poder, los cuales sientes que debes negar para sentirte aceptado por tu familia, tus amigos o la sociedad?

CAPÍTULO 2

CÓMO PENSAR EN EL GASTO

Imagínate que es un lunes por la mañana y tienes grandes planes y ambiciones sobre qué hacer con tu tiempo. Tienes una lista de tareas y tu objetivo es terminarlas todas. Quizá tu jefe convoque inesperadamente una reunión o que alguien llame para decir que está enfermo, así que debes intervenir para ocuparte de algunas tareas no previstas. "Está bien", piensas, "todavía tengo tiempo suficiente." Intentas sumergirte en tu lista de tareas y surge una emergencia. Tienes que apagar un incendio. Comes un triste almuerzo en tu escritorio para tratar de mantener la tarea. Y justo cuando crees que vas a tener la oportunidad de pasar tu tiempo como quieres, uno de tus compañeros de trabajo necesita tu ayuda con el nuevo programa que implementaste hace dos semanas. El día termina y has gastado todo tu tiempo en cosas en las que no querías usarlo. A veces, la forma en que gastamos nuestro dinero se parece mucho a un lunes caótico en el trabajo. Nuestros esfuerzos parecen desenfocados y desconectados y, por mucho que intentemos planificar, nunca hay tiempo suficiente.

Por supuesto, al igual que con el tiempo, sentir que tienes suficiente dinero indica que realmente posees suficiente dinero, algo en lo que profundizaré en el capítulo 5. Pero también depende en gran medida de cómo nos sentimos con lo que tenemos, gastamos y ahorramos. Para muchos, lo que nos hace sentir mejor sobre cómo gastamos nuestro dinero es sentir que tenemos suficiente y crear un sistema para asegurar que la forma en que gastamos nuestro dinero tiene en cuenta cómo nos sentiremos respecto a esas acciones más adelante. Antes de hablar de los sistemas a establecer para gestionar tus gastos, vamos a revelar la espinosa sensación de no tener suficiente.

Nuestro cerebro es como un cajón de sastre con procesos antiguos y nuevos que se ejecutan de forma simultánea. Hay dos procesos antiguos en particular que trabajan en conjunto para hacernos sentir que no tenemos suficiente. El primer proceso es la forma en que nuestro cerebro busca el peligro naturalmente. Se trata de un antiguo proceso que en el pasado era necesario para la supervivencia. Cuando la vida de los humanos era mucho más peligrosa e imprecisa, la supervivencia dependía de nuestra capacidad para percibir cosas, como cuando la comida o el agua escaseaban. Nuestros cerebros evolucionaron para favorecer la atención a las cosas peligrosas del entorno por encima de las positivas.

Cuando tu mente está centrada en la escasez, te enfocas en lo que te falta y te llenas de sentimientos de estrés, ansiedad y miedo. Cuando sientes ese estrés, es difícil tomar buenas decisiones, tanto financieras como de cualquier otro tipo. Este estado ayudó a los humanos a sobrevivir cuando estaban literalmente hambrientos, pero hoy en día nos impide tomar decisiones. Actualmente, crea un falso positivo porque no estamos en peligro real.

El otro proceso que los cerebros humanos han adaptado para sobrevivir es la preocupación por compararnos unos con otros.[1] Esto tiene sentido, ya que la capacidad de evaluar adecuadamente a la competencia puede afectar a la supervivencia de un grupo. Y dentro de un grupo, compararnos con los demás garantiza que nos mantengamos al día y nos ganemos nuestro lugar dentro de la seguridad del grupo.

En la actualidad no hay tantas razones reales para estar tan preocupados por la comparación o el peligro, pero a menudo seguimos sintiendo que nos enfrentamos a estas emociones. La preocupación por el peligro se parece a la preocupación por el dinero, el miedo a la enfermedad o el temor a un futuro incierto. La comparación se parece a revisar tus redes sociales y sentirte mal cuando ves otra foto de las vacaciones de un antiguo compañero de trabajo. Puedes pensar: "¿Cómo puede irse de vacaciones tanto tiempo?".

Tal vez vayas a casa de un amigo y veas una hermosa lámpara nueva y pienses: "Quiero ser la persona que tiene ese tipo de lámpara". Quizá veas la foto de un famoso y compares su cuerpo con el tuyo. O tal vez te enteraste de que un colega acaba de publicar un libro y te preguntes por qué no has hecho lo mismo. Aunque estos instintos les sirvieron muy bien a los humanos en el pasado, en el mundo actual son un impedimento.

HEMOS SIDO EDUCADOS PARA CONSUMIR

Por desgracia, estas peculiaridades humanas se explotan a menudo. En el capítulo 1 conté la historia de Edward Bernays, el inventor del marketing moderno, y cómo descubrió que se pueden fabricar deseos aprovechando el subconsciente y el inconsciente. En la era de las redes sociales, el marketing va aún más lejos.

Las redes sociales son una lupa para las comparaciones que ya hacemos y exacerban el dolor de no encajar en el grupo. En lugar de aprender a integrar y atravesar nuestros sentimientos, una cultura impulsada por el consumo nos dice que siempre podemos comprar algo para aliviar nuestro malestar, y que debemos hacerlo. En las redes sociales, los anuncios se integran en el mismo *feed* que nos ha hecho sentir mal. Crean el problema y ofrecen la solución. ¡Es maquiavélico! ¡Es diabólico! Es tan brillante que no puedo odiar lo genial que es, pero luego me doy cuenta de que es muy retorcido que mucha gente no se dé cuenta de que están explotando su vulnerabilidad.

Hay dos formas de defenderse de estas vulnerabilidades en nuestros cerebros viejísimos. La primera es utilizar las herramientas que te permiten sentir que *tienes* suficiente, es decir, abordar tus sentimientos. Y la segunda es introducir sistemas que ayuden a reducir la probabilidad de que seas víctima de este sistema depredador.

DESVINCÚLATE CONSCIENTEMENTE
DE LA MENTALIDAD DE ESCASEZ

Hay pocos principios universales en la vida, pero éste es definitivamente uno de ellos: practicar la gratitud te hará consciente de todas las formas en que la vida es abundante. El antídoto contra la escasez es la gratitud. Aunque parezca una tontería, permítanme dejar de lado la ciencia.

La práctica de la gratitud y el simple hecho de ser agradecido mejora de forma apreciable tu bienestar general.[2] La práctica de la gratitud puede recablear tu córtex prefrontal de forma que tiendes a apreciar y recordar las experiencias positivas y a cultivar la resistencia necesaria para hacer frente a la adversidad. Cuanto más practiques la gratitud, más fuertes serán tus vías neuronales. Estas vías neuronales fuertes están relacionadas con el aumento de la felicidad, la reducción de la depresión y el fortalecimiento de la resistencia. También se relacionan con la disminución de la presión arterial, la reducción del dolor crónico, el aumento de la energía e incluso la prolongación de la vida. Las personas que practican la gratitud suelen tener una mayor autoestima que quienes no lo hacen. Las personas que expresan pensamientos de gratitud antes de acostarse duermen mejor que las que no los tienen.

Cuando sentimos gratitud por lo que tenemos o hacia alguien que nos ha ayudado, nuestro tronco cerebral libera dopamina. La dopamina nos hace sentir bien y fomenta las emociones positivas y el comportamiento en favor de la sociedad, como la camaradería. Cuando reflexionamos o escribimos las cosas que agradecemos en nuestra vida, nuestro cerebro libera serotonina. La serotonina mejora el estado de ánimo, la motivación y la fuerza de voluntad. Y cuanto más practiques la activación de estas vías neuronales, menos esfuerzo te costará activarlas la próxima vez.

Hay una herramienta muy sencilla que puedes usar cada día y que te permitirá amortiguar tus sentimientos de escasez y amplificar tus sentimientos de abundancia. Piensa en esta herramienta como una aplicación o un proceso que ejecutas en el sistema operativo de tu cuerpo y tu cerebro cada día. Te animo a que la pruebes ahora mismo antes de crear tu propio plan de gastos.

Utiliza esta herramienta: flujo de agradecimiento

Uno de mis entrenadores me presentó un ejercicio llamado flujo de agradecimiento, creado por Phil Stutz y Barry Michels. Toma un minuto o menos en hacerlo. Así es como se practica el flujo de agradecimiento:

1. Cierra los ojos y respira hondo. Me gusta poner la mano en el corazón y recordar que la respiración y el latido del corazón son regalos que se nos dan a todos. Son regalos incondicionales que nunca tuvimos que pedir. Tener este momento me permite entrar en el espacio donde puedo encontrar otras dádivas por las cuales estar agradecida.

2. Piensa en una cosa que normalmente darías por hecho, pero que agradeces. Puede ser algo tan sencillo como la silla que sostiene tu cuerpo, pero la clave es sentirte realmente agradecido por esa cosa. Concéntrate en los sentimientos y las sensaciones físicas de gratitud en tu cuerpo. Tal vez sientas calor, ligereza, los latidos de tu corazón o una sonrisa en tus labios. Permítete abrirte a esta presencia y poder.

3. Concéntrate en otra cosa por la que estés agradecido. Repasa los sentimientos, las sensaciones de tu cuerpo y relájate en esa presencia.

4. Encuentra una tercera cosa por la que sientas gratitud y realiza la misma exploración de tus sentimientos y sensaciones corporales.

Cada vez que hagas este ejercicio, esfuérzate por encontrar una nueva cosa por la cual estar agradecido. Éstos son algunos ejemplos de lo que he agradecido en los últimos días.

El sonido de las palmeras frente a mi ventana.
Ver una familia de pajaritos azules en el tejado de mi vecino.
Una ducha fresca en un día caluroso.
La extraña y única sensación que produce el agua gasificada en mi nariz y garganta.
Ver un jugoso tomate que cultivé en mi jardín.
Sentir la brisa fresca en mi piel.

Ésta es una herramienta realmente sencilla y fácil de aplicar, con un impacto sorprendente. Incluso considera empezar tu tiempo semanal de finanzas con una práctica de flujo de agradecimiento. Te recomiendo encarecidamente que lleves a cabo este experimento. Sólo te tomará un momento del día, pero tiene el potencial de mejorar drásticamente tu experiencia en la vida. Si quieres sentirte mejor con el dinero, empieza por sentirte mejor en general.

Ahora que estamos preparados, es el momento de crear un plan de gastos.

La creación de un plan de gastos que funcione para ti requiere un poco de replanteamiento, un poco de ingeniería inversa y un poco de trabajo honesto intencional.

¿CUÁNTO DINERO NECESITAS?

Al elaborar un plan de gastos, esperamos responder a la pregunta: ¿cuánto dinero necesitas? Éste no es el enfoque normal de los gastos. Tradicionalmente, en las finanzas personales, cuando pensamos en el gasto solemos reflexionar en términos de presupuesto. La elaboración de un presupuesto comienza con la cantidad que ganamos y con la división de ese sueldo en función de ello; se trata de plantear preguntas como: "¿Qué me puedo permitir?", "¿En qué *debería* gastar mi dinero?" y "¿Estoy viviendo por debajo de mis posibilidades?" Aunque todas éstas son formas normales de pensar en el gasto, este enfoque usa un lenguaje que invoca la escasez. El presupuesto se basa en la carencia.

Un plan de gastos es una perspectiva muy diferente. Es una forma de hacer ingeniería inversa de un resultado deseado. Es explorar las respuestas a una pregunta abierta. Esa apertura puede eliminar temporalmente las limitaciones para contemplar las posibilidades. Es una forma diferente que aporta soluciones diferentes. Preguntarse cuánto se necesita es una forma expansiva y abundante de pensar en el gasto. En lugar de dejar que tus ingresos dicten cuánto *puedes* gastar, considera qué ingresos necesitarías para que coincidieran con lo que necesitas y quieres gastar. Aunque no lo creas, lo que ganas no es una circunstancia que debas aceptar pasivamente y de buen ánimo. Hay formas en las que puedes tener capacidad de decisión sobre tus ingresos. Esto es algo que explicaremos más a fondo en el capítulo 5, pero esta idea está presente en el ejercicio de crear tu plan de gastos.

Al pensar en lo que necesitas, puedes determinar la compensación que provocará que no resientas tu trabajo. Los números de un plan de gastos te mostrarán esa verdad; te presentarán lo que necesitas ganar para sentirte como un ser humano que recibe un salario, que te permite sentirte respetado. Puedes hacer los cálculos para saber lo que necesitas y trabajar hacia atrás para conocer cómo ganarlo. Si acabas de entrar en el mundo laboral, un plan de gastos te ayudará a averiguar cuáles deberían ser tus necesidades salariales iniciales.

Pensar en lo que necesitas también abre un diálogo más profundo sobre cómo gastas actualmente. Cuando piensas en lo que necesitas, te permites cuestionar cómo se relaciona ese gasto con tu vida. Reflexionas sobre lo que valoras, y si eso se refleja en tu forma de gastar el dinero y cambiar en consecuencia.

EL PLAN PARA CREAR UN PLAN DE GASTOS

La creación de un plan de gastos requiere clasificar tus gastos en tres grandes grupos. Está el grupo de *facturas y vida* para lo esencial, el grupo de *diversión y ocio* para lo que no es esencial y luego el grupo de *futuro y metas*, una categoría amplia para todas esas cosas para las que ahorras, incluyendo lo que pones en las cuentas de inversión.

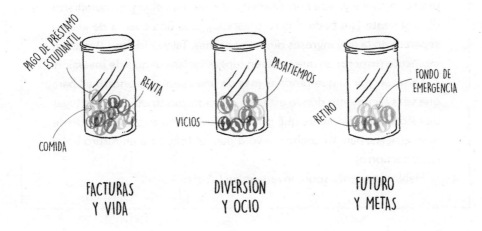

Clasificar tus gastos en estos grupos facilita entender cuánto dinero necesitas para lo que es esencial (facturas y vida), lo que no es esencial, pero da vida (diversión y ocio) y lo que tu futuro yo necesitará (futuro y metas). Te permite crear un proceso repetible para asegurarte de que tus gastos esenciales están contabilizados, que estás ahorrando una parte de todo lo que ganas y que tienes dinero para gastar libremente.

Estas amplias categorías hacen que la comprensión de tus gastos sea más fácil de manejar dentro de tu cerebro. Son especialmente útiles cuando necesitas reducir tus gastos en un apuro o durante una crisis, ya que así reduces los gastos no esenciales. Y para quienes no ganan suficiente dinero para satisfacer todas sus necesidades, consideren las categorías como peldaños o umbrales a alcanzar.

Una nota rápida sobre tu grupo de futuro y metas

El grupo *futuro y metas* no es sólo una cuenta de ahorro. Es una categoría que incluirá todas las cosas que consideras para el futuro, las cuales no puedes pagar de una vez, como la jubilación, un fondo de emergencia, una boda, un adorable cachorro, un bebé (¡o ambos!).

Sé lo que estás pensando: "¿Significa que tendré más de una cuenta de ahorros?". ¡Sí! ¡Te lo recomiendo! Por ejemplo, si quieres comprarte un coche y vas a necesitar un anticipo o un plan para comprarlo directamente (sin pedir dinero prestado), crea una cuenta de ahorro separada en la que ingreses dinero cada mes. Tal vez incluso llegue un momento (espero) en que también tengas varias cuentas de inversión.

La razón por la que tendrías más de una cuenta de ahorro es para que veas fácilmente dónde estás en relación con tu objetivo, en lugar de calcular mentalmente qué parte de tus ahorros es para tu fondo de emergencias, para tu coche nuevo o para el fondo de un futuro bebé (o un cachorro).

Hablaremos más sobre inversión en la parte 4.

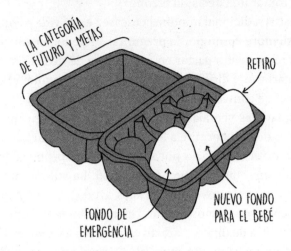

LA CATEGORÍA DE FUTURO
Y METAS ABARCA DIVERSAS
CUENTAS DE AHORRO E INVERSIÓN

LA CATEGORÍA DE FUTURO Y METAS

RETIRO

FONDO DE EMERGENCIA

NUEVO FONDO PARA EL BEBÉ

Por qué un plan de gastos funciona mejor que un presupuesto

Cuando comienzas a elaborar tu plan de gastos, éste se asemeja a un presupuesto porque requiere que revises tus gastos y que comprendas cómo gastas tu dinero. La diferencia entre un plan de gastos y un presupuesto radica en su ejecución, y profundizaré en ello en el próximo capítulo.

La gente que realiza un seguimiento mediante un presupuesto suele hacerlo por necesidad. En otras palabras, hay muy poca flexibilidad y holgura con respecto a cuánto tienen y cuánto pueden gastar. Si es así, quizá debas seguir controlando tus gastos diarios, pero sigo pensando que el marco de un plan de gastos es más benéfico que la elaboración de un presupuesto tradicional.

La elaboración de un presupuesto tradicional es tediosa porque requiere que realices un seguimiento de todos tus gastos cada mes para asegurarte de que estás dentro del presupuesto, o bien que hagas los cálculos y malabarismos para saber cuánto dinero puedes gastar, después de restar el monto de la renta y tener en cuenta la comida y el sushi que comiste espontáneamente hace dos días. También requiere demasiadas decisiones innecesarias sobre gastos no esenciales. Con un plan de gastos, creas un proceso repetible con reglas que separan tus gastos para que elimines las decisiones innecesarias. Cuando se eliminan estas decisiones innecesarias, se reduce la posibilidad de tomar una decisión errónea.

El presupuesto tradicional impone la escasez en tu vida porque tus gastos no esenciales siempre pasan por la pregunta: "¿Puedo permitirme esto?". Al separar el dinero que vas a gastar en una cuenta de diversión y ocio, te das permiso para gastar ese dinero como quieras. La pregunta "¿Puedo permitirme ese gasto?" se convierte en "¿Cómo quiero gastarlo?".

Una de las mayores ventajas que he experimentado en mi vida con un plan de gastos es que les permite a los miembros de la pareja tener sus propias cuentas de diversión y ocio por separado. Esto propicia que la gestión de las finanzas conjuntas sea mucho más fácil. La autonomía sobre cómo gastar el dinero en artículos no esenciales ayuda a reducir los puntos de fricción sobre cómo queremos disfrutar personalmente de nuestro dinero. Mientras que mi idea de dinero para diversión bien gastado es ahorrar hasta poder comprar un instrumento musical o alguna criptomoneda, mi mujer prefiere gastar su dinero en un vaporizador facial. Como ya debemos tomar decisiones financieras juntas para nuestras finanzas conjuntas, es bueno tener autonomía sobre esa parte de nuestro dinero.

Primero, realiza un balance de lo que has gastado

Antes de calcular cuánto necesitas gastar, primero debes ver cuánto gastas realmente. Saber cuánto dinero gastas facilita mucho conocer cuánto dinero necesitas. Te da un punto de partida y un marco de referencia. Cuando vayas a realizar cambios, ver cómo has gastado tu dinero recientemente te da una idea de lo que es realista para ti. Si estás creando un plan de gastos basado en un futuro imaginario, porque vas a empezar un nuevo trabajo y te mudarás a una nueva ciudad, estima los costos investigando.

De la misma manera que mirar hacia atrás para ver cómo te han moldeado tus experiencias formativas, mirar hacia atrás para ver cómo has gastado tu dinero puede informarte sobre tu comportamiento en el futuro. Si necesitas tener ese momento de ajuste de cuentas, el momento de *que te caiga el veinte*, la epifanía de que quieres hacer algunos cambios, repasar cómo has gastado tu dinero te ayudará a tener claridad. Si sientes vergüenza, culpabilidad o cualquier otro sentimiento negativo, regístralo. Está bien sentirlos, pero recuerda las narrativas sobre el dinero que has descubierto al escribir tu diario. Recuerda el poder que se gana al aceptarse a uno mismo y al asumir la responsabilidad personal.

Si te das cuenta de que algunos de tus gastos fijos, como las facturas de internet y del teléfono celular, han ido aumentando poco a poco, el análisis de tus gastos puede motivarte a ponerte en contacto con tus proveedores de servicios para encontrar formas de reducir estos costos.

Reúne los datos

Para analizar los gastos pasados, usa tus estados de cuenta bancarios y de tarjetas de crédito como referencia para calcular cuánto has gastado y cuánto necesitas. Una buena regla de oro es examinar los gastos de los últimos tres meses. Los últimos tres meses son lo bastante recientes como para mostrarte un rango de gastos que varían mes a mes, como la telefonía móvil o el gasto en el supermercado. Espero que no utilices tarjetas de crédito diferentes cada mes, porque, si no, este ejercicio te resultará muy complejo. Enseguida verás por qué querrás cambiar eso.

Realiza el plan de gastos de [tu nombre aquí]

Te animo a que uses un lápiz con goma para borrar porque, conforme vayas leyendo este libro, quizá vuelvas atrás y hagas cambios. Utilizando los últimos tres meses como guía, anota lo que proyectas gastar cada mes en cada categoría. Puedes encontrar la media de los costos que varían mes a mes. Para calcular el costo medio, suma el costo mensual total de una categoría y divide el total por el número de meses, que serían tres. Por ejemplo, si gastas 350, 415 y 397 dólares en alimentación, el costo medio mensual es de 387 dólares porque $(350 + 415 + 397) \div 3 = 387$ dólares. También puedes adoptar un enfoque maximalista y elegir la cifra más alta de los últimos tres meses. Si tomamos las mismas cifras de nuestro ejemplo, el enfoque maximalista es asignar 415 dólares al mes para la despensa.

Organiza los datos de los últimos tres meses de forma manual (calculadora, lápiz y papel, un montón de estados de cuenta), por medio de una hoja de cálculo, con una aplicación o con cualquier tipo de herramienta que quieras. Escoge la que más te convenga.

Éstos son algunos consejos para completar tu plan de gastos:

- Cuando consultes tus estados de cuenta, no te concentres en los detalles, pero no te limites a revisar las cifras sólo por encima.
- Sincérate contigo mismo. Intenta escuchar en lugar de juzgar; recuerda que juzgar es rechazar. Ahora es el momento de honrar tus valores y hacer la promesa de que seguirás respetándolos.
- Acepta tu comportamiento de gasto en el pasado y, cuando sientas que tu cuerpo se tensa o que empiezan a surgir pensamientos negativos, baja el ritmo, respira y exhala profundamente. El hecho de que respirar sea algo fácil y sencillo no significa que sea ineficaz para ayudarte a procesar tus sentimientos.
- Utilizar este ejercicio para sentir gratitud por todas las cosas que has disfrutado en tu vida. Gastar dinero no es intrínsecamente malo. No hay nada malo en disfrutar del dinero de forma responsable.
- No olvides pensar en los gastos no mensuales. Contabilízalos como un gasto mensual para asegurarte de que no los pasarás por alto en tu plan de gastos. Por ejemplo, la tenencia de un automóvil suele ser una cuota anual de 120 dólares. Para convertir ese costo anual en un gasto mensual, lo dividimos entre 12, ya que hay 12 meses en un año. La cuota de tenencia del automóvil es de 10 dólares al mes.
- Considera la posibilidad de contar con un respaldo para los gastos variables, como la comida o los pagos de los servicios públicos, que no son fijos. Este monto es el costo para sentirte seguro y la cantidad que determines dependerá de lo que te parezca cómodo y de lo que puedas permitirte. Para algunos, la cantidad de 500 dólares es suficiente, mientras que otros pueden crear un respaldo con una cantidad menor para empezar.

‌‌‌9 Aquí puedes soñar. Si no puedes fantasear con una vida deliciosa en la intimidad de las páginas de este libro, ¿dónde puedes hacerlo? No tengas miedo de lo que quieres, pero mantente centrado en tus valores.

‌‌‌9 La sabiduría financiera tradicional dice que una buena regla de oro para saber cuánto deberías ahorrar e invertir para el futuro, es ahorrar entre 10 y 30% de tu sueldo neto (después de impuestos). Esto parece mucho porque es mucho. Esto es lo ideal y no pasa nada si no puedes ahorrar esta cantidad ahora; en los siguientes capítulos profundizaremos en los ahorros. Hay que trabajar para ello. Mientras tanto, ahorra todo lo que puedas de forma razonable y responsable.

‌‌‌9 Recomiendo que revises tu plan de gastos cuando esperes o tengas un cambio de vida externo, como un nuevo trabajo, o interno, por ejemplo si has sentido un cambio en tus creencias y valores. Además, también es una buena práctica revisarlo al menos una vez al año. El mes de enero suele ser un punto de inflexión natural para hacerlo, pero tus gastos durante las vacaciones pueden ser diferentes a los del resto del año, así que ten en cuenta ese detalle.

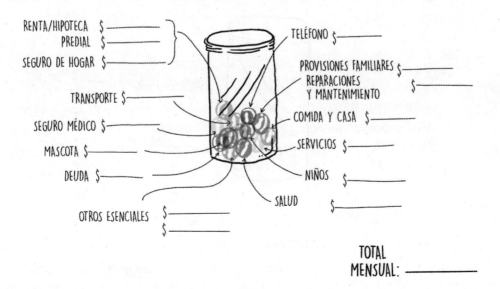

FACTURAS Y VIDA

DIVERSIÓN Y OCIO

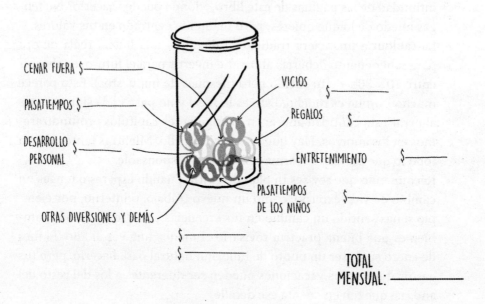

CENAR FUERA $ ————

PASATIEMPOS $ ————

DESARROLLO $ ————
PERSONAL

OTRAS DIVERSIONES Y DEMÁS

VICIOS $ ————————

REGALOS $ ————————

ENTRETENIMIENTO $ ————————

PASATIEMPOS
DE LOS NIÑOS $ ————————

$ ————————
$ ————————

**TOTAL
MENSUAL:** ————

FUTURO Y METAS

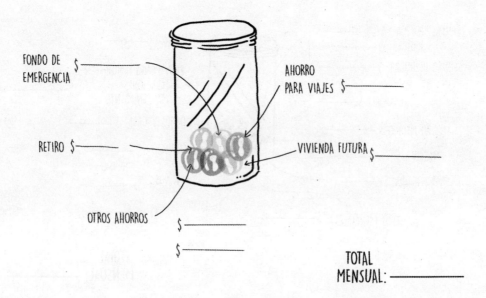

FONDO DE $ ————
EMERGENCIA

RETIRO $ ————

OTROS AHORROS

AHORRO
PARA VIAJES $ ————————

VIVIENDA FUTURA $ ————————

$ ————————
$ ————————

**TOTAL
MENSUAL:** ————

TU PLAN MENSUAL DE GASTOS

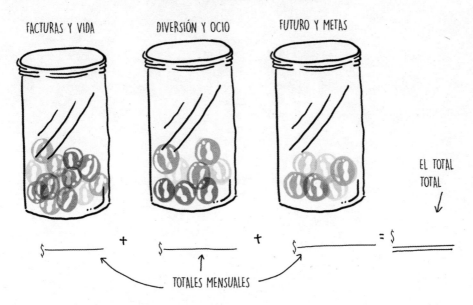

CAPÍTULO 3

PROTÉGETE DE TI MISMO

Controla tus gastos

Ahora que has analizado tus gastos y te has proyectado hacia delante con un plan, el siguiente paso es establecer un sistema y un proceso que te ayuden a mantenerte dentro del presupuesto, sin tener que presupuestar realmente. Si eres escéptico porque nunca has encontrado un sistema que funcione para ti, lo entiendo. Yo he fracasado en muchos intentos de elaboración de presupuestos.

El plan de gastos en acción se basa en un sistema de cuentas separadas para delimitar cómo gastas el dinero. Está diseñado para protegerte de ti mismo, de tus decisiones irracionales y de tus rarezas particulares en torno al gasto, algo así como las barreras de una pista de boliche.

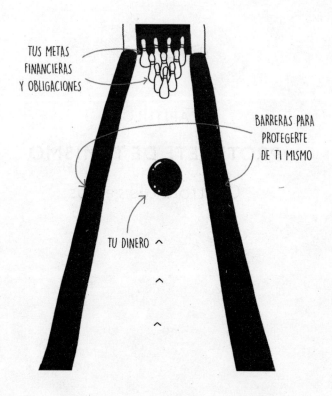

TUS METAS
FINANCIERAS
Y OBLIGACIONES

BARRERAS PARA
PROTEGERTE
DE TI MISMO

TU DINERO

LA LEY DE PACO

Seguro que has oído hablar de la ley de Murphy, un viejo adagio que dice "todo lo que puede salir mal, saldrá mal". Y también está la ley de Parkinson, que básicamente se reduce a: el trabajo se expande para llenar el tiempo disponible para su realización.

Ahora me gustaría presentarles la ley de Paco.

La ley de Paco dice que "tu gasto será igual a lo que tienes disponible para gastar". Esto no aplica para todas las personas, pero la gente que he conocido personalmente y que lucha por controlar sus gastos es tan grande, que debería haber una ley para ello.

He aquí una forma extraña, pero útil de ver la ley de Paco. ¿Alguna vez has tenido que tomar un medicamento líquido, como antibióticos o un jarabe para la tos? Lo más probable es que sí, y seguramente has usado el vasito que viene para tomar la medicina, en lugar de verter un poco en un vaso grande y tratar de calcular la dosis correcta. La ley de Paco es, básicamente, una forma de verter una cantidad específica de algo (dinero) en un recipiente (una cuenta corriente) para asegurarse de que sólo consumes (gastas) una determinada cantidad.

CÓMO ASEGURAR
EL CONSUMO
EN EXCESO DE JARABE
PARA LA TOS

USA UN VASO REGULAR

TOMA TRAGOS DIRECTO DE LA BOTELLA

USA UNA TAZA MEDIDORA CON UNIDADES ERRÓNEAS

USA UN CUCHARÓN GIGANTE

Conocer la ley de Paco es el primer paso para no ser víctima de ella. ¿Cómo saber si estás gastando demasiado? Busca las señales:

- Ahorras menos de 5% de tus ingresos
- Los saldos de tus tarjetas de crédito no bajan
- Tu puntaje crediticio es inferior a 600
- No tienes un fondo de emergencia
- Nunca has hecho un presupuesto
- Has pagado una comisión por sobregiro

Incluso si eres bastante bueno con tu dinero, separar tus gastos podría ayudarte a aumentar tus ahorros o a reorientar tus gastos para que estén más alineados con tus valores.

OTRA FORMA DE VER LA LEY DE PACO

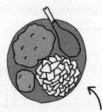

CUANDO NO PONES LIMITACIONES
ARTIFICIALES SOBRE CUÁNTO PUEDES
CONSUMIR, DEBES CONFIAR
EN LA FUERZA DE VOLUNTAD

SI PUEDES CREAR UN SISTEMA
QUE IMPONE LÍMITES,
COMO UNA CUENTA DE GASTOS SEPARADA
(O UN PLATO MÁS PEQUEÑO),
CONFÍAS EN UN PROCESO,
Y NO EN LA FUERZA DE VOLUNTAD

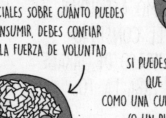

El antipresupuesto: un sistema de gasto separado

Así es como funciona el sistema de gastos por separado:

- Establece dos cuentas de cheques separadas: una cuenta de cheques para todos los gastos de la vida y las facturas, y una cuenta de cheques para todos los gastos de la diversión y ocio.
- Deposita en cada cuenta la cantidad que necesites (más adelante explico exactamente cómo).
- Separa tus gastos. Sólo paga las facturas y los gastos de la vida con la cuenta de facturas y vida, y usa la cuenta de diversión y ocio para lo que no es esencial en tu vida. Este sistema sólo funciona si te aseguras de adoptar esta regla como parte del proceso operativo.

La separación de los gastos de diversión y los gastos corrientes te permitirá imponer una cantidad límite a tus gastos no esenciales. Si no lo separas, deberás hacer un seguimiento de tus gastos de diversión y ocio para asegurarte siempre de que sabes qué cantidad de dinero puedes gastar con toda certeza, considerando tus facturas y tus gastos de vida. Y si ya has tenido problemas para llevar la cuenta, lo más probable es que los tengas en el futuro, a menos que cambies algo en el método que usas. Éste es un buen cambio que puedes probar.

Este método no requiere un seguimiento tedioso, pero sí que revises los saldos de sus cuentas. Durante tu tiempo semanal de finanzas, presta atención a tu cuenta de facturas y vida para asegurarte de que las cosas se ven normales. Por ejemplo, si tienes una reserva de 1,000 dólares, comprueba que no hayas bajado de esa reserva. Si lo has hecho, investiga más a fondo. También consulta el saldo de tu cuenta de diversión y ocio antes de salir o de gastar tu dinero. Revisar los saldos de tus cuentas es lo mínimo que debes hacer para poner en orden tus finanzas. En el mundo de la salud y el *fitness*, es el equivalente a no sentarte en el sofá todo el día. No te pido que seas un corredor de maratón o que inventes soluciones para la paz mundial; te pido, literalmente, que hagas lo mínimo. Por favor, revisa el balance de tu cuenta de diversión y ocio cuando planees gastar dinero de esa cuenta y examina tu balance de facturas y vida durante tu tiempo semanal de finanzas.

CÓMO FINANCIAR TUS CUENTAS

En realidad, la aplicación del sistema significa que cada vez que recibes un pago, tendrás que dividir dicho pago en cada cuenta. Hay dos métodos diferentes para financiar tus cuentas de facturas y vida, diversión y ocio y ahorros con tus pagos. Éstas son tus opciones:

Opción 1. Automatizarlo

Si puedes configurar tu depósito directo para dirigirlo a varias cuentas, esta solución podría ser la más fácil porque no debes preocuparte por las transferencias. Por ejemplo, cada dos semanas cobras 1,150 dólares después de

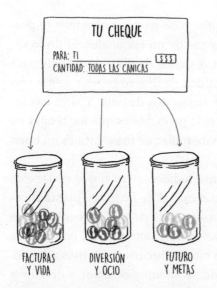

impuestos, y tu empleador te permite establecer varios depósitos directos. Una opción es apartar 150 dólares en automático para la jubilación, y luego dividir el resto del pago neto:

- 650 dólares se depositan en tu cuenta corriente de facturas y vida
- 150 dólares se depositan en tu cuenta corriente de diversión y ocio
- 200 dólares se depositan en la cuenta de ahorros del fondo de emergencia (para futuro y metas)

Opción 2. Hazlo tú mismo

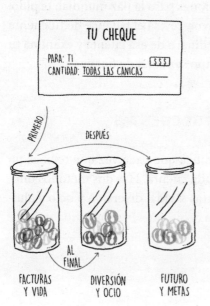

La otra opción es transferir manualmente el dinero después de depositar tu cheque.

Éste es el método que requiere más tiempo, pero no lo odio, porque te obliga a revisar tus finanzas con regularidad. Y hacer esto es una forma de sentirte comprometido con ellas. Este método suele ser bueno para los trabajadores independientes que no tienen un sueldo fijo y que acaban de ponerse al día con sus finanzas. Es una de las razones por las que soy partidaria de dedicar un tiempo semanal a las finanzas.

Dependiendo de la cantidad de dinero que tengas actualmente y de la fecha de vencimiento de tus facturas, es posible que debas hacer algunos ajustes financieros para poner en marcha un sistema fluido.

ALGUNOS CONSEJOS PROFESIONALES
PARA ASEGURARTE DE QUE TE MANTIENES EN EL CAMINO

Consejo 1. Ten un respaldo

Es bueno tener un monto extra en tu cuenta de facturas y vida. Todos tenemos muchas facturas que pagar a lo largo del mes, y un respaldo es útil si hay algún problema extraño en tu calendario, como tener que pagar la mayor parte de las facturas a principios de mes. Lo ideal es tener una cantidad que cubra los gastos de todo un mes, pero también funciona con menos dinero. Puedes ir guardando poco a poco ese respaldo añadiendo un poco más en tu cuenta de facturas y vida hasta que tengas los gastos de un mes. Un método más rápido, pero más austero, para crear ese monto extra es recortar de forma drástica o total los gastos de diversión y ocio durante uno o tres meses. No me gusta la privación, pero en rachas cortas funciona. Es como un *sprint*.

Si no tienes suficiente margen de maniobra, quizá debas dedicar algo de tiempo a establecer un calendario para pagar tus facturas. Por lo general, puedes llamar para que te cambien las fechas de vencimiento. Sí, hay que sentarse y hacer llamadas telefónicas y es molesto, pero el esfuerzo vale la pena para sentirte seguro de que tu sistema está configurado para funcionar correctamente.

Consejo 2. No lleves tu tarjeta de débito de facturas
y vida a una salida de diversión y ocio

Si vas a salir a divertirte, deja tu tarjeta de débito de facturas y vida en casa. No te tientes con ella. Cuando hayas tomado unas cuantas copas, te sientas lleno de emociones y quieras comprar bebidas para todos en el bar, es mejor no tener la tentación presente. Recuerda que la efectividad de tus decisiones puede mejorar drásticamente si evitas un entorno donde te sientas incitado a tomar malas decisiones.

Consejo 3. Cuidado con la caminadora hedónica

La caminadora hedónica, a veces llamada *adaptación hedónica*, es un concepto que dice que los humanos mantendremos niveles relativamente estables de felicidad a pesar de los acontecimientos positivos o negativos. Alguien que está en la caminadora hedónica intenta encontrar la felicidad buscando constantemente el placer, en lugar de buscar otro tipo de bienestar a través de una vida significativa de expresión personal, reconociendo y alcanzando su verdadero potencial.

Imagina a un joven deportista con talento que sueña con convertirse en un profesional del *snowboard*. A lo largo de la escuela secundaria sobresale, pero se lesiona en su primer año de preparatoria. La lesión es tan grave que el joven deportista nunca podrá competir profesionalmente.

Al principio, le duele que su sueño de ser profesional haya sido truncado, pero con el tiempo encuentra la alegría en el esquí de fondo y en ayudar a los atletas lesionados. En poco tiempo, el joven sustituye la idea de ser un atleta profesional por el sueño de ser entrenador deportivo, tener una familia y disfrutar de las vacaciones en la nieve. Este cambio es un ejemplo de la notable capacidad de adaptación del ser humano.

Pero he aquí la otra cara de la moneda. Imaginemos a un joven que ha crecido en la clase baja trabajadora. Cuando es más joven, imagina que tiene un departamento propio. Piensa que eso es todo lo que necesita para sentirse feliz. Este joven lo hace todo bien y las circunstancias están de su lado. A los 22 años ya ha terminado la universidad, ha conseguido un empleo y tiene su propio departamento. Es feliz.

Pero en un par de años, unos amigos se mudan del departamento que alquilaban y rentan una casa y, de repente, su departamento no es nada en comparación con esa casa. El joven trabaja duro, obtiene un ascenso y por fin puede permitirse rentar una casa. Al principio es emocionante, pero un año después, sus amigos compran otra casa y le hacen mejoras. Ahora las expectativas de este joven acerca de lo que creía que lo haría feliz se han encarecido.

No tiene nada de malo crecer y mejorar. No tiene nada de malo en fijarse objetivos, alcanzarlos y luego fijarse otros más altos. Pero el impulso constante por lograr más puede resultar perjudicial cuando la persona no es consciente de su motivación o de que está en la caminadora hedónica.

Si pensamos que nuestro bienestar y felicidad sólo pueden provenir del placer externo, estaremos atrapados en la caminadora hedónica y no importa cuánto dinero ganemos, cuánto poder y estatus tengamos, nunca sentiremos que tenemos suficiente. Donald Trump es el ejemplo perfecto de esto. Incluso siendo el presidente de Estados Unidos, el poder o estatus que tuvo no era suficiente para satisfacerlo. Quizá se irá a la tumba sin sentir que atesora suficiente dinero, sin importar cuánto tenga. Por supuesto, éste es un ejemplo extremo.

Sentirse mejor gastando menos empieza por reconocer la realidad de estar en la caminadora hedónica. Parte de esta realidad es la falsa creencia de que satisfacer nuestros deseos nos conducirá a sentimientos positivos continuos, como la felicidad y el placer. Ésta es la trampa del consumismo. Algunas compras pueden hacerte sentir mejor a largo plazo, pero la mayoría no lo hará.

Una alternativa al enfoque hedónico de la felicidad se llama *enfoque eudaimónico.* Puede resumirse como una aproximación al bienestar a través de seis dimensiones: *1)* el autodescubrimiento, *2)* el desarrollo percibido de los mejores potenciales, *3)* un sentido de propósito y significado en la vida,

4) la inversión de un esfuerzo significativo en la búsqueda de la excelencia, *5)* la implicación intensa en actividades, y *6)* el disfrute de las actividades como expresión personal.[1] Lo que me encanta de este enfoque es que es personal. No es una talla única para todos. Es mucho más complejo que comprar las porquerías que anuncian en Instagram, pero es un enfoque mucho más sostenible de la felicidad y un acto radical en una sociedad impulsada por el consumo. La buena noticia es que la primera dimensión, el autodescubrimiento, es algo que seguiré fomentando a lo largo de las páginas de este libro. Estás en el camino de fomentar tu propio enfoque eudaimónico de la felicidad y el bienestar.

Dos formas muy prácticas de evitar la caminadora hedónica son bajarse de ella temporalmente y elegir no comprar productos no esenciales durante un tiempo. Prueba a hacerlo durante 30 días o, si tienes ganas de ser excéntrico, hazlo durante unos meses o un año entero.

Otro método que puede mantenerte en la caminadora, pero de una forma tramposa, es llevar una lista de compras de artículos no esenciales. Crea una lista de todas las cosas que quieres comprar. Siéntete libre de ser muy minucioso. Investiga, toma notas, haz que la lista sea atractiva. Y cada vez que quieras comprar algo, escríbelo ahí. Establece una regla sobre el tiempo que deben estar las cosas en la lista antes de comprarlas. Pueden ser 24 horas o en unos meses. Obligarte a esperar es una buena manera de entrenar a tu cerebro para que se acostumbre a la gratificación tardía.

Consejo 4. Obtén una perspectiva global

Veamos algunas estadísticas del Banco Mundial para que tengas una visión global de la economía personal de otros.

En 2017, 24.1% del mundo vivía con menos de 3.20 dólares al día y 43.6% con menos de 5.50 dólares al día. En ese mismo año, en el cual la pobreza extrema mundial había disminuido, todavía había 689 millones de personas que vivían con menos de 1.90 dólares al día.[2] Se espera que esta cifra aumente a medida que el mundo se enfrenta a las secuelas del covid-19. Vivir con 1.90 dólares al día equivale a vivir con menos de 700 dólares al año. En el momento de escribir este artículo, alrededor de 10% de la población mundial vive en esta situación de pobreza extrema.

Estas estadísticas dejan claro lo abundante que es tu vida desde el punto de vista económico, aunque no estemos comparando manzanas con manzanas, ya que el nivel de vida en Estados Unidos es más alto en comparación con otros países.

Consejo 5. No fracases en cosas que no requieran habilidad

Este método de gestión de tus finanzas no requiere habilidades técnicas. No es como encestar una pelota de baloncesto. Sólo es necesario tu tiempo y tu esfuerzo para ponerlo en marcha, y luego el mismo tiempo y esfuerzo para mantener el sistema. No hay razón alguna para creer que no puedes lograrlo. Como regla general, creo que es una tontería fracasar en cosas que no requieren habilidad y sólo precisan esfuerzo. El esfuerzo es algo que puedes controlar; incluso puedes convertirlo en un hábito. La habilidad necesita toda una vida de práctica, paciencia y tiempo, todo ello multiplicado por el esfuerzo. Mantener los gastos separados sólo requiere un poco de esfuerzo, algo de lo que tú eres más que capaz.

HAZ EL TRABAJO

Toma el control de tus gastos

- ۹ Establece cuentas de cheques separadas para tus gastos de facturas y vida y de diversión y ocio.
- ۹ Elige una opción para financiar tus cuentas (automatizarlas o hacerlas tú mismo).
- ۹ Asegúrate de que tu calendario de pago de facturas se ajuste a tu calendario de ingresos.
- ۹ Haz un plan para crear un respaldo de un mes en tu cuenta de cheques de facturas y vida.
- ۹ Comprométete a practicar regularmente el flujo de agradecimiento u otro tipo de práctica de gratitud como experimento. ¿Cuánto te cuesta realizar esta práctica y cómo genera dividendos en tu vida?

CAPÍTULO 4

¿QUÉ INTENTAS HACER CON TU VIDA?

Deconstruye tus objetivos

U n día, a principios de enero, estaba paseando por mi barrio con un amigo. Mientras trotábamos, disfrutando de un día inusualmente fresco en Los Ángeles, él me preguntó cuáles eran mis objetivos para el año.

Respondí diciendo: "Este año, mi objetivo es no tener objetivos". No es que no deseara lograr cosas o dirigir mi propia vida. Al contrario, lo que había observado en los últimos años de haber tenido algunos éxitos era que, al parecer, lograr una meta requiere un enfoque paradójico. Un enfoque en el cual el objetivo no es un resultado con una línea de llegada definida. En cambio, un objetivo podría revelar el proceso o sistema que necesitaría para comprometerme y que normalmente se requiere para alcanzar mi objetivo. Así, en lugar de tener el objetivo de ahorrar 10,000 dólares, me comprometería a ahorrar 20% de cada ingreso, indefinidamente. Y cuando hacía esto, solía superar mi objetivo anterior. Me di cuenta de que un objetivo debería ser el punto de partida, y no el punto final. Me siento como un cliché diciendo esto, pero mi enfoque se había convertido más en amar el viaje que llegar al destino. Y eso ha propiciado que el progreso sea más satisfactorio y sostenible.

No estoy desaconsejando que te fijes objetivos financieros. Lo que sí desaconsejo es establecer e intentar alcanzar objetivos como la única manera de pensar en el futuro financiero. Los objetivos, en general, son instrumentos burdos que no tienen en cuenta los detalles más sutiles de una vida dinámica en un mundo moderno que cambia constantemente. Los objetivos pueden ser esquivos y desafiantes por muchas razones. En el fondo, los objetivos exigen que transformemos nuestro comportamiento, que actuemos frente a nuestros temores y que sorteemos circunstancias que están fuera de nuestro control. Incluso si logramos cambiar lo que está bajo nuestro control, es decir, nosotros mismos, seguimos sujetos a las circunstancias externas, como una pandemia mundial o lo que suceda en el mercado de valores.

Es fácil ver por qué los objetivos se llevan toda la gloria. Son atractivos y aspiracionales, nos dan esperanza y la sensación de progreso, y proporcionan un sentido de dirección. Alcanzar un objetivo es algo digno de las redes sociales. Es una oportunidad de atención y reconocimiento. En nuestra jerga actual, es muy aceptable elogiar a la gente tan sólo por decir "objetivos".

Pero estar demasiado centrado en un resultado en cualquier situación es limitante y rígido. Es una perspectiva unidimensional, es inflexible, aniquila la posibilidad de un resultado diferente. Desviarse del camino o del objetivo puede considerarse un fracaso. Y éste es un gran defecto del sistema de fijación de objetivos. Cuando no llegas a tu objetivo, has fallado, es una experiencia común. El fracaso empieza a sentirse como una característica de los objetivos y no como un error. Pensar en los objetivos como una meta fija nos obliga a preguntarnos si esos objetivos nos ayudan a alcanzar propósitos significativos en nuestras vidas.

He sido víctima de la mayoría de los objetivos que me he fijado. Me quedé en un trabajo que me hacía sentir miserable y que no me pagaba lo suficiente, porque pensaba que debía alcanzar una meta en cuanto al puesto y al salario. No veía otro camino. Las metas que he tenido para mi negocio me han paralizado. Cuando las tenía en mente, no podía tomar ninguna acción durante meses o a veces años porque no quería ir en la dirección opuesta a mi objetivo. Ahora veo que cualquier dirección habría sido la correcta porque sólo necesitaba empezar. A veces ni siquiera puedes conocer el destino final si no empiezas a moverte hacia algo, aunque sea incorrecto.

LOS OBJETIVOS SON UN BUEN PUNTO DE PARTIDA PARA ENTENDER NUESTROS DESEOS

Aunque decidamos utilizar un marco diferente para obtener un resultado, eso no significa que la forma tradicional de establecer objetivos sea totalmente inútil. Si estuvieras construyendo un librero y tuvieras que quitar un tornillo de una pieza de madera, pero sólo tuvieras un martillo, no tirarías el martillo sólo porque en ese momento no es la herramienta adecuada para el proceso de construcción. Conseguirías un destornillador y conservarías ambas herramientas porque son útiles para diferentes situaciones. El martillo será útil en otro momento.

Lo mismo sucede con los objetivos financieros. Son un martillo que puede ser útil. Es bueno tenerlos en tu caja de herramientas, pero no van a ser lo único que te ayude a construir tu vida. Si cuestionas tus objetivos, puedes descubrir la razón por la que son importantes para ti. Puedes revelar lo que realmente deseas o temes. Este tipo de descubrimiento te muestra otras formas de evitar esos temores o de cumplir esos deseos: tal vez se revelará un enfoque eudaimónico del bienestar.

La ironía es que la única forma de mantenernos realmente en el camino de alcanzar nuestros objetivos es soltar nuestro apego a ellos, aprender a apreciar y enamorarnos del proceso de alcanzarlos. Y esa parte es la única que somos capaces de controlar.

He fracasado en alcanzar muchos de mis objetivos financieros. Los primeros años de mi negocio tenía objetivos de ingresos nebulosos. Y no los logré. No ahorré todo lo que quería ahorrar año tras año. Y durante un tiempo, fui muy ambiciosa respecto a la rapidez con la que podía liquidar la deuda de mi tarjeta de crédito.

Finalmente pude alcanzar mis objetivos al dejar de lado el resultado e implementar procesos y sistemas. En mi negocio, me comprometí a utilizar un proceso de contabilidad descrito en el libro *Profit First,* de Mike Michalowicz, y después de 12 meses de usar este sistema, aumenté mis ingresos 136 por ciento. Decidí ahorrar sólo una parte de todo lo que ganaba y ahorré a pasos agigantados lo máximo que he ahorrado jamás. Separé mis gastos y, de repente, pude gastar mucho menos de lo que creía posible.

DECONSTRUYE EL OBJETIVO QUE QUIERES LOGRAR EN UN COMPORTAMIENTO QUE PRECEDA ALCANZARLO

Ahora, como con casi todas las cosas de mi vida, en lugar de tener una visión cerrada hacia un objetivo singular, uso el objetivo para deconstruir los comportamientos que preceden al logro. Y luego cambio mi enfoque hacia esos comportamientos y encuentro formas de convertirlos en un proceso. Así obtengo más provecho del proceso, sin importar si logro o no mi objetivo. Cuando me centro en mis comportamientos, hay menos reglas sobre el resultado. Cuantas menos reglas haya, más formas habrá de ganar. Y cuando hay más formas de ganar, siento paz y alegría en el momento presente y evito la decepción cuando inevitablemente me afectan cosas que están fuera de mi control.

CUANDO EL SISTEMA FALLA, ENCUENTRA DÓNDE ESTÁ LA AVERÍA EN EL SISTEMA

Al crear un sistema, el hecho de no alcanzar tus objetivos se siente mucho menos como un fracaso personal. Los sistemas deben cumplir exactamente su función, pero cuando no lo hacen es importante considerarlo como una señal de que algo del sistema necesita ser reexaminado.

Supongamos que estás aplicando el sistema de ahorrar 25% de todos tus ingresos, y con el tiempo sigues sintiendo que estás muy lejos de tener suficiente dinero en un fondo de emergencia.

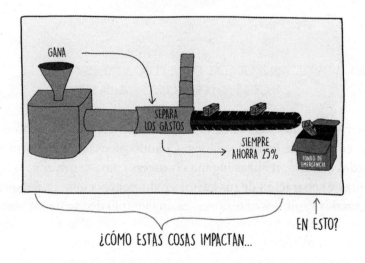

SI EL SISTEMA NO PRODUCE EL RESULTADO QUE DESEAS, EXAMINA EL SISTEMA

En lugar de sentirte mal en automático por no haber alcanzado tu objetivo, simplemente revisa de cerca tu sistema y formula algunas preguntas sobre lo que está pasando. ¿Qué cosas influyen en el resultado? ¿Deberías aumentar tu porcentaje de ahorro? ¿Necesitas ganar más? ¿Requieres ambas cosas? Si decides que ganar más tendría mayor impacto en el proceso, ¿cuál es la forma sistemática de abordarlo?

CÓMO ALCANZAR TUS METAS

ALCANZAR LOS OBJETIVOS MEDIANTE
LA GESTIÓN DE LOS FRACASOS

Otra forma de pensar acerca de los objetivos es centrarte en cómo puedes fracasar en lugar de cómo lograrlos. Cuando piensas en las formas en las que puedes fracasar, realizas ingeniería inversa para resolver esos fracasos. El sistema de separación de tus gastos en diferentes cuentas, del que hablamos en los dos capítulos anteriores, es un ejemplo de uso de esta estrategia.

EL PODER DE UN PROCESO PROVIENE
DE LA CONSTANCIA EN SU EJECUCIÓN

La constancia es una fuerza realmente poderosa, pero está infravalorada. Vemos su impacto a nuestro alrededor todo el tiempo. Un acantilado junto al mar lo es porque las olas erosionan constantemente la roca. La salud dental puede atribuirse al cepillado y al uso del hilo dental de forma constante, no intensa. Por ejemplo, si no lo hago frecuentemente, hacerlo de manera intensiva justo antes de mi cita con el dentista no puede compensar la falta de constancia. Los comportamientos constantes influyen en nuestra vida financiera. La falta de ingresos constante puede dar lugar a deudas, mientras que la inversión constante en el mercado de valores es una forma fiable de hacer crecer el dinero a lo largo del tiempo. La constancia es aburrida, pero a menudo separa lo bueno de lo genial.

La constancia crea impulso y, con el tiempo, los resultados se acumulan. La constancia compensa la falta de habilidad. Y los procesos que se convierten en habituales cambian la forma en que te identificas a ti mismo. Es mucho más probable que te identifiques como ahorrador si ahorras constantemente, aunque sólo ahorres un poco. Compáralo con ahorrar mucho en un momento de tu vida. Es menos probable que te identifiques como ahorrador. La identidad refuerza tu deseo de ser constante para mantener intacta la idea que tienes de ti mismo.

Ya sea que alcances o no tu objetivo, si puedes crear un proceso y llevarlo a cabo con la suficiente constancia como para convertirlo en un hábito, descubrirás que el progreso que puedes mantener es mucho más satisfactorio que el simple hecho de alcanzar un objetivo.

Deconstruye tus metas financieras personales en comportamientos

HAZ EL TRABAJO

Responde las siguientes preguntas para entender mejor cómo crear comportamientos que contribuyan al logro de tu objetivo. Utilízalas para todos los objetivos que tengas ahora mismo.

- ¿Cuál es tu objetivo? (elige uno por ahora).
- Expresa este objetivo en términos de finanzas. ¿Cuánto cuesta y cuál es el plazo para conseguirlo?
- ¿Qué intentas sentir o evitar al lograr este objetivo? En otras palabras, ¿cuál es el motivo?
- ¿Cómo se relacionan estos sentimientos con lo que valoras y cómo te identificas?
- ¿Cuáles son los comportamientos que apoyan el logro de tu objetivo?

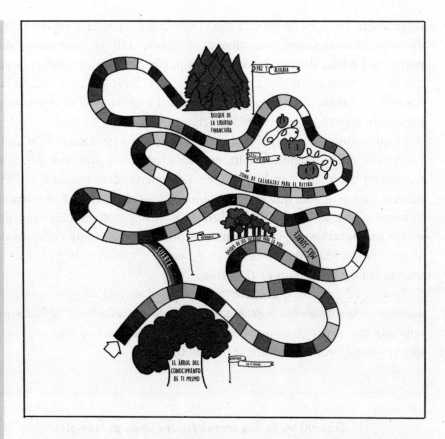

- ¿Qué comportamientos puedes adoptar ahora? ¿Cómo puedes convertir los comportamientos en un proceso o sistema? ¿Cuáles son los detalles de este proceso?
- ¿Cómo crees que te hará sentir comprometerte con esos comportamientos? ¿Estos sentimientos están en consonancia con cómo te gustaría pasar y vivir tu vida? ¿Están en consonancia con lo que valoras y cómo te identificas?
- Vuelve a revisar tu plan de gastos. ¿Puedes revisarlo para incluir este objetivo? Si ahora no encaja en tu plan de gastos actual, quizá puedas deconstruir el proceso necesario para acercarte a él.

LOS FUNDAMENTOS DE LAS FINANZAS

Ganar, ahorrar y tomar decisiones

La ganancia de ingresos, el ahorro y la toma de decisiones son bloques fundamentales en tu Pirámide de las Finanzas Impactantes. Es importante dominar estas áreas de tu vida financiera porque los niveles superiores de la pirámide se basan, literalmente, en estas habilidades.

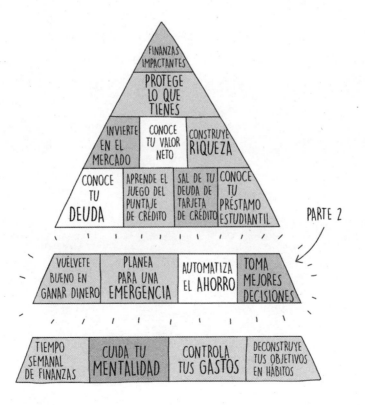

PARTE 2

En la parte 2 hablaremos de por qué tenemos que ser buenos ganando dinero y de los diferentes enfoques para ganarlo. Exploraremos el tema del ahorro de dinero: desde las dificultades y las deficiencias hasta las soluciones. A continuación, profundizaremos en la importancia de nuestras decisiones financieras y aprenderemos técnicas para mejorarlas.

CAPÍTULO 5

VUÉLVETE BUENO EN GANAR DINERO

Yo era una planificadora financiera arruinada (planificadora junior, para ser precisos, y arruinada es un término relativo). Pero para alguien que vivía en una gran ciudad y cuyo trabajo consistía en asesorar a personas adineradas, era extraño que no tuviera riqueza. Ganaba un salario base de 36,000 dólares al año para ayudar a personas que ganaban al menos diez veces más y convirtiendo todos esos ingresos en riqueza.

Empecé como asistente, que es una de las razones por las que creo que la empresa me pagó un salario que parecía bajo en relación con el estándar del sector. Pero tampoco le di demasiada importancia a los ingresos. Daba por hecho que aumentarían con el tiempo y que las cosas se arreglarían igual que en las generaciones anteriores. No me cuestioné la norma. Pero tampoco la cuestionó nadie que yo conociera. Mientras yo crecía, la gente que me rodeaba no hablaba sobre sus ingresos.

Empecé a cambiar mi enfoque cuando me di cuenta de que mis ingresos habían disminuido a lo largo de los años. Mi mujer, que entonces era mi novia, quería crear su propia empresa de diseño de interiores y eventos. Para ello, tendría que renunciar a un ingreso estable a corto plazo. Incluso con algunos ahorros, nos daba miedo pensar cómo íbamos a vivir en una gran ciudad con un ingreso modesto.

Para mantener mis gastos bajos, iba al trabajo en bicicleta casi todos los días. Era un trayecto agradable de 11 kilómetros de ida y de vuelta, que me ayudaba a ahorrar 40 dólares a la semana en gasolina y era tan importante para mi salud mental como física, excepto por el hecho de que viajaba en hora pico en una ciudad llena de vehículos contaminantes. Empecé a cultivar un huerto para reducir el costo de los alimentos. Sustituí el champú que compraba en la tienda por bicarbonato de sodio y agua, y me aseguré de aprovechar cada oportunidad que tenía de consumir comida gratis en el trabajo. Mis aficiones eran bastante baratas. Montar en bicicleta y tocar música no me costaba mucho después de haber adquirido el equipo usado, que hallé fácilmente en Craigslist. Era frugal, pero eso no era suficiente.

Al principio, vivir así estaba bien, pero no podíamos ahorrar mucho dinero, ya que el ahorro está en función de los ingresos. Esta clase de existencia se sentía precaria. Si hubiera tenido un accidente grave de bicicleta, bueno, eso podría haber cambiado el curso de mi vida. Sé que, con el tiempo, tal vez habría ganado suficiente dinero para sentirme más segura si hubiera sido paciente y diligente. Pero antes de que llegara ese momento, mi perspectiva cambió en un día fatídico y perdí la capacidad de soportar ganar tan poco dinero durante tanto tiempo.

Mi jefe me encargaba la contabilidad de su negocio; por eso sabía cuánto producía. También sabía cuánto se pagaba a sí mismo cada mes: 23,000 dólares. Pero ese día, aunque ya conocía las cifras, algo me daba curiosidad. Quería saber cuánto ganaba él en un mes, comparado con lo que yo cobraba en un año. Así que hice las cuentas. En un mes, él recibió 64% de lo que yo percibí en un año. En dos meses, ganó 127% de mi salario anual. Si lo miramos de otra manera, yo ganaba unos 13 centavos por cada dólar que él obtenía, lo cual es una locura, pero no es poco común. Según el Instituto de Política Económica, en 2019 la relación salarial media entre CEO y trabajador era de 248 a 1.

En ese momento, ese contraste tan marcado me hizo sentir muchas cosas. Sentí vergüenza por estar rezagada, y estupidez al estar tan agradecida por cobrar tan poco. No digo que mereciera que me pagaran tanto como a él. Todavía era muy inexperta y joven. Además, gran parte de su remuneración procedía de las comisiones, algo que debía obtener logrando que mis propios clientes firmaran con la empresa. Pero esas cifras me hicieron cuestionar todas las decisiones que me habían llevado hasta donde estaba. Me hicieron ver que no *me estaba* ahorrando 40 dólares a la semana en gasolina por ir en bicicleta, sino que le estaba ahorrando *a él* 40 dólares a la semana por no pedirle que me pagara lo suficiente. Me di cuenta de que estaba aceptando la maldita norma. Entonces mi mente se inundó de preguntas.

Cómo planificadora financiera, ¿cómo podía ayudar a mis clientes a negociar su sueldo, pero nunca haber negociado el mío? ¿Temía que me dijeran que no valía más, porque la sociedad realmente pensaba que no lo valía? ¿Acaso yo era el tipo de persona que sólo conocía su valor a través de la validación de otra persona? ¿Por qué aceptaba la norma en la que otra persona determinaba cuánto ganaba yo?

Esas preguntas sólo originaron otras: ¿cuánto de lo que aprendí trabajando con mis clientes podría aplicarse a alguien como yo, en una situación económica mucho más precaria y con muchos menos privilegios? ¿Qué papel he desempeñado en la creación de mis propias dificultades? Sé que lo justo no existe, pero ¿qué podía hacer para sentirme libre en una sociedad desigual?

¿Por qué me sentía a la vez agradecida y resentida con mi trabajo? ¿Por qué este tipo de empleo era el camino que tantos elegían para ganar dinero? ¿Por qué tenía un título de finanzas y economía, y una economía personal tan terrible? ¿Cuáles eran mis opciones? ¿Cuál era mi margen de acción?

Este día se me quedó grabado en la memoria porque fue cuando me di cuenta de que mi obstáculo no eran mis gastos, sino mis ingresos. Necesitaba ganar más, no gastar menos. Si no me percataba de esta parte, se me dificultaría progresar en la Pirámide de las Finanzas Impactantes. No sólo eso, también me hice consciente de que nadie iba a salvarme ni ayudarme a descubrir cómo hacerlo. Nadie iba a decir mágicamente: "De repente eres mucho más valiosa hoy que ayer, mujer súper bajita, homosexual y morena". Y como elegí algunas de mis circunstancias al decidir mantener a mi novia y vivir en una ciudad, me di cuenta de que debía resolver esto por mi cuenta.

NO HAY MÁS AUSTERIDAD QUE NO GANAR LO SUFICIENTE, Y NO PUEDES GANAR MÁS SI GASTAS DEMASIADO

La ecuación de las finanzas personales es frustrantemente sencilla. Tus ingresos tienen que ser iguales a lo que gastas más lo que ahorras (e inviertes).

ECUACIÓN DE FINANZAS PERSONALES

O puedes verlo así: tus ahorros deben ser iguales a la diferencia entre lo que ganas y lo que gastas. O lo que gastas debe ser igual a la diferencia entre lo que ganas y lo que ahorras. Es la misma ecuación.

Estoy segura de que todo el mundo está de acuerdo en que equilibrar esa ecuación es fundamental para un bienestar financiero saludable. Donde las opiniones y las creencias divergen es en cómo equilibrarla. Hay una cantidad abrumadora de consejos y creencias de que la gente debería centrarse más en el gasto.

Me parece lógico que se enfatice más en los gastos que en los ingresos. El gasto está bajo tu control y en este mismo instante puedes controlarlo al cancelar una suscripción o elegir no gastar dinero hoy. Los resultados son casi instantáneos.

Pero esta forma de pensar tiene fallos fatales. Siempre hay un límite de gasto, por lo que sólo se puede reducir el gasto hasta ese límite. Cuando el precio de las cosas sube, los ingresos deben acompañar a los aumentos. Por eso los aumentos regulares de sueldo son vitales para mantener esta ecuación en equilibrio.

Cuando hacemos hincapié en las formas de reducir el gasto en lugar de encontrar modos de aumentar los ingresos, estamos decidiendo pensar en términos de escasez en lugar de abundancia. Esto puede provocar que tu mente se encierre en la creencia de que los ingresos son fijos; que están determinados por otra persona y que tú no tienes ningún control sobre ellos. Debes liberar tu mente de esta idea preconcebida para considerar la posibilidad de que puedes negociar un aumento de sueldo, encontrar un trabajo que pague más o crear tu propio empleo.

Permíteme ser muy clara. Averiguar cómo ganarnos la vida de forma sostenible y equilibrar esta ecuación a nivel individual y por nuestra cuenta en definitiva no es la solución a largo plazo para cerrar la creciente brecha de la desigualdad. A largo plazo, lo más probable es que necesitemos una combinación de reformas políticas que promuevan el poder colectivo de los trabajadores, así como una conversación a nivel internacional sobre la desigualdad económica en sus diversas formas, incluidas las disparidades por la raza y el género. Necesitaremos colectivos de trabajadores o sindicatos fuertes que realicen un mejor trabajo de construcción del poder colectivo, para que los empleados puedan negociar con sus empleadores. Tenemos que organizarnos, pero como no sé nada de eso, no tengo ningún consejo que dar en ese ámbito. Más allá de la organización, cerrar la brecha entre ingresos y riqueza requiere algún tipo de ingreso básico universal. Por supuesto, es una lucha que vale la pena librar, pero el cambio a este nivel tardará en aplicarse y en evidenciar su progreso. Mientras trabajamos en ese cambio, también podemos examinar el interior de nuestro círculo de control para tomar las riendas de nuestros ingresos. En este capítulo, exploraremos ideas y conceptos que te ayudarán a entender cómo ganar dinero.

GANAR DINERO ES SENCILLO COMO CONCEPTO, PERO DIFÍCIL EN SU EJECUCIÓN

Como concepto, ganar dinero consiste en entender cómo valoran lo que hacen esas personas y organizaciones que se benefician de lo que haces. En un mundo perfecto, los creadores de valor (los trabajadores) y los beneficiarios del valor (los clientes y los empleadores) están de acuerdo en el precio del valor. Por supuesto, esto no siempre sucede.

Con frecuencia, muchas personas obtienen beneficios medibles y no medibles de lo que hacen en el trabajo. Esto resulta obvio en una gran organización donde tu trabajo repercute en los jefes que están por encima de ti, en tus compañeros de trabajo, en la gente que diriges y en la organización en general. Puedes implementar un nuevo *software* que tiene un beneficio medible porque propicia que el equipo sea más eficiente, lo que significa que la empresa gana más dinero al gastar menos. Tal vez añades un valor no medible por ser agradable, lo que aumenta la moral de la empresa. O quizá tienes un alto nivel de excelencia, lo que empuja a quienes te rodean a intentar alcanzar ese nivel.

El valor que tú creas también puede verse desde la perspectiva de los clientes o usuarios de la empresa. Puedes tomar las aportaciones de los clientes y ponerlas en práctica para mejorar la experiencia del cliente de formas medibles y no medibles.

Cuando tienes una verdadera comprensión del valor que creas para todos estos beneficiarios, y desde sus distintas perspectivas, entiendes cómo se traduce esto en lo que te pagan por hacer tu trabajo.

Otro aspecto importante que hay que tener en cuenta es tu capacidad para comunicar y hablar del valor que creas. ¿Puedes explicar por qué el valor que creas merece el pago que buscas? Las empresas lo hacen en sus argumentos de venta y los empleados pueden usar esa estrategia para negociar su salario.

El reto aparece cuando crees que tu valor es diferente de lo que tus empleadores consideran. Si hay un desajuste fundamental entre el valor que creas y lo que crees que te deberían pagar por crear dicho valor, tendrás un conflicto. Tu problema puede ser como el mío, sentirte como una mierda porque crees que deberían pagarte más por todo el valor que estás creando para la empresa y para tu jefe.

La pregunta de los 15 millones de dólares es: ¿cómo se resuelve el desajuste y se logra el equilibrio? Lo que no hice mientras trabajaba en esa empresa de planificación financiera, y que finalmente tuve que hacer cuando empecé a trabajar por mi cuenta, es dedicar tiempo a desentrañar conceptos sencillos sobre el valor. ¿Cómo puedo crear valor en el mundo? ¿Qué habilidades tengo que otras personas valoran? ¿Quiénes son las personas que siempre me piden ayuda? ¿Qué les brindo exactamente? ¿Por qué es valioso para ellos? ¿La gente se desprenderá de su dinero a cambio de mis habilidades? ¿Con qué grupos de personas coincidirá la idea de mi valor con la suya?

A veces, el desajuste no puede resolverse debido a la naturaleza de la configuración del lugar de trabajo. Si un lugar de trabajo está configurado de tal manera que los trabajadores son explotados y sólo pueden aportar una cantidad limitada de valor, no hay espacio para dar más y, por lo tanto, obtener más. Piensa en las cadenas de montaje, como un almacén de Amazon, donde el único trabajo de un empleado es colocar artículos en contenedores. Un trabajador sólo puede añadir valor trabajando más rápido. Algunos lugares de trabajo no están diseñados para que un empleado añada valor de forma autónoma. En estos entornos, las definiciones de valor son rígidas, y eso se refleja en el salario y la cultura. Pero eso no es así en todos los casos. Algunos ven a los trabajadores como una inversión. Entienden que la relación empleador-empleado es una avenida de doble sentido, de beneficio e intercambio mutuos.

GANAR DINERO ES SÓLO UN CONJUNTO DE PROCESOS

Todos ganamos dinero porque la empresa para la que trabajamos vende un proceso (incluso si trabajamos para nosotros mismos). El momento en que pude ver los negocios a través de la lente de los procesos, revolucionó por completo la forma en que veía mi relación con el trabajo y con ganar dinero. Me impactó muchísimo, por decirlo suavemente.

Todo lo que se vende, en última instancia, es un proceso. Cuando compramos un producto, adquirimos el resultado final de ese proceso. Coca-Cola tiene un proceso repetitivo para producir refrescos; también un proceso para embotellar, distribuir y comercializar.

Cuando pagas por un viaje de Uber, estás pagando por su proceso tecnológico que hace que ir de un lugar a otro, en el coche de un desconocido, sea tan sencillo que ni siquiera necesitas sacar la cartera.

Un ceramista, un terapeuta y una agencia de marketing prestan servicios que se reducen a un montón de procesos. Un ceramista tiene un proceso para hacer cerámica; todos los artistas tienen un proceso para crear arte. Si compras una vasija de barro, sesiones de terapia o una botella de Coca-Cola estás adquiriendo el resultado final de una serie de procesos. Cuando trabajas para una empresa eres parte de cualquier proceso que esa empresa venda. Y si trabajas de forma independiente, te animo a que pienses que tu trabajo es una serie de procesos que se encadenan y entrelazan.

Pensar en ganar dinero de esta manera me dejó boquiabierta porque me permitió crear distancia entre mi trabajo y yo. Tal vez tú no tengas este problema; tal vez tu identidad no esté envuelta en tu trabajo. Creo que muchos tenemos una relación compleja con el trabajo y con que éste sea el modo para solventarnos la vida.

No todo el mundo ve su trabajo como un mero medio para conseguir un fin; muchos lo ven también como una forma de reforzar nuestra identidad y carácter, y de comunicar estatus y clase. Nos preguntamos unos a otros: "¿A qué te dedicas?". Es una pregunta inocua y normal. Pero si se planteara como: "¿Cómo te ganas la vida?", nos verían como si hubiéramos hecho una pregunta muy extraña.

Nuestro trabajo puede darnos una sensación de seguridad futura. Queremos creer que nuestros trabajos y medios de vida son seguros, aunque sabemos que la seguridad es una ilusión. Da miedo ser una persona en un planeta inseguro que se mueve a través del tiempo y el espacio. Si reconocemos este miedo quizá podamos navegar por la vida laboral y las decisiones de empleo con un poco más de claridad. Podríamos buscar la satisfacción fuera de la ganancia monetaria, y elegir verla como una habilidad necesaria para la vida moderna, como un montón de procesos o como experimentos a realizar.

¿CUÁLES SON TUS CREENCIAS SOBRE GANAR DINERO?

Si pudiera darte una receta que te garantizara ganar suficiente dinero para vivir tus sueños no me reprimiría. La embotellaría, la vendería y me reiría durante todo el camino hacia el banco. Pero, por supuesto, no tengo la respuesta porque no hay una. Todos somos diferentes, con habilidades distintas, y lo que a ti te gusta hacer todo el día puede ser el infierno personal de otra persona.

Creo que una de las cosas más importantes para ganar dinero es, en primer lugar, desentrañar tus creencias sobre la ganancia de dinero. Tus creencias suponen reglas sobre cómo crees que funciona el mundo. Quizá las soluciones a tus problemas de ingresos están escondidas porque tus reglas las han descartado, literalmente. Tienes que creerlo para verlo.

He aquí algunas creencias muy comunes que he escuchado, y que te limitan.

DESEMPACA TUS CREENCIAS SOBRE GANAR DINERO

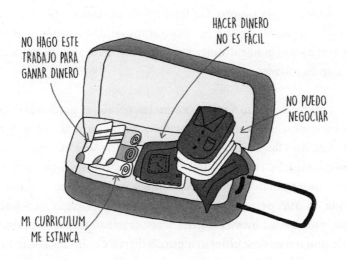

▹ **"Si disfruto hacer algo no deberían pagarme por ello."** Si tienes esta regla es probable que no veas oportunidades de trabajo en las que ganar dinero sea fácil, porque no te importa el trabajo. Cuando te gusta el trabajo, tiendes a crear una red de personas a las que también les gusta, y a mantenerte en el sector porque lo disfrutas. Estos dos factores por sí solos pueden conducir a oportunidades que nunca conocerías si no dedicaras tiempo haciendo el trabajo que te gusta.

୭ **"Sólo la gente que ha ido a buenas escuelas cobra bien."** Si crees en esta regla es posible que nunca te esfuerces ni te pongas retos, lo cual es gratificante por sí mismo. Quizá dejes pasar oportunidades porque consideras que no fuiste a una buena escuela.

୭ **"La mejor manera de ganar dinero es siendo práctico."** Lo que es práctico hoy no tiene garantía de serlo en el futuro. Si crees en esta regla, tal vez experimentas una falsa sensación de seguridad que puede provocar que te aferres a un trabajo en una industria en extinción. Quizá permanezcas en un trabajo que no está bien pagado porque es mucho más práctico que hacer un cambio o arriesgarte a hacer algo no tradicional, como ganar dinero en internet.

୭ **"Ganar dinero es difícil."** Si crees en esta regla no verás oportunidades en las que sea fácil ganar dinero. De forma subconsciente, podrías provocar conflictos y dificultades. Pensar eso podría impedirte invertir o trabajar en un proyecto en el que ganar dinero represente mucho menos esfuerzo de lo que te han condicionado a creer.

Este ejercicio de desentrañar tus creencias sobre las ganancias puede ser incómodo. Inconscientemente no quería enfrentarme a las mías porque sabía que una vez que las encarara no sería capaz de volver a guardar lo que había desempacado. Se trata de un primer paso necesario que quizá resulte extraño, pero que podría tener implicaciones mayores que van más allá de ti y de tu vida. Si más personas dedicaran tiempo y energía a esclarecer sus creencias interiorizadas sobre las ganancias, ¿cuánto impacto podría tener?

Es posible que hayas descubierto algunas de tus creencias sobre los ingresos en la sección "Haz el trabajo" del capítulo 1. Y tendrás la oportunidad de explorar más tus creencias al final de este capítulo. Sin embargo, hay otra idea que me gustaría compartir contigo sobre ganar dinero.

GANAR DINERO ES UN EXPERIMENTO

Cada persona tiene un camino distinto para ganar dinero. Algunas optan por la vía profesional, algo que no está al alcance de todos. Otras aprenden un oficio o trabajan de forma independiente.

Yo solía pensar que un trabajo era la única manera de ganar dinero. Pero después conocí a fundadores de empresas que recaudan millones de dólares con una presentación y unas hojas de cálculo para vender la idea de una empresa. Crearon sus propios puestos de trabajo de la nada y convencieron a los inversionistas para que les dieran dinero para contratarse a sí mismos y generar sus propios empleos. He trabajado con clientes que venden ropa y productos novedosos en línea y ganan miles de dólares al mes. He pasado tiempo con personas que viven en países donde el costo de vida es significativamente menor, por lo que sus salarios en dólares les permiten ahorrar dinero y trabajar menos.

Tengo amigos a quienes se les paga por observar y corregir la forma en que un artista mueve su cuerpo ante la cámara. Conozco a artistas, poetas y músicos a quienes se les paga por expresar su experiencia humana con su voz o perspectiva únicas. Trabajo con cineastas que son contratados por empresas para contar una historia que venda más zapatos, más sudaderas, más lo que sea. Muchos padres deben estar incrédulos al ver que a sus hijos se les paga por jugar videojuegos todo el día o por promover juguetes en YouTube. Personalmente, pago miles de dólares al año para formar parte de comunidades digitales. Yo estaba segura de que la comunidad nunca podría monetizarse, pero, una vez más, no sólo me equivoco, sino que abro mi cartera de buena gana.

Casi todos mis amigos cercanos son emprendedores o artistas que trabajan por su cuenta, algunos con más éxito que otros, y todos con diferentes orígenes. Mi trabajo cotidiano consiste en dirigir una agencia de contabilidad, pero también me pagan por crear y seleccionar contenidos sobre el dinero. Nunca pensé que podría hacer ese trabajo, y mucho menos ganar dinero con él. Toda mi carrera, así como el libro que tienes en tus manos ahora mismo, son el resultado de experimentos que realicé a lo largo de los años.

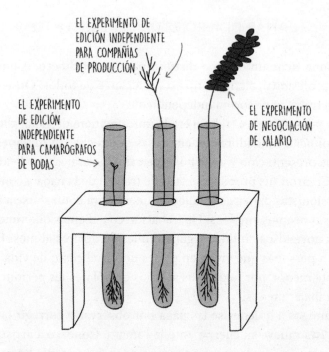

EL EXPERIMENTO DE
EDICIÓN INDEPENDIENTE
PARA COMPAÑÍAS
DE PRODUCCIÓN

EL EXPERIMENTO
DE EDICIÓN
INDEPENDIENTE
PARA CAMARÓGRAFOS
DE BODAS

EL EXPERIMENTO
DE NEGOCIACIÓN
DE SALARIO

Gracias al legado de Edward Bernays, vivimos en un mundo en el que la gente no compra cosas sólo porque realmente las necesita. La gente también adquiere cosas porque las quiere. La gente compra para pertenecer y por el privilegio de la asociación. Para bien o para mal, podemos monetizar una comunidad y que nos paguen por seleccionar contenido de internet. Cosas que antes pensábamos que no se podían monetizar, como la atención o las obras de arte digitales únicas, ahora se monetizan. El simple hecho de que las empresas de redes sociales hayan engañado a millones de usuarios de todo el mundo para que utilicen una aplicación "gratuita", en la que los usuarios trabajan gratis para la plataforma publicando contenidos, es una maldita locura. Esta perspectiva es aterradora y al mismo tiempo sorprendente. Pero es real: se está ganando dinero de verdad. No estoy diciendo que crees una empresa de redes sociales o que te conviertas en *influencer*. Digo que hay muchas formas de ganar dinero, las cuales aún no hemos visto ni experimentado; por eso primero debemos estar abiertos a esa idea.

A medida que la tecnología avanza, las opciones aumentan. Nuestro mundo cambia constantemente, y la tecnología que apoya a los creadores individuales está empezando a moldear realmente la forma en que la gente se gana la vida. Al igual que la guitarra eléctrica tuvo que existir antes de que Jimi Hendrix pudiera cambiar el mundo, internet y los avances tecnológicos que vendrán después permitirán a la gente ganarse la vida de formas que aún no hemos visto. Es aterrador, es asombroso, es real.

La tecnología ha cambiado a la humanidad para siempre, así como lo hicieron la revolución cognitiva, la revolución agrícola y la revolución científica. La única manera de avanzar es hacia delante. Por eso es imposible dar consejos prescriptivos sobre cómo ganar dinero en este momento de la historia. Tan sólo durante toda mi vida han cambiado muchas cosas. Es emocionante y confuso, pero cuando liberamos nuestras mentes de las concepciones anticuadas de cómo deberían ser las cosas, vemos las cosas como realmente son y lo que hay en el horizonte. Tal vez es una mierda que no haya sólo un camino o sólo una forma, pero eso significa que hay muchas maneras de ganar.

Espero que esto te ayude a darte cuenta de que ganar dinero es como hacer un experimento. Observas los datos sobre el valor en el mundo y los procesos para ganar dinero que realizan otras personas. Intentas ver las relaciones entre esas cosas. Cuestionas tus creencias y suposiciones y entonces formulas una hipótesis sobre lo que crees que funcionará.

Negociar tu sueldo es un experimento. Empezar un negocio es un experimento con muchos otros experimentos implícitos. Llevarlos a cabo es muy parecido a perfeccionar una nueva habilidad. A veces se prueban diferentes temperaturas o métodos para preparar el pollo asado. Quizás aprendes una nueva forma de coser un botón. Muchos caminos llevan al mismo destino y sólo tú puedes decidir cuál es el camino adecuado para ti.

UTILIZAR ESTA HERRAMIENTA: EL TRABAJO

Éste puede ser un capítulo difícil por muchas razones. Reflexionar sobre cómo tu salario representa tu valor puede generar pensamientos y sentimientos negativos, sobre todo cuando tu sueldo ilustra que obviamente estás infravalorado. Como he mencionado en capítulos anteriores, los sentimientos negativos no son inherentemente malos. Son una parte natural de nuestra experiencia humana y también nos ayudan. Nuestros pensamientos negativos nos dan la oportunidad de cuestionar y examinar si éstos son verdaderos o no. Hacer el trabajo de cuestionar qué pensamientos son verdaderos nos ayuda a soltar las creencias que otras personas nos han impuesto.

Podemos romper los pensamientos negativos que de manera furtiva se han convertido en creencias, como aquéllas con las que yo he luchado. Yo solía pensar: "La gente como yo siempre tendrá problemas económicos", "Mi condición de persona marginada y oprimida significa que nunca ganaré lo que creo que merezco", "No soy suficiente" y "No puedo ganar más dinero".

Sé que suena muy tonto volver a estos pensamientos. Pero esta herramienta es una forma de liberarte de las historias que has escuchado y que te has vuelto a contar. Es una herramienta que te ayuda a ver las cosas desde una perspectiva diferente. Este cambio de perspectiva fue lo que me ayudó a darme cuenta de que seguía reproduciendo en mi mente las historias que escuchaba, y utilizaba esas historias para encerrarme en una forma de pensar, ser y actuar. El descubrimiento más importante fue que yo tenía la capacidad de salir de mí misma. Necesitaba imaginar algo nuevo antes de emprender acciones pragmáticas y reales.

Byron Katie es una autora y conferencista que ha desarrollado un proceso de autoindagación llamado "El Trabajo". Consiste en formular cuatro preguntas sencillas sobre los pensamientos y creencias que te causan dolor. Sólo tienes que tomar un pensamiento o creencia negativa y hacerte las cuatro preguntas siguientes:

1. ¿Es cierto?
2. ¿Puedes saber con certeza que es cierto?
3. ¿Cómo reaccionas cuando crees en ese pensamiento?
4. ¿Quién serías sin ese pensamiento?

HAZ EL TRABAJO

Reflexiona acerca de tu poder de ganar dinero

૭ ¿Qué crees sobre ganar dinero? Describe una historia sobre el trabajo que aprendiste mientras crecías.

૭ ¿Qué te gustaría creer sobre el hecho de ganar dinero?

૭ ¿Qué crees sobre el trabajo? Describe una historia sobre ganar dinero que aprendiste mientras crecías.

૭ ¿Qué te gustaría creer sobre el trabajo?

૭ Si aún no lo has explorado, ¿qué crees sobre la relación entre el trabajo y ganar dinero? Describe una historia sobre la relación entre ganar dinero y trabajar que aprendiste mientras crecías.

૭ ¿Qué quieres creer sobre el valor que creas en el mundo y lo que te pagan a cambio de tu trabajo?

૭ ¿Cuál es tu proceso para ganar dinero? ¿O cómo estás involucrado en algún proceso que genera dinero?

૭ ¿En qué otros procesos para ganar dinero podrías involucrarte o dirigir?

૭ ¿Tu nivel actual de ingresos te permite tener un bienestar financiero saludable? Si no es así, ¿qué cantidad de dinero necesitarías ganar para sentir que ganas lo suficiente? ¿Esta cifra se basa en un plan de gastos aspiracional? Si no es así, ¿en qué se basa?

૭ ¿Qué experimentos podrías realizar para explorar cómo ganar una cantidad suficiente de dinero?

CAPÍTULO 6

EN CASO DE EMERGENCIA, AHORRA

Un fondo de emergencia no evitará que tengas una emergencia. No impedirá que pierdas tu trabajo o que tu perro se enferme. No puedes mantener a raya las pandemias mundiales ni cambiar los resultados de una pérdida desafortunada. Pero, como mínimo, tener un fondo de emergencia no hará que tu situación sea más miserable. En el mejor de los casos, te evitará más dificultades financieras a largo plazo, como contraer una deuda que no puedas pagar. Te dará algo de tranquilidad en una situación estresante y te aislará de las crisis financieras.

Las crisis financieras suelen ser inesperadas y costosas. Estas crisis pueden ser de todo tipo, forma y gravedad. Pueden presentarse como recesiones mundiales, pérdida de empleo, enfermedad, endodoncias, accidentes extraños e incluso guerras. Experimentar una crisis financiera no es una cuestión de si la habrá o no; es cuestión de cuándo y cuán grave será.

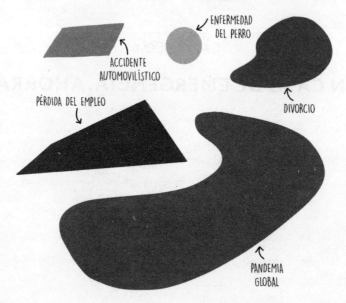

LAS CRISIS FINANCIERAS VIENEN EN TODAS LAS FORMAS Y TAMAÑOS

ENFERMEDAD DEL PERRO

ACCIDENTE AUTOMOVILÍSTICO

PÉRDIDA DEL EMPLEO

DIVORCIO

PANDEMIA GLOBAL

Cuando era niña y crecía en el sur de California, en los domingos sofocantes del verano solía ir a la playa con mi familia para refrescarnos. Después de un largo viaje en coche, escogíamos un lugar en la playa y nos instalábamos ahí. Tengo muy buenos recuerdos de esos días. Mi hermana y yo perseguíamos cangrejos de arena y hacíamos *bodysurfing*. Una vez, mi primo nos dejó enterrarlo en la arena. Y, por supuesto, tengo muchos recuerdos de mi hermana y yo cavando agujeros gigantes y construyendo castillos de arena.

Cuando empiezas a construir un castillo de arena, tu inexperiencia te permite subestimar algunas cosas. En primer lugar, minimizas lo difícil que es construir un castillo de arena. La arena es un material delicado. Lo segundo que aprendes es que la marea de la tarde inevitablemente subirá y amenazará con llevarse el trabajo de todo un día. Aprendes que no puedes evitar que las olas lleguen, pero siempre puedes cavar una zanja o construir un muro.

Tu vida financiera es como un castillo de arena. Pasas tiempo cuidándolo, construyéndolo y tomando decisiones y elecciones que esperas que eviten que se desmorone. Controlas lo que puedes, pero siempre hay cosas que escapan a tu control, como tener o no las herramientas adecuadas, alguien que te ayude a construir, cuándo cambiará la marea y cuándo empezarán a llegar las olas. Las crisis financieras y las emergencias son las olas que amenazan tu castillo de arena. Lo que ocurre con las mareas y las emergencias es que siempre llegarán. A veces de forma repentina, como si surgieran de la nada, y otras de forma gradual. Cuando llega una crisis, es de esperar que hayas cavado esa zanja o construido ese muro.

De la misma manera que una zanja o un muro son la mejor defensa para enfrentar el temporal de una marea cambiante, un fondo de emergencia es la primera línea de defensa contra una crisis financiera. Por eso se recomienda que un fondo de emergencia sea tu primera prioridad de ahorro. Además de una defensa, es un mundo de comodidad en un universo de incertidumbre.

A pesar de que la mayoría tenemos un buen conocimiento racional de que las emergencias y los sobresaltos van a suceder, muchos no ahorramos lo suficiente o no ahorramos para nada. Más allá de la simple matemática y la mecánica de la ecuación de las finanzas personales, hay muchas razones por las que los seres humanos tenemos dificultades para ahorrar dinero.

TU VIDA
FINANCIERA

UNA CRISIS
FINANCIERA
INMINENTE

ÉSTE ES TU CEREBRO CON LA GRATIFICACIÓN RETARDADA

En las décadas de 1960 y 1970, Walter Mischel, investigador de la Universidad de Stanford, llevó a cabo lo que hoy se conoce como el experimento del malvavisco de Stanford, con niños de entre cuatro y cinco años.

En este experimento, los investigadores llevaban a un niño a una habitación privada con una mesa y una silla, y le colocaban un malvavisco en un plato. Antes de salir de la habitación durante 15 minutos, el investigador le decía al niño que si no se comía el dulce blanco que tenía delante, cuando regresara le traería un segundo malvavisco.

La mayoría de los niños intentaron no comerse el malvavisco; algunos lo lograron y otros no. En el transcurso de 40 años, los investigadores dieron seguimiento a los niños del experimento y controlaron el progreso de cada uno de ellos en diversas áreas de su vida. Los investigadores descubrieron que los niños que durante el experimento original fueron capaces de retrasar la gratificación obtuvieron mejores puntuaciones en la prueba SAT de razonamiento, sus padres informaron que tenían mejores habilidades sociales, había menos casos de obesidad, eran más capaces de lidiar con el estrés y tenían menos probabilidades de abusar de las sustancias, que los niños que no pudieron resistir el malvavisco.[1]

Naturalmente, los investigadores concluyeron que los niños capaces de retrasar la gratificación tenían más probabilidades de tener "éxito" más adelante en la vida. Lógicamente, esto se confirma. Si alguien decide centrarse en completar su labor en lugar de perder el tiempo en internet, probablemente será más productivo en el trabajo o completará los deberes que afectan sus calificaciones. Si alguien resiste constantemente el impulso de hundirse en el sofá y, en vez de eso, corre unos cuantos kilómetros quizá será más sano que quien se rinde a la gratificación instantánea de comer chatarra. Ahorrar dinero es una forma de gratificación retardada porque, cuando ahorramos, renunciamos a gastar el dinero ahora en favor de contar con él para gastarlo en una fecha futura.

Desde los hallazgos originales de este estudio, se han realizado otros con algunas variaciones que aportan más detalles a las conclusiones originales. Un estudio concreto dividió a los niños en dos grupos.[2] El primer grupo de niños fue expuesto a una serie de experiencias fiables. Los investigadores les dieron primero lápices de colores usados, les dijeron que volverían con lápices de colores mejores y regresaron al cabo de dos minutos con materiales artísticos más grandes y de calidad. El segundo grupo fue expuesto a experiencias no fiables. En lugar de que el investigador volviera con materiales de arte más grandes y mejores, le decían al niño que se había equivocado y que no tenía otros materiales de arte. Los investigadores hicieron lo mismo con las pegatinas, prometiendo y proporcionando mejores pegatinas al grupo fiable mientras no cumplían la promesa de mejores pegatinas al grupo no fiable. Después de esto, siguió la prueba del malvavisco.

Como tal vez imagines, los niños del grupo no fiable no esperaron mucho tiempo para comerse el malvavisco. ¿Por qué habrían de esperar? Al considerar su experiencia con el investigador, no tenían ninguna razón para creer que éste volvería con otro malvavisco. Si me engañas una vez, qué vergüenza me das. Si me engañas dos veces, qué vergüenza te doy, ¿verdad? Compara esto con los niños del grupo de confianza; fueron capaces de establecer un vínculo positivo con el retraso de la gratificación y, por lo tanto, no sólo fueron capaces de esperar significativamente más tiempo que el otro grupo, sino que algunos retrasaron la gratificación por completo y lograron obtener el segundo malvavisco.

¿Qué tiene esto que ver con ahorrar dinero? Este estudio ilustra que la capacidad de un individuo para retrasar su gratificación no es un rasgo natural; el entorno desempeña un papel en nuestra toma de decisiones. Podemos extender esta suposición a la educación, situación socioeconómica y experiencias pasadas. Todo ello influye en nuestra decisión de retrasar la gratificación o no.

Por ejemplo, si siempre te daban 20 dólares cada vez que los pedías, pero te los gastabas en cuanto los recibías, esas dos formas de gratificación instantánea podrían llevarte a creer que el dinero se va tan fácilmente como llega. Por otro lado, si creciste en un entorno inestable en el que tu familia tenía dinero o comida un día, pero no podías estar seguro de tener esas cosas mañana o pasado mañana, quizá veas pocas razones para retrasar la gratificación. En realidad, es más racional consumir el malvavisco de inmediato o gastar el dinero que tienes ahora porque lo fiable es lo que sucede en el momento actual.

Otro ejemplo de un entorno poco fiable es crecer con expectativas muy diferentes de lo que pensabas que sería tu vida cuando fueras grande, en oposición a la realidad de tu vida actual. Muchos *millenials* sufren este desequilibrio entre las expectativas y la realidad. En lugar de que los investigadores nos dijeran que tendríamos pegatinas más grandes, los padres, los profesores y la expectativa general de la sociedad nos orientaban a que siguiéramos los pasos de los *baby boomers*, consiguiendo trabajos estables que nos permitieran ganar un dinero decente en una economía en constante crecimiento, en la que los precios de las viviendas subirían, pero que de alguna manera podríamos pagar. Para muchos, esos trabajos estables y bien pagados nunca se materializaron. Tal vez esta falta de fiabilidad nos ha vuelto más impulsivos y susceptibles de comprar cualquier cosa que venda Instagram, porque al menos sabemos que vamos a disfrutar de nuestro dinero ahora, a pesar de lo que eso significa para nuestro futuro.

La desigualdad exacerba la impulsividad ante la demora de la gratificación. Para una persona que vive en la pobreza, gastar valiosos recursos mentales en un problema que está a meses de distancia, o bien ahorrar para un fondo de emergencia, problema que es técnicamente imaginario, es un desperdicio de energía y recursos disponibles. Hay problemas más urgentes, como pagar las cuentas de este mes. Por si esto no fuera un desafío suficiente, la desigualdad social anima a las familias de bajos ingresos a gastar en artículos de estatus en lugar de ahorrar y puede atrapar a la gente en un círculo de decisiones que son financieramente perjudiciales.

ÉSTE ES TU CEREBRO CON LA GRATIFICACIÓN INSTANTÁNEA

Nuestra cultura moderna, impulsada por el consumo, da mucho valor a la gratificación instantánea. Tenemos pedidos con un solo clic, envíos de un día para otro, envíos el mismo día, mensajes de texto que se mandan a su destinatario al instante y la disponibilidad de transmitir o descargar más contenido del que podrías consumir en tu vida. Las tecnologías que han traído a nuestro mundo la gratificación instantánea han superado la capacidad de nuestros cerebros para lidiar con ella.

Como adultos del mundo moderno, todo el tiempo estamos tentados a actuar por impulso con nuestro dinero y a entregarnos a la gratificación instantánea. Hemos pasado de ver una valla publicitaria en una autopista a tener nuestras propias máquinas publicitarias personales en nuestras camas por la noche, que nos alimentan con mercadotecnia y publicidad, alterándonos por una tontería que no necesitamos comprar.

Sé que ya hablé sobre el papel de la economía de la atención en un capítulo anterior, pero vale la pena volver a mencionarlo en el contexto del retraso de la gratificación. Es importante entender nuestra realidad. Vivimos en un mundo abrumadoramente capitalista, en el que enormes empresas controlan nuestro comportamiento. Algoritmos que todo lo ven y todo lo saben, así como la inteligencia artificial, trabajan entre los bastidores de nuestras redes sociales. Estas empresas contratan a psicólogos y neurólogos para que les ayuden a construir tecnologías que nos preparen para consumir y para ser manipulados a lo largo del tiempo. Las empresas tecnológicas venden tus datos a otras empresas, las cuales ahora tienen la sartén por el mango: te conocen mejor de lo que tú te conoces a ti mismo. No les importa que ahorres tu dinero o no. Tienes que luchar de forma activa y consciente contra esta fuerza de atracción.

ÉSTE ES TU CEREBRO AL INTENTAR VISUALIZAR UNA EMERGENCIA ABSTRACTA E IMAGINARIA

El reto de ahorrar dinero para un fondo de emergencia es muy difícil. El potencial de una emergencia imaginaria en algún momento futuro es un concepto muy abstracto que a nuestra mente se le dificulta comprender. Esto es especialmente cierto si no tienes un marco de referencia porque nunca has experimentado una emergencia en la que hayas necesitado recurrir a tus ahorros durante un periodo. En el momento de escribir esto, el mundo lleva 18 meses de pandemia de covid-19. Esta experiencia vuelve real lo abstracto para todo el mundo.

A PESAR DE LAS CIRCUNSTANCIAS, ENCUENTRA TU PODER PERSONAL

Cuando observamos las circunstancias que limitan nuestra capacidad de retrasar la gratificación, reconocemos que todos nacemos en circunstancias que no hemos elegido. Pero recuerda que asumir tu poder es un acto pequeño y radical dentro de tu círculo de control. También practicar regularmente la gratificación retardada, aceptar la injusticia de la vida como un regalo para volverte resistente, aprovechar la tecnología para que trabaje a tu favor y así contrarrestar cómo funciona en tu contra, y hacer un plan de ahorro a pesar de tus circunstancias. Como ya hemos reconocido lo que puede impedirnos ahorrar, veamos cómo elaborar un plan de ahorro.

¿Cuánto necesitas ahorrar?

Antes del covid-19, la definición de libro de texto del monto de un fondo de emergencia era de tres a nueve meses de tus gastos fijos o esenciales. Desde la pandemia, muchos expertos financieros han revisado su consejo y recomiendan que todos ahorremos el equivalente a un año de nuestros gastos fijos y esenciales. Podemos discutir el número de meses. El concepto básico es que hay que disponer de varios meses de efectivo para hacer frente a todas las facturas y gastos de la vida.

Quizá te preguntes por qué recomiendan ahorrar sólo para lo esencial. Se supone que en una verdadera emergencia, lo más probable es que reduzcas los gastos no esenciales. Sin embargo, si quieres ahorrar lo suficiente como para incluir la diversión y el ocio en tu fondo de emergencia, puedes hacerlo. La pauta de tres a nueve meses es sólo un punto de partida.

Una amiga me dijo que ella y su marido tenían ahorrados un año de gastos en un fondo de emergencia y quería saber si yo creía que era suficiente. Le dije que un año era suficiente y que, en el momento en que me preguntó, el consenso entre algunos expertos financieros era que un año incluso podría ser demasiado. Ella me dijo que cualquier monto menor a ése la haría sentir increíblemente ansiosa; no la dejaría dormir por las noches. He conocido a personas que se sienten bien con tres meses de gastos esenciales ahorrados; están cómodas con esa cantidad de riesgo.

No puedo decirte qué cantidad de dinero ahorrado te hará dormir mejor por la noche. Sólo puedo compartirte lo que los planificadores financieros y los expertos suelen recomendar y cuál es su razonamiento. En última instancia, la cantidad de riesgo que crees poder tolerar es algo personal.

Al final de este capítulo, tendrás la oportunidad de crear tu plan de ahorro para emergencias. Antes de eso, veamos un ejemplo. Te presento a Jamie, un carpintero que gana 50,000 dólares al año después de impuestos y que gasta unos 2,000 dólares al mes en sus gastos de facturas y vida. Basándose en estas cifras, Jamie necesitará al menos 6,000 dólares (tres meses de gastos de facturas y vida) o hasta 24,000 dólares (12 meses) en su fondo de emergencia.

Hay algunos Jamies del mundo que ya podrían tener 6,000 o 24,000 dólares extra en su cuenta corriente. Algunos Jamies del mundo quizá ya ahorraron cerca de 24,000 dólares sin haberlo intentado realmente. Estos Jamies tal vez encuentran mucha alegría en las actividades de bajo costo, o heredaron la cantidad de 50,000 dólares de mamá y papá. Quizá comenzaron el hábito de ahorrar muy pronto, o tal vez se benefician de las tres cosas, por lo que ahorrar dinero cada mes no les supone un gran esfuerzo.

Pero hay algunos Jamies del mundo que consideran que ahorrar entre 6,000 y 24,000 dólares es imposible por varias razones. A algunos Jamies se les ha diagnosticado una enfermedad crónica que les impide trabajar de tiempo completo, y que además requieren tratamientos costosos. Algunos Jamies tienen préstamos estudiantiles y deudas de tarjetas de crédito. Otros tienen hijos pequeños y padres mayores a quienes mantener. Y la idea de tener que ahorrar ese monto mientras gestionan todas esas situaciones resulta abrumadora. Si tú eres uno de esos Jamies, no te asustes y no te enfoques demasiado en esa cifra. Es importante conocerla porque te servirá de orientación, pero el trabajo de ahorrar se basa en los pequeños esfuerzos constantes que se van sumando con el tiempo, así que concéntrate en eso.

Empieza ahora y ahorra todo lo que puedas razonablemente

Esto es lo más importante: empieza ahora, donde estás. Empieza a ahorrar ahora. Lo importante es el hábito. Una vez que tengas el hábito establecido, podrás ampliarlo, pero no te preocupes tanto por eso ahora mismo. Cuando intentas cambiar drásticamente hay mucho espacio para la frustración y para sentir que has fracasado. Cuando empiezas poco a poco, tu progreso es pequeño, pero cuando comienzas a ver que el saldo de tus ahorros pasa de dos cifras a tres o cuatro, la sensación de estar cumpliendo una promesa contigo mismo reforzará tus decisiones y tu hábito de ahorro. Tal vez incluso te anime a buscar otras formas de aumentar tus ahorros. En algún momento, tendrás esa primera emergencia financiera y el dinero estará ahí para ti. Ante una urgencia económica, sabrás exactamente lo importantes que son las pequeñas cosas; en términos de dinero y de vida.

Lo que es razonable para una persona no lo es para otra. Para alguien que está en la mitad de su carrera, que tiene unos ingresos elevados y que vive en una ciudad con un costo de vida muy bajo, ahorrar 50% de sus ingresos quizá no es descabellado. Pero para alguien que acaba de empezar su carrera, que gana un sueldo de principiante y que vive en una ciudad cara, ahorrar 50% está fuera de lugar.

Cuando realizaste tu plan de gastos, te sugerí que te propusieras ahorrar al menos 10% de tu sueldo neto. Hoy en día, esa cantidad no me parece descabellada, pero sí lo fue en el pasado. Aunque no podía ahorrar 10%, seguía ahorrando todo lo posible, y al principio era un poco doloroso. Si no puedes ahorrar tanto ahora, empieza por donde estás. Pero date cuenta de que cualquier cantidad puede ser dolorosa al principio, pero el arrepentimiento y las consecuencias de no ahorrar tienen el potencial de ser mucho más dolorosos.

Ahorrar 20% como regla de oro

La sabiduría financiera general dice que la gente debería aspirar a una tasa de ahorro de alrededor de 20 por ciento. Esto es especialmente cierto si estás considerando la jubilación. Profundizaré en la jubilación en la parte 5.

Aunque 20% parece mucho, soy una gran defensora de ahorrar al menos 30 por ciento. Entre enero de 1959 y octubre de 2020, la tasa media de ahorro personal en Estados Unidos, que es la cantidad de ahorro en términos de porcentaje del pago después de impuestos, fue de 8.9% y la tasa media de ahorro fue de 8.7 por ciento.[3]

Creo que es obvio que una tasa de ahorro generosa te ayudará a financiar tus ahorros para emergencias en un tiempo razonable (menos de cinco años). Lo que no es obvio es *cómo* aumentar la tasa de ahorro con el tiempo. Si yo tuviera la respuesta verdadera y universal a esta pregunta sería presidente o, por lo menos, tendría una fortuna asombrosa por resolver un problema tan grande. Por desgracia, no la tengo, pero poseo la capacidad de ayudarte a pensar en las soluciones que podrían aplicarse a ti.

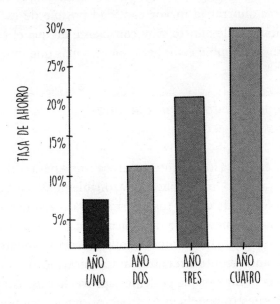

AUMENTA TUS AHORROS CON EL TIEMPO

Hazlo gradualmente

¿Recuerdas la ecuación de las finanzas personales?

Ingresos = Ahorros – Gastos

¿Y recuerdas que se puede expresar de varias maneras? Por ejemplo:

Ahorro = Ingresos – Gastos

Esto significa que podemos aumentar el ahorro al incrementar los ingresos, al reducir los gastos o al combinar ambas cosas. Una forma de reducir gradualmente los gastos es al pagar las deudas. Una vez que pagues una deuda, los pagos que destinabas a cubrirla ahora los subviertes a tus ahorros. Ésta es una gran estrategia porque ya estabas acostumbrado a no gastar ese dinero, así que psicológicamente no sentirás el dolor de ahorrarlo en lugar de gastarlo.

Cuando veamos el lado de los ingresos, voy a suponer que, a medida que continúes trabajando, tus ingresos seguirán aumentando. Si esa suposición es cierta, entonces ahorrar la mayor cantidad posible de ese aumento te acercará a esa alta tasa de ahorro. Soy consciente de que el reto reside en que el costo de la vida también aumenta (incluso más que tu salario).

Ahorra los aumentos, las bonificaciones y las ganancias inesperadas

Si trabajas en una empresa lo bastante generosa como para conceder aumentos anuales, ahorrar todo lo que puedas razonablemente de tu incremento de sueldo es una forma de crecer tus ahorros sin experimentar el dolor de hacerlo. ¿Recuerdas la caminadora hedónica del capítulo 3? Es el concepto de que los seres humanos mantenemos niveles relativamente estables de felicidad, incluso ante acontecimientos tanto maravillosos como terribles. Pues bien, la buena noticia es que podemos aprovechar esa curiosa peculiaridad humana en nuestro beneficio. Si sabemos que un aumento de sueldo al principio nos hace felices, pero que en unos meses volveremos a sentirnos insatisfechos si elevamos los gastos para que coincidan con el aumento de los ingresos, entonces podemos reducir las pérdidas ahora y ahorrar los ingresos adicionales.

Soy consciente de que no todos cuentan con aumentos de sueldo anuales. También sé que, a veces, un incremento de sueldo sólo es suficiente para mantener el ritmo de la inflación, es decir, el aumento del costo de las cosas. Aunque esta estrategia sea un éxito para algunos, para otros no es posible. A mí tampoco me fue posible, y ésa es una de las principales razones por las que dejé la fuerza laboral y empecé a trabajar por mi cuenta.

Si trabajas por tu cuenta tienes una gran ventaja y un riesgo único. La gran ventaja es que tus ingresos no están determinados por alguien que fija tu salario. El único riesgo es que tus ingresos no están determinados por alguien que fija tu salario. Debes resolver la parte de los ingresos por ti mismo. Pero al hacerlo, tienes la posibilidad de aumentar seriamente tus ingresos y tu tasa de ahorro en un periodo relativamente corto.

Cuando empecé a trabajar por mi cuenta, contaba con poco dinero en mi fondo de emergencia (no recomiendo empezar un negocio sin uno) y tenía deudas que pagar (de nuevo, no se recomienda). Al trabajar por mi cuenta, tenía mucho más control sobre mis ingresos y pude pagar mi deuda mientras ahorraba.

No todo el mundo financiero está de acuerdo en que se ahorre dinero mientras se tiene una deuda. En última instancia, es una decisión personal, pero creo que trabajar en ambas cosas al mismo tiempo ayuda a evitar que te endeudes más.

UN FONDO DE EMERGENCIA AYUDA A ROMPER EL CICLO DE LA DEUDA

Profundizaré en el tema de las deudas en la parte 5. Por ahora, nos centraremos en el ahorro porque hay una relación importante entre la deuda y un fondo de emergencia. Sé, por experiencia, que pagar la deuda y ahorrar al mismo tiempo no es fácil. Pero contar con un fondo de emergencia es aún más importante cuando se tiene una deuda, porque ayuda a evitar que te hundas más. Quizá pienses: "Estaré bien sin ahorros durante unos años mientras afronto esta deuda". Es muy posible que tengas razón; podrías estar totalmente en lo correcto.

Pero asumes un riesgo. Cuanto más tiempo vivas sin un fondo de emergencia, mayores serán las posibilidades de que sufras alguna emergencia financiera. Y si se presenta una urgencia cuando no tienes dinero en efectivo al que acudir, tendrás que recurrir a las deudas, lo que perpetúa el ciclo de la deuda.

Es posible que conozcas el ciclo de la deuda si alguna vez te has visto atrapado en él. Esto es lo que parece: has logrado pagar parte de tu deuda sólo para acumular más, debido a una reparación inesperada y costosa del coche o a un vuelo de última hora para ver a un familiar enfermo. Dar un paso adelante para luego dar dos hacia atrás provoca que te sientas desanimado y derrotado. Es suficiente para que desees rendirte. No te culpo por sentirte así.

EL CICLO DE LA DEUDA*

DEMASIADAS DEUDAS
DIFICULTAN PODER
COMPRAR COSAS

A VECES LA DEUDA
ES LA ÚNICA
FORMA DE PODER
COMPRAR COSAS

* NO FIGURA: BAJO CRECIMIENTO DEL SALARIO, DESIGUALDAD SISTEMÁTICA
Y RACISMO

El riesgo de quedar atrapado en este ciclo vuelve crucial crear un ahorro mientras se pagan las deudas. Aunque el pago de la deuda puede llevar un poco más de tiempo o ser más costoso por los intereses, la compensación vale la pena porque significa que tendrás el dinero cuando lo necesites, lo que evitará que te endeudes más. Además, hay un beneficio psicológico de tener el dinero en efectivo a mano. Parece contradictorio tener dinero extra cuando puedes usarlo para pagar tus deudas, pero tenerlo te da la sensación de mayor abundancia. Quizá parece una tontería, pero a estas alturas sabemos hasta qué punto nuestros sentimientos sobre el dinero influyen en nuestra realidad y en las acciones que llevamos a cabo.

NO TE FIJES EN EL OBJETIVO, APRECIA EL PROCESO

Sólo un recordatorio amistoso para que no te obsesiones *demasiado* con el objetivo final. Céntrate en los hábitos que te llevan al objetivo y aprecia el proceso. Valorar el proceso no significa que pienses que ahorrar dinero te convertirá en una persona mejor o más virtuosa. No creo que ahorrar dinero tenga nada que ver con la virtud y espero que seas capaz de apreciarlo.

Si ahorrar dinero es una lucha para ti, el proceso de lucha es una oportunidad para hacerte más resistente. Te da un marco de referencia personal para entender lo que es afrontar dificultades. Adquirir esta comprensión genera empatía. Y si hay algo positivo que podemos obtener de la adversidad personal es la empatía.

LA LUCHA DEL AHORRO

A lo largo de la vida, todos nos enfrentaremos a nuestras propias luchas. En concreto, en el caso del ahorro, quizás alcances tu objetivo y una emergencia te haga retroceder. La vida impone retrasos. Hay muchas cosas fuera de nuestro control, pero siempre habrá cosas dentro de él. Y más allá de lo que realmente controlamos, incluso hay cosas en las que podemos influir; hay que centrarnos en ellas.

Volverte bueno en el ahorro y abrazar el proceso es algo que usarás durante mucho tiempo, como una o cuatro décadas. Voy a ser como tu amigo atlético que te molesta diciendo: "Estar sano es un estilo de vida". Ahorrar una parte de todo lo que ganas y trabajar para aumentar tu tasa de ahorro son un estilo de vida. No es glamoroso, pero pocas cosas necesarias lo son.

HAZ EL TRABAJO

Tu plan de ahorro para el fondo de emergencia

, ¿Cuántos meses de gastos te gustaría tener ahorrados en tu fondo de emergencia?
, ¿Cuánto tienes ahorrado ahora?
, ¿Cuánto estás ahorrando cada mes?
, ¿Cuál es tu tasa de ahorro actual?

Ésta es la fórmula:

(Ahorro mensual ÷ sueldo neto mensual) × 100 = tasa de ahorro

, ¿Cuánto tiempo te llevará alcanzar tu objetivo de fondo de emergencia?

  ' Tu objetivo — tu saldo de ahorro actual = lo que necesitas
  ' Lo que necesitas / tus ahorros mensuales = el número de meses que tardarás

, ¿Es razonable tu plazo de ahorro? Si no lo es, ¿por qué y cuál es tu plan detallado para lograr un objetivo de ahorro razonable?
, Si alcanzas tu objetivo de fondo de emergencia en tu vida, ¿qué te permitirá hacer?
, Si alcanzas tu objetivo de fondo de emergencia en tu vida, ¿qué podrás soltar?
, Describe a detalle tu plan de ahorro para el fondo de emergencia. ¿Cuánto vas a ahorrar? ¿Vas a establecer transferencias automáticas? ¿Cuándo piensas alcanzar tu objetivo?

CAPÍTULO 7

CÓMO TENER EL CONTROL CUANDO NO LO TIENES

Automatiza tus ahorros

ÉSTE ES TU CEREBRO CON LOS HÁBITOS: EL CASO DEL AHORRO AUTOMÁTICO

La tecnología trabaja en nuestra contra cuando se trata de hacernos gastar nuestro dinero, pero trabaja para nosotros cuando se trata de ahorrar nuestro dinero.

No siempre podemos confiar en que actuamos buscando nuestro propio interés porque, para empezar, con frecuencia no actuamos conscientemente. Según los investigadores de la Universidad de Duke, David T. Neal, Wendy Wood y Jeffery M. Quinn, hasta 45% de nuestros comportamientos diarios son habituales.[1] En otras palabras, casi la mitad de las acciones que realizamos a diario se basan en nuestros hábitos. Lo que significa que casi la mitad del tiempo andamos por ahí como zombis que no controlan sus comportamientos.

No te cepillas los dientes todas las mañanas porque te acuerdes o te lo recuerdes activamente. Tan sólo lo haces en automático y sin pensar, porque está tan arraigado que es normal. Si tienes que desplazarte todos los días al trabajo, seguro has tenido la experiencia de arribar a casa sin la menor idea de cómo llegaste hasta allí. Esa sensación ligeramente desagradable es parte de la razón por la que los hábitos son increíbles. Liberan nuestro cerebro para que pensemos o hagamos otras cosas. A veces un hábito es como tener un atajo. Pones el piloto automático al volver a casa y tu cerebro queda libre para escuchar un podcast, un audiolibro o para pensar en un problema que intentas resolver.

Los hábitos son herramientas cognitivas increíbles. En nuestros cerebros tenemos conexiones entre neuronas que son creadas por nuestros hábitos y a la vez los crean. Estas vías neuronales se fortalecen con la repetición. Después de realizar una tarea las veces suficientes, no tenemos que pensar en cómo se hace, el comportamiento es normal y se forma un hábito. Es como establecer el hábito del tiempo semanal de finanzas. No sólo es más fácil cuanto más se hace, sino que cuanto más lo hagas, más crece el hábito.

Así pues, los buenos hábitos que se acumulan con el tiempo valen más porque te permiten actuar sin tener que tomar una decisión, y con el tiempo puedes obtener resultados positivos con un esfuerzo menor. Por otro lado, los malos hábitos refuerzan el mal comportamiento. Éstos también se acumulan. Si tienes el mal hábito de no ahorrar una parte de cada pago, literalmente requieres recablear tu cerebro para crear un nuevo hábito.

Aquí hay más buenas noticias: si recibes un cheque de pago regular no necesitas hacer nada para deshacer ese mal hábito. Para crear el buen hábito del ahorro sólo debes eliminarte por completo de la ecuación y aprovechar la tecnología transfiriéndolo automáticamente. Una noticia aún mejor, en lo que respecta a la jubilación, es que si participas en un plan de jubilación patrocinado por tu empresa, como un plan 401(k), te darás cuenta de que tus aportaciones se realizan en automático con tu nómina.

La mala noticia es que si trabajas de forma independiente y tu nómina varía, puedes establecer un ahorro automático, pero sólo por una cantidad mínima: 50 dólares a la semana, y no *exactamente* 20% de tus ingresos. Para ahorrar ese porcentaje exacto deberás hacer la transferencia manualmente cada vez que te paguen. Por eso recomiendo el tiempo semanal de finanzas, a fin de asegurarte de que ésta sea una de las primeras cosas que hagas cada semana.

En general, creo que es importante trabajar para romper los malos hábitos y formar los buenos. Pero también soy partidaria de encontrar formas de hacer que las cosas difíciles sean fáciles. En este momento de la historia, la tecnología ha avanzado hasta el punto de que podemos aprovecharla para no depender de la tecnología de nuestros cerebros humanos. Cerebros que son un revoltijo de procesos: en las condiciones adecuadas, son capaces de un pensamiento abstracto sin igual. Sin embargo, también tienen viejos programas que nos impulsan a devorar galletas porque pensamos que posibles rivales cercanos pueden abalanzarse y comérselas antes que nosotros. Aunque no podemos, o tal vez no deberíamos, supeditar todos nuestros buenos hábitos a la tecnología, creo que es una tontería no apoyarnos en ella para poder ahorrar más dinero.

Antes de entrar en la mecánica y los detalles del ahorro, me gustaría abordar primero las preguntas comunes sobre el ahorro que he escuchado y recopilado a lo largo de los años.

¿DÓNDE DEBES GUARDAR TU FONDO DE EMERGENCIA?

Antes de establecer tu ahorro automático, tendrás que decidir dónde guardar el dinero de tu fondo de emergencia.

El tipo de cuenta es importante

Te recomiendo que pongas tu dinero en una cuenta de ahorro de alto rendimiento en el mercado monetario. La mayoría de los bancos en línea ofrecen este tipo de cuentas. Para ver qué bancos ofrecen los mejores tipos de interés, Bankrate.com publica cada mes sus mejores selecciones de cuentas de ahorro del mercado monetario.[2] Sí, los tipos de interés suben y bajan. Por eso, sitios como Bankrate.com publican estos datos con regularidad. Por desgracia, no conozco un buen recurso que reúna estos datos para las cooperativas de crédito.

Una cuenta de ahorro de alto rendimiento en el mercado monetario es muy similar a una cuenta de ahorro normal. Éstas son las diferencias sutiles. Los bancos utilizan los fondos de las cuentas de ahorro normales de los clientes para ofrecer a otros clientes cosas como préstamos para automóviles, tarjetas y líneas de crédito. Las cuentas del mercado monetario pagan una tasa de interés ligeramente superior al de las cuentas de ahorro tradicionales porque los bancos utilizan este dinero en efectivo para invertir en activos a corto plazo, de alta liquidez[3] y bajo riesgo.[4] No te preocupes, los fondos de ahorro de alto rendimiento del mercado monetario están protegidos por la Corporación Federal de Seguros de Depósitos (FDIC, por sus siglas en inglés), al igual que el dinero en efectivo de tus cuentas corrientes. Aunque siempre hay riesgo cuando optas por creer en el valor del dinero (porque su valor depende de nuestra creencia colectiva), el dinero que depositas en una cuenta de alto rendimiento del mercado monetario se considera sin riesgo. En otras palabras, no te preocupes, el dinero no se está invirtiendo en cosas arriesgadas.

Con una cuenta de ahorro de alto rendimiento del mercado monetario generalmente puedes esperar ganar una tasa de interés más alta que con una cuenta de ahorro normal. Por ejemplo, una cuenta de ahorro normal puede ofrecer 0.5%, mientras que una cuenta de ahorro de alto rendimiento del mercado monetario ofrece 1.75 por ciento. Sólo un recordatorio: las tasas de interés que hay mientras escribo este libro pueden ser distintas a las tasas de interés en el momento en que lo estás leyendo.

NO TE PUEDES SENTAR CON NOSOTROS

El banco importa

Por lo general, prefiero tener mi fondo de emergencia en un banco distinto al banco donde están mis cuentas de facturas y vida, y diversión y ocio. En general, prefiero los bancos en línea. La razón por la que los recomiendo se debe a que el dinero del fondo de emergencia estará fuera de la vista y, con suerte, fuera de la mente, lo que aliviará cualquier tentación de gastarlo en cosas que no sean emergencias.

Debido a ello, hacer transferencias es un inconveniente, pero eso es algo bueno. Esperar tres días para transferir tu dinero de emergencia significa que tendrás ese periodo para asegurarte de que necesitas los fondos. Es otra forma de protegerte contra ti mismo.

También me gustan los bancos en línea porque suelen ser más baratos. No hay sucursales bancarias en todas partes, lo que significa que la empresa no debe pagar las elevadas rentas de locales comerciales. Por lo regular, esto representa que pueden trasladar ese ahorro al usuario final en forma de comisiones más bajas o nulas; por supuesto, verifícalo con el banco que elijas.

Por otra parte, establecer tu fondo de emergencia en una cooperativa de crédito tiene beneficios que van más allá de la tasa de interés. Las cooperativas de crédito son propiedad de sus miembros y tienden a invertir más en su comunidad y en sus miembros que los bancos tradicionales, por lo que puede decirse que son mejores que los bancos normales. Al convertirte en socio estableces una relación con la cooperativa de crédito, la cual da frutos cuando solicites un préstamo de un coche, una línea de crédito o una hipoteca, ya que las tasas de interés de estas cooperativas suelen ser de las mejores que se pueden obtener.

¿DEBES AHORRAR PARA LA JUBILACIÓN SI NO TIENES UN FONDO DE EMERGENCIA?

Dado que un fondo de emergencia es el primer paso para tener una base financiera sólida, es una regla bastante común darle prioridad sobre otros tipos de ahorro. Sin embargo, puedes ahorrar para más de una cosa mientras priorizas tu fondo de emergencia. Por ejemplo, si eres una de las personas afortunadas que tiene acceso a un plan de jubilación financiado por tu empleador, como un plan 401(k), y él te ofrece igualar tus aportaciones,[5] te animo a que lo aproveches porque es dinero gratis que proviene de tu empleador. Analizaremos más a fondo el tema de la jubilación en la parte 4. Primero, es hora de crear un fondo de emergencia.

Recuerda que un plan de jubilación está diseñado para evitar que lo utilices como un fondo de emergencia. Puede haber fuertes penalizaciones por retirar dinero del plan de jubilación en caso de urgencia.

Intenta ahorrar lo mismo que la aportación de la empresa para aprovecharla al máximo. Destina el resto de tus ahorros a tu fondo de emergencia. En otras palabras, sigue ahorrando para la jubilación, pero ahorra menos por ahora. La mayoría de tus ahorros debe ir a tu fondo de emergencia porque sigue siendo la mayor prioridad.

En el ejercicio del capítulo anterior, calculaste tu plazo de financiación para emergencias, que es el tiempo que tardarás en sufragar por completo tus ahorros para urgencias. Si ahorras para más de una cosa, eso no debería provocar que tu plazo razonable de financiación de emergencias se convierta en algo irracional.

CÓMO AHORRAR PARA MÁS DE UNA COSA

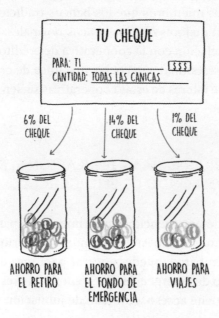

¿CUÁNDO DEBES UTILIZAR EL DINERO
DEL FONDO DE EMERGENCIA?

Cuando se produce una emergencia real, algunas personas dudan sobre utilizar el dinero que han reservado para momentos difíciles. Esta vacilación quizá se debe a que no quieren agotar sus ahorros después de todo el esfuerzo que hicieron para reunirlos. También puede deberse a que la gente no sabe qué es una emergencia.

Si tienes un gasto inesperado que debes pagar obligatoriamente, como una urgencia médica, en definitiva debes usar tu fondo de emergencia, o si te despiden, si tu perro se come las luces del árbol de Navidad, si se descompone el calentador de agua, si tienes que viajar para visitar a tu abuela enferma. Todas éstas son emergencias válidas.

Los gastos no esenciales, como unas vacaciones de última hora, tal vez no sean las razones más prudentes para recurrir a tu fondo de emergencia. Lo difícil es darte cuenta de que no todas las decisiones de utilizar tu fondo de emergencia son blancas o negras. Hay una zona gris que es diferente para cada persona. Tú debes juzgar si es preciso o no utilizar tu fondo de emergencia para un evento de la zona gris.

¿PUEDO USAR MI FONDO DE EMERGENCIA PARA ESTO?

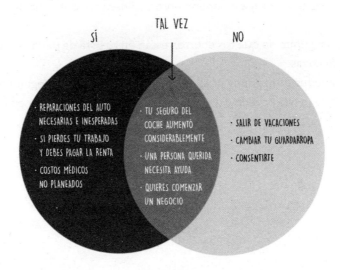

TAL VEZ

SÍ

NO

- REPARACIONES DEL AUTO NECESARIAS E INESPERADAS
- SI PIERDES TU TRABAJO Y DEBES PAGAR LA RENTA
- COSTOS MÉDICOS NO PLANEADOS

- TU SEGURO DEL COCHE AUMENTÓ CONSIDERABLEMENTE
- UNA PERSONA QUERIDA NECESITA AYUDA
- QUIERES COMENZAR UN NEGOCIO

- SALIR DE VACACIONES
- CAMBIAR TU GUARDARROPA
- CONSENTIRTE

HAZ EL TRABAJO

Establece tu fondo de emergencia
y automatiza tus ahorros

- Decide el banco o la cooperativa de crédito donde guardarás tu fondo de emergencia.
- Sigue los pasos para abrir una cuenta dedicada a tu fondo de emergencia.
- Vuelve a tu plan de fondo de emergencia del capítulo anterior (página 128) y revisa cuánto vas a ahorrar cada mes y con cada pago.
- Decide cómo vas a ahorrar automáticamente:

  - Directo de tu pago a tu cuenta de ahorros.
  - Con una transferencia automática desde tu cuenta corriente de facturas y vida.

- Configura tu ahorro automático:

  - Si quieres ahorrar directo de tu nómina, pide ayuda al departamento de Recursos Humanos de tu trabajo.
  - Si decides configurar las transferencias con tu banco, sincronízalas con tus días de pago.

Si trabajas de forma independiente y tienes ingresos variables:

- Asegúrate de que tus ahorros están en tu lista de tareas semanales de finanzas.
- Puedes utilizar una hoja de cálculo que realice un seguimiento de lo que te han pagado y de la cantidad que deberías ahorrar en función de tu tasa de ahorro fija.

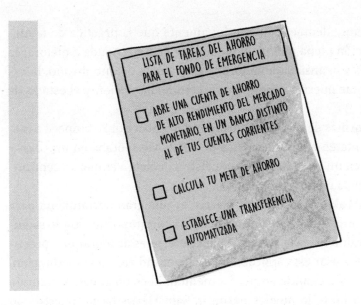

UTILIZA ESTA HERRAMIENTA:
PRACTICA LA GRATIFICACIÓN RETARDADA
POR MEDIO DE LA ATENCIÓN PLENA

Lamento ser de California y recomendarte que medites. Sé que está muy de moda y que es molesto que te digan que lo hagas, pero escúchame: meditar es una forma excelente de practicar la gratificación retardada. Cuando te sientas a meditar, especialmente cuando empiezas, de inmediato quieres hacer otra cosa, cualquier cosa. Quieres rascarte, comer una galleta, usar el teléfono celular. Quieres revisar tu correo electrónico porque alguien dijo que te enviaría algo o para asegurarte de que enviaste algo. Quieres ver tu calendario, planear tu día o responder a un texto del día anterior. Sentir esta necesidad y no satisfacerla es una forma muy poco arriesgada de practicar el retraso de la gratificación.

Hacer meditación con regularidad es un acto pequeño y radical. Esta sencilla práctica te ayuda a fortalecer tu mundo interior. Una sesión de meditación de atención plena no sólo te ayuda a ejercer la gratificación retardada, con la cual haces lo que realmente no quieres hacer y viceversa, sino que además hay toda una serie de beneficios psicológicos y neurológicos. Los estudios examinan y demuestran continuamente que la práctica de la meditación de atención plena mejora el bienestar general.[6] Ayuda a mejorar la gestión del estrés y la ansiedad; mejora la conciencia de uno mismo, la capacidad de afrontar nuestras emociones; mejora la atención y el estado de ánimo.

Hay muchas formas de meditar y de aprender a hacerlo. Yo empecé a meditar por mi cuenta en algún momento de 2012. Me sentaba en un cojín y me concentraba en mi respiración. Si me distraía volvía a empezar, centrando mi atención en la respiración.

La aplicación Waking Up, de Sam Harris, es una gran herramienta para aprender a meditar y guiar a cualquier persona, sin importar dónde se encuentre en su camino hacia la atención plena. Después de lograr una práctica sólida, empecé a usar esta aplicación para profundizar en la meditación. Ojalá hubiera existido cuando empecé a meditar. El costo anual es mínimo, pero si por ahora no te lo puedes permitir, Sam Harris ha propuesto con gran generosidad que quien no pueda pagarlo envíe un correo electrónico y solicite una membresía gratuita durante un año.

Para experimentar los beneficios reales de la meditación debes convertirla en un hábito regular, por lo que deberás incorporarla a tus hábitos diarios. Yo logré integrar este hábito a mi rutina matutina, pero sé que eso no funciona para todo el mundo.

Esta forma tradicional de meditar no es la única manera de desarrollar una práctica de atención plena. Las personas que conozco que son bailarines, atletas y terapeutas corporales que trabajan con la medicina alternativa suelen tener una práctica que implica movimiento. Encuentra lo que funciona para ti. Espero que veas esta exploración y compromiso como una forma de invertir en ti mismo.

HAZ EL TRABAJO

Tener una práctica de atención plena:

- Elige cómo vas a aprender:

  - Utiliza una aplicación de meditación como Waking Up.
  - Trabaja con un profesor, ya sea en grupo o individualmente.

- Si decides utilizar una aplicación, establece a qué hora vas a practicar diariamente (haz que crear este hábito sea lo más fácil posible. Intenta añadirlo a algo que ya hagas todos los días, como después de lavarte los dientes por la mañana o antes de acostarte).

- Si te sales de la rutina, recuerda que siempre puedes regresar. También puedes explorar otras prácticas de atención plena, pero ten en mente que a veces parte del camino consiste en dominar la resistencia a practicar.

CAPÍTULO 8

CÓMO PENSAR EN LAS DECISIONES FINANCIERAS

En 2010 tuve la virtuosa idea de que quería ser fiscal de distrito. La idea surgió de dos acontecimientos críticos en mi vida. El primero fue que me despidieron de mi trabajo, lo que me provocó un estado de ansiedad a partir del cual me cuestioné lo que estaba haciendo con mi vida y mi trabajo.

El segundo se debió a una relación que entablé con una ayudante del fiscal del distrito unos años antes, en la época en que yo trabajaba en el banco. Ella representaba al pueblo en un caso de agresión sexual cometido por un hombre que se hacía pasar por agente del Departamento de Policía de Los Ángeles, y yo era la víctima. Como es natural, trabajé estrechamente con la ayudante del fiscal del distrito. Ella ganó el caso y el hombre fue condenado a 20 años de prisión.

Esta ayudante del fiscal me ayudó a transformar una experiencia terrible en algo significativo, al recuperar mi poder y defenderme en los tribunales. Fue una experiencia tan importante que me motivó a ayudar a la gente a sentir esa misma sensación de poder. Así que decidí que quería trabajar como abogada en el servicio público.

Cuando estuve lista para solicitar mi ingreso en la facultad de Derecho, proceso que me llevó un año de preparación, trabajaba en una empresa de planificación financiera, tomaba un curso intensivo de planificación financiera personal y aprendía a pensar de forma crítica sobre las deudas. Con nuestros clientes, comprendí la importancia de hacer las preguntas adecuadas. En lugar de cuestionar simplemente: "¿Cuánto costaría comprar esta casa?", aprendí a indagar sobre las motivaciones emocionales para comprar una casa, como una sensación de seguridad, echar raíces o tener un proyecto en el que ocupar la mente y el tiempo. Como planificadora financiera, mi trabajo consistía en ayudar a nuestros clientes a calcular las motivaciones, los costos y los beneficios de sus decisiones financieras y ayudarles a entender el delicado equilibrio entre el riesgo y la recompensa.

Así que, con esas nuevas habilidades en mi arsenal y días antes de llenar mi solicitud para la facultad de Derecho, finalmente me hice una pregunta crítica que desató más preguntas. Me pregunté cuánto costaría la carrera de Derecho.

Hice una hoja de cálculo para saber cuánto dinero tendría que pedir prestado y llegué a una cifra que pudo haberme parecido enorme y aterradora. Pero esa cifra no tenía sentido para mí porque no entendía lo que significaba para mi vida.

Así como comparé el salario de mi jefe con el mío, también comparé este costo. Lo puse en contexto y calculé cuánto me costaría cada mes devolver lo que me habían prestado. La cifra se situó alrededor de los 1,000 dólares mensuales, lo cual no es una locura si ganas el sueldo de abogado en una empresa. Pero yo pensaba dedicarme al servicio público. Así que investigué un poco y descubrí que, como fiscal de distrito de nivel inicial, acabaría pagando 34% de mi sueldo a los préstamos estudiantiles. Esa cifra me incomodó.

Investigué los planes de reembolso basados en los ingresos y la condonación de los préstamos, pero eso sólo me llevó a plantearme más preguntas. ¿La condonación de préstamos era un plan viable? ¿Podría predecir de forma fiable que permanecería en un trabajo de servicio público durante diez años? ¿Y si no me gustaba? Si me trasladaba al sector privado, ¿hasta qué punto podía crecer la deuda de mi préstamo si pagaba menos que la cuota regular? ¿Había un límite o podía crecer hasta el infinito? ¿Mis opciones profesionales se limitarían a ejercer la abogacía para devolver el préstamo?

¿Me sentiría atrapada? ¿Intentaba hacer algo virtuoso a costa de que me saliera el tiro por la culata?

Entonces estos cuestionamientos se volvieron muy reales. ¿Cómo afectaría esta deuda a mi futuro matrimonio? ¿A qué estilo de vida me obligaría? ¿Cómo les pesaría esta cantidad de deuda a dos mujeres de color que se casarían y a su falta de privilegios? ¿Este tipo de deuda podría abrumar una relación y acabar con ella? En mi intento de mejorar las cosas para los demás, ¿empeoraría las cosas para mí y mi futura familia? ¿Cuál era el costo de hacer un trabajo significativo? ¿Valía la pena?

Me senté, sorprendida y con el corazón roto, cuando me di cuenta de que estudiar Derecho sería una decisión financiera arriesgada.

No hay forma de saber con absoluta y total seguridad las consecuencias de nuestras decisiones en relación con una elección alternativa. Sólo podemos tomar lo que creemos que será la mejor. Y aunque a veces sea la equivocada, si aprendemos a pensar en nuestras decisiones de esta manera podremos entender cuál será su costo.

A lo largo de la vida te vas a topar con un montón de decisiones financieras. La mayoría no serán realmente importantes, pero algunas serán cruciales. Es posible que tomes una decisión para resolver un problema y que tenga consecuencias imprevistas. Por eso, aprender a tomar mejores decisiones es una habilidad que transformará el curso de tu vida.

EVITA LAS DECISIONES IRRACIONALES
AL COMPRENDER LA VENTANA DE TOLERANCIA

Antes de tomar una decisión financiera, asegúrate de que tu sistema nervioso está bien regulado para que decidas desde el conocimiento, no desde una respuesta irracional de lucha o huida.

El doctor Daniel J. Siegel es un psiquiatra y escritor contemporáneo especializado en neurobiología interpersonal. Se le atribuye la creación del concepto de ventana de tolerancia, el cual se utiliza para entender y describir las reacciones normales del cerebro y el cuerpo, en especial después de una adversidad o un trauma. El concepto afirma que cada uno posee una zona óptima de activación. Cuando una persona se encuentra dentro de la ventana de tolerancia puede regular su sistema nervioso para hacer frente a los altibajos naturales de ser un humano en la Tierra. En la ventana de tolerancia uno puede reflexionar, pensar racionalmente y tomar decisiones con calma sin retraerse ni sentirse abrumado.

Cuando estamos dentro de nuestra ventana de tolerancia afrontamos el día a día con mayor eficacia. Somos capaces de manejar las emociones sin perder el control y tomamos decisiones lúcidas con un pensamiento racional. E incluso si experimentamos ansiedad, dolor, heridas o rabia que nos acercan a los límites de la ventana de tolerancia, generalmente somos capaces de utilizar herramientas y estrategias que nos mantienen dentro de ella.

¿Qué sucede cuando sales de la ventana de tolerancia?

Cuando una persona experimenta una circunstancia que la empuja fuera de la ventana de tolerancia entra en modo de supervivencia y se apaga el córtex prefrontal, la parte del cerebro que participa en el control de los impulsos, la toma de decisiones y la regulación de las emociones. Esto significa que cualquier decisión financiera que tomes fuera de la ventana no es realmente una decisión, sino una acción que realizas porque intentas sobrevivir. Es el motivo por el que alguien pide préstamos personales con intereses criminales.

Cuando el trauma y la adversidad alteran nuestro sistema nervioso experimentamos híper o hipoactivación. La hiperactivación es la respuesta de adrenalina de lucha o huida que surge cuando se sobrepasa la ventana de tolerancia. Cuando te encuentras en este estado, sientes un aumento del ritmo cardiaco, problemas digestivos, pánico, ansiedad, pensamientos acelerados o una vigilancia excesiva de tu entorno. Padeces pánico, ira o ansiedad muy intensos. Puedes sentirte realmente abrumado y fuera de control.

La hipoactivación se produce cuando estás por debajo de la ventana y el nivel de activación desciende. Esta zona se caracteriza por una respuesta de bloqueo o congelamiento. Se puede experimentar parálisis, entumecimiento, vacío, falta de motivación, agotamiento y desconexión de las emociones.

Si has tenido experiencias traumáticas, como la gran mayoría de los seres humanos, puedes reaccionar al estrés y a la tensión financiera de forma extrema: desde entrar en frenesí y sentirte ansioso hasta sentirte desconectado y adormecido.

Como comenté, el estrés de perder mi trabajo me provocó ansiedad. Mi decisión inicial de estudiar Derecho fue una respuesta de lucha. Tardé un año entero en analizar el costo real y decidir que no era lo mejor para mí. Para tomar una decisión racional por medio del conocimiento necesitaba estar en mi ventana de tolerancia.

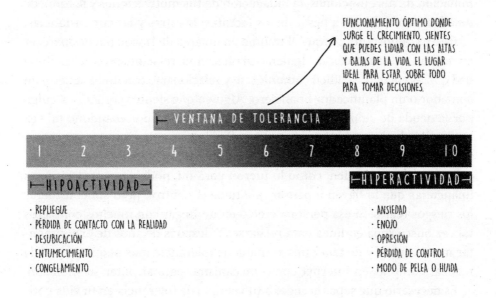

FUNCIONAMIENTO ÓPTIMO DONDE SURGE EL CRECIMIENTO. SIENTES QUE PUEDES LIDIAR CON LAS ALTAS Y BAJAS DE LA VIDA. EL LUGAR IDEAL PARA ESTAR, SOBRE TODO PARA TOMAR DECISIONES.

VENTANA DE TOLERANCIA

1   2   3   4   5   6   7   8   9   10

HIPOACTIVIDAD

· REPLIEGUE
· PÉRDIDA DE CONTACTO CON LA REALIDAD
· DESUBICACIÓN
· ENTUMECIMIENTO
· CONGELAMIENTO

HIPERACTIVIDAD

· ANSIEDAD
· ENOJO
· OPRESIÓN
· PÉRDIDA DE CONTROL
· MODO DE PELEA O HUIDA

Los años en los que no gané suficiente dinero me traumatizaron y, para colmo, tomé malas decisiones financieras cuando no podía permitírmelas. Cuando finalmente empecé a ganar más, lo que me sorprendió fue que mis elecciones al respecto no mejoraran por arte de magia, sólo porque mis ingresos aumentaran. De hecho, tuve que averiguar por qué seguía tomando decisiones que no me beneficiaban. ¿Por qué compraba muebles o ropa baratos que se dañaban de inmediato y tenía que volver a comprarlos, cuando podía adquirir piezas de calidad que durarían más y terminarían costando menos? ¿Por qué seguía siendo tan impulsiva? Con el tiempo, me di cuenta de que mis patrones de decisión estaban ligados a viejas historias de lo que solía creer sobre mí misma. Cuando comprendí el margen de tolerancia tuve la claridad y la calma mental necesarias para abordar la forma en que tomaba decisiones.

Regula tu sistema nervioso para mantenerte dentro de la ventana de tolerancia

Cuando te mantienes dentro de tu ventana de tolerancia aumenta la probabilidad de que tomes tus decisiones financieras como resultado de la examinación de tus emociones, la indagación de tus motivaciones y la toma de una decisión racional, a pesar de los factores de estrés y las circunstancias.

Esto es importante porque el trauma en un área de la vida puede aparecer en nuestra vida financiera. Alguien con un trauma relacionado con la autoridad quizás encuentra difícil comunicarse y relacionarse con un banquero, un contador o un planificador financiero. Alguien que siente vergüenza y culpa por la deuda de su préstamo estudiantil y un trauma por abandono tal vez tenga dificultades para comunicar la realidad de su situación a su pareja o a sus seres queridos. Si la inestabilidad y la incertidumbre son factores desencadenantes para alguien, como lo fueron para mí, podría tomar decisiones financieras que lo lleven a pensar que tiene el control, pero sin considerar los riesgos reales. Si esa persona creció en un hogar con muchos conflictos tal vez busca ropa en línea para relajarse. Y después de años de experimentar más traumas y de tener una ventana de tolerancia más pequeña, podría realizar compras en internet como mecanismo para afrontar su situación.

Es necesario que sepas acceder a tu ventana de tolerancia en tu vida cotidiana. Hay muchas formas de regular tu sistema nervioso para que, cuando te sientas presionado contra el límite de tu ventana de tolerancia, te calmes a ti mismo de una forma saludable y productiva. Por ejemplo, antes de sentarte para ver lo de tu tiempo semanal de finanzas y antes de tener una negociación o una conversación financiera difícil, entra en tu ventana de tolerancia y regula tu sistema nervioso con una sencilla herramienta. He aquí algunos ejemplos: el trabajo de respiración (es realmente increíble porque puedes hacerlo en cualquier momento y lugar; ejercicio extenuante u otros tipos de actividad física, como salir a caminar, correr o montar en bicicleta; escuchar música, usar una manta pesada, tomar un baño caliente o frío, oler aceites esenciales o una flor; bailar, tararear o cantar; socializar, conectar con un ser querido y reír, recibir un masaje, simplemente estirar el cuerpo y hacer el ejercicio del flujo de agradecimiento son formas de regular el sistema nervioso antes de abordar una decisión financiera. Prueba algunas de estas actividades y observa cómo respondes.

En general, trabajar con un profesional, como un terapeuta, es una gran manera de trabajar con el trauma que consideras que afecta tu capacidad de tomar decisiones financieras, por medio de la cognición. En definitiva, creo que todo el mundo debería explorar la terapia porque a veces ni siquiera sabemos cómo nuestras experiencias adversas del pasado viajan a través del espacio y el tiempo para controlar nuestros comportamientos en la actualidad.

MENÚ DE "PACO CÁLMATE YA" PARA AYUDARME A ENTRAR EN MI VENTANA DE TOLERANCIA

1 INHALAR PROFUNDO TRES VECES

2 SALIR A CAMINAR O A CORRER

3 LEER UN LIBRO

4 ABRAZAR A MIS SERES QUERIDOS

5 TOCAR UN INSTRUMENTO Y CANTAR

6 ESCRIBIR O COMPONER UNA CANCIÓN

7 ESCUCHAR MI LISTA DE REPRODUCCIÓN PREFERIDA

8 VER O LLAMAR A UN AMIGO

9 ESTIRAR MI CUERPO

10 HACER REÍR A MI ESPOSA

DESPUÉS DE REGULAR TU SISTEMA NERVIOSO, USA UNA HERRAMIENTA DE PENSAMIENTO PARA EXPLORAR LAS CONSECUENCIAS DE UNA DECISIÓN

Una herramienta realmente eficaz para examinar las consecuencias a largo plazo de nuestras decisiones es utilizar el pensamiento de segundo orden. Éste consiste en observar lo que ocurrirá como resultado de las consecuencias de primer orden. Si las consecuencias fueran fichas de dominó apiladas y nuestras decisiones las derribaran, el pensamiento de segundo orden consiste en examinar lo que ocurre más allá de la primera ficha de dominó.

En mi decisión de estudiar Derecho, la consecuencia de primer orden era el pago mensual de la deuda. Las consecuencias de segundo orden eran cómo la deuda podría afectar mi relación de pareja y si tendría o no la libertad de trabajar fuera del mundo de la abogacía. También preví una consecuencia de tercer orden: si la deuda me hacía sentir atrapada, ¿qué efecto tendría ese estrés en mi salud mental y física en general?

La capacidad de pensar en consecuencias de segundo y tercer orden puede ayudarte a comprender el verdadero costo de tus decisiones financieras.

Es una forma sistemática de mejorar tu forma de pensar y tomar decisiones. Si te preguntas: "¿Y entonces qué podría pasar?", te abres a las posibilidades, para bien o para mal.

El pensamiento de segundo orden es una idea sencilla, pero no siempre es fácil de ejecutar. Te obliga a encontrar conexiones entre cosas que a primera vista parecen inconexas. Con el tiempo, puedes entrenar a tu cerebro para que piense de esta manera sistemática y basada en procesos. Y una vez que lo logres, verás consecuencias extraordinarias de segundo orden, pero que requieren que toleres consecuencias de primer orden que no son ideales.

Este proceso te ayuda a navegar por las decisiones financieras que se mencionan en el resto de este libro, como la deuda y la riqueza, así como las consecuencias que conllevan. Considero que la capacidad de cada persona para tomar decisiones determina una cantidad abrumadora de lo que puede crear en su vida. Dado que nuestras decisiones son algunas de las pocas cosas que tenemos bajo control, es muy importante nuestro enfoque.

Cuando se toman decisiones financieras se planifican las consecuencias de segundo y tercer orden, se habla de ellas y se escribe sobre ellas. Lo importante es que tengas espacio para explorar tus decisiones, sólo después de haberte propuesto abordarlas desde un espacio tranquilo y racional.

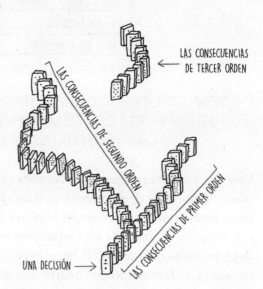

LAS CONSECUENCIAS DE TERCER ORDEN

LAS CONSECUENCIAS DE SEGUNDO ORDEN

LAS CONSECUENCIAS DE PRIMER ORDEN

UNA DECISIÓN →

UNA DECISIÓN → CONSECUENCIAS DE PRIMER ORDEN → CONSECUENCIAS DE SEGUNDO ORDEN

Prueba este método de toma de decisiones

> Crea tu propio menú de cosas que puedes hacer para entrar en tu ventana de tolerancia.

HAZ EL TRABAJO

⟩ La próxima vez que vayas a tomar una decisión financiera consulta tu ventana de tolerancia y usa el menú para regular tu sistema nervioso. A continuación, utiliza la siguiente plantilla (o una similar) para explorar las consecuencias de primer, segundo y tercer orden.

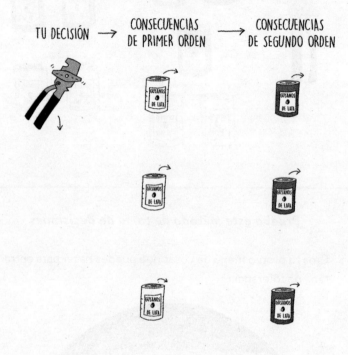

PARTE 3

e

MANEJAR LA DEUDA

El concepto de deuda es anterior al momento en que la humanidad lo inventó. Podemos verlo en las tradiciones religiosas, en las que intervienen nociones como el pecado original. Si has nacido en un hogar secular, quizá te enseñaron que tienes una deuda con la sociedad o con tus padres. La idea de la deuda ha existido antes de que los humanos la integraran en nuestra economía y finanzas.

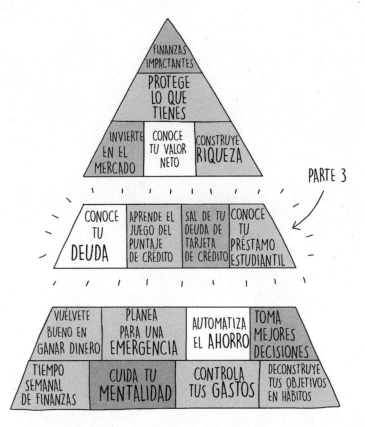

En la parte 3 exploraré la relación de la humanidad con la deuda y te ayudaré a reformularla para que dirijas tu energía a pagarla o aprovecharla en tu beneficio. Te enseñaré el juego de los puntajes de crédito y te daré algunos consejos para lidiar con las deudas de las tarjetas de crédito. También nos ocuparemos de los préstamos estudiantiles y de la decisión de pedir dinero prestado. Al final de esta sección, tendrás una mayor comprensión de este nivel de la Pirámide de las Finanzas Impactantes. Cada vez que hay una deuda existe un riesgo con el potencial de recompensa, por lo que la decisión de tomar este camino siempre dependerá de ti.

CAPÍTULO 9

REESTRUCTURAR LA DEUDA

Algunos antropólogos creen que la humanidad tiene deudas desde hace más tiempo que dinero. Sin embargo, la historia no demostrada que nos cuentan con más frecuencia nos lleva a creer que el dinero precedió a la deuda. Aprendemos en la escuela esa historia sin fundamento, literalmente porque un tipo blanco la escribió en un libro. Ese sujeto es Adam Smith, considerado el padre de la economía moderna y el libro que publicó en 1776 se titula *La riqueza de las naciones*. En ese libro cuenta los orígenes del dinero. Aunque esta narración se ha convertido en algo muy común, diversos antropólogos y economistas sostienen que es una obra de ficción y que no se han encontrado pruebas que apoyen la historia de Smith.

Ésta es la esencia de lo que narra. Smith describe el mercado de un pueblo anodino de Nueva Inglaterra, donde el trueque era habitual. Un herrero y un panadero van al mercado con sus mercancías para comerciar. Pan por manzanas y herraduras por queso. Suena como el Burning Man original, ¿verdad? Smith describe entonces el clásico dilema del trueque: el problema surge cuando un comerciante quiere comerciar con otro, pero el deseo de comerciar no es mutuo.

Digamos que quieres cambiar tus huevos por leche de cabra, pero el comerciante que tiene leche de cabra no necesita tus huevos. ¿Qué debes hacer? Tal vez le preguntes al comerciante qué quiere e intentes crear una extraña cadena de intercambios. ¿Huevos por sombreros y sombreros por leche de cabra? Adam Smith argumenta que este dilema es el origen del dinero. Sostiene que el dinero se creó para resolver el problema del trueque.

El antropólogo David Graeber afirma en su libro titulado *Debt: The First 5,000 Years*, que esta historia del origen del dinero ha sido contada en las clases de economía e historia y ha perpetuado el mito del trueque y del origen del dinero. En su libro, Graeber cita al economista Alfred Mitchell-Innes, que no está de acuerdo con esta historia. Mitchell-Innes creía que el trueque no sólo era una forma poco común de intercambiar bienes, sino que nuestra idea de que el trueque condujo a la creación del dinero, que a su vez condujo a la creación del crédito (deuda), es totalmente errónea y retrógrada.

Las pruebas descubiertas en las transacciones de la antigua Mesopotamia durante el Neolítico y la Edad de Bronce, entre 8000 y 800 a.C., apoyan esta teoría. Las transacciones durante este periodo se basaban en el crédito. Aunque los burócratas de los templos utilizaban la plata como medida contable de las deudas, no era siempre una forma de reembolso ni se usaba para las transacciones. El pago de estas antiguas deudas se podía saldar más o menos con cualquier cosa que se tuviera a mano, como cebada. Por ejemplo, cuando un babilonio iba a una cervecería local en Mesopotamia acumulaba una cuenta que se saldaba en la época de la cosecha.

Este juego mental se denomina teoría crediticia del dinero. Como señala Graeber en su libro:

> Los teóricos del crédito insistieron en que el dinero no es una mercancía, sino una herramienta contable. En otras palabras, no es una "cosa" en absoluto... [tú] no puedes tocar un dólar o un marco alemán, así como no puedes tocar una hora o un centímetro cúbico. Las unidades monetarias no son más que unidades de medida abstractas y, como señalaron de forma correcta los teóricos del crédito, históricamente, estos sistemas de contabilidad abstractos surgieron mucho antes de que se utilizara cualquier ficha de cambio concreta [el dinero].
>
> La siguiente pregunta obvia es: si el dinero es sólo una vara de medir, ¿qué mide entonces? La respuesta es sencilla: la deuda. Una moneda es, en efecto, un pagaré. Mientras que la sabiduría convencional sostiene que un billete es, o

debería ser, una promesa de pagar una determinada cantidad de "dinero real" (oro, plata, lo que se entienda por ello), los teóricos del crédito argumentaron que un billete es simplemente la promesa de pagar *algo* del mismo valor que una onza de oro. Pero eso es todo lo que el dinero es... A nivel conceptual, la idea de que un trozo de oro es en realidad un pagaré siempre es muy difícil de entender, pero algo así debe ser cierto, porque incluso cuando las monedas de oro y plata estaban en uso, casi nunca circulaban por... su valor.

Según los teóricos del crédito, la creación del dinero no dependía de la invención de un sistema mejor que el trueque. En realidad, el dinero es una especie de versión bastarda de la deuda. Es como las fichas o los tickets que se ganan en las máquinas de videojuegos cuando eres niño. En teoría, esos tickets son pagarés. Puedes canjearlos en la tienda de premios por lápices y juguetes baratos que tus papás odiarán o que se romperán en cuanto llegues a casa.

Supongamos que eres un diseñador web que elabora una página para un cliente, Acme, Inc. En lugar de pagarte dinero, la empresa te emite un pagaré. Puedes guardarlo hasta que Acme, Inc. salde su deuda y entonces rompes el pagaré. O puedes usar ese pagaré para sustituir un pagaré de tu empresa. Tal vez tienes una factura pendiente por un trabajo realizado por el bufete de abogados Cool Lawyers. Les das el pagaré de Acme, Inc. y Cool Lawyers puede usar ese pagaré para saldar una deuda que tienen con una empresa de contabilidad llamada Hell Yeah, Taxes. Y ahora Acme, Inc. está comprometido a resolver una deuda con Hell Yeah, Taxes.

Y si Acme, Inc. nunca liquida su pagaré, pero éste se intercambia porque todas estas empresas confían en que representa un valor, entonces el pagaré es efectivamente dinero. ¿Seguiste todo este caminito?

Quizá te preguntes por qué es importante entender esto. Tal vez sólo es pertinente para que veas que es posible replantear tu comprensión de la deuda. Es esencial entender que la deuda está incorporada a nuestra historia como seres humanos. Sin deuda no habría dinero. Y aceptar eso podría ayudarnos a volver a un enfoque de los préstamos que esté más centrado en el ser humano. Me gustaría tener una respuesta clara sobre cómo hacerlo, pero lo que puedo ofrecerte es un espacio para pensar en la deuda de manera diferente. En este capítulo sólo quiero explorar las ideas sobre la deuda y verla desde varios puntos de vista.

LA DEUDA ES UNA NECESIDAD PELIGROSA PARA GARANTIZAR QUE SIGA CRECIENDO NUESTRA ECONOMÍA MODERNA Y CAPITALISTA

Mientras nuestra economía busque el crecimiento, siempre habrá deuda. La deuda y el dinero son peligrosos, así como lo son el fuego o el vodka. El fuego es maravilloso. Nos da luz, calor y la capacidad de cocinar aves a una

LA DEUDA ES COMO UN FERTILIZANTE PARA EL JARDÍN DE TU VIDA FINANCIERA

RIQUEZA

LAS COSAS QUE AHORCAN TU RIQUEZA

LAS DOS CARAS DE LA DEUDA

LA DEUDA PUEDE USARSE PARA CONSTRUIR RIQUEZA Y AVIVAR EL CRECIMIENTO ECONÓMICO

LA DEUDA TAMBIÉN PUEDE USARSE PARA DESTRUIR RIQUEZA E INHIBIR EL CRECIMIENTO ECONÓMICO temperatura de 32 °C. Pero si no se controla o, peor aún, si se combina con un acelerante, el fuego puede ser irreversiblemente destructivo.

La deuda permite a las empresas ganar dinero que de otro modo no podrían ganar. La deuda puede permitir a las familias vivir en casas que no podrían comprar de inmediato. Pero, por supuesto, las prácticas de préstamo descontroladas, desbocadas o depredadoras y el gasto excesivo pueden crear una carga innecesaria de deuda, como vimos con la crisis inmobiliaria de 2008.

Mientras la humanidad busque el crecimiento y el progreso, los jóvenes quieran estar en mejores circunstancias que sus padres, mientras la gente siga en la caminadora hedónica y tengamos una brecha de riqueza, vamos a tener deuda porque no todo el mundo puede permitirse pagar una educación o comprar un activo como una casa sin pedir prestado. Esto simplemente es un hecho.

ESTAR ENDEUDADO NO ES UNA FALLA INTELECTUAL O MORAL, ES PARTE DE LA HISTORIA DE LA HUMANIDAD

A lo largo de la historia, en diversas religiones y culturas se ha extendido la idea de que el deudor tiene la obligación moral de pagar sus deudas. Y que de no hacerlo, sin importar el motivo, es un reflejo de la propia irresponsabilidad e inmoralidad. Yo creo que pagar la deuda es como lavar los platos. No lavamos los platos por obligación moral. Lavamos los platos porque queremos evitar las consecuencias negativas de no hacerlo. Si no lavamos los platos, tal vez las cucarachas y las ratas tengan un festín y, en general, eso es asqueroso. Un puntaje de crédito no tan bueno y los cargos por retraso, son las cucarachas y las ratas que resultan de no pagar la deuda. Y, por lo regular, recibir llamadas de cobro es espantoso.

La obligación moral ha sido un tema central a lo largo de la historia de la humanidad. El dinero es sólo una forma de representar un tema que ha estado presente todo el tiempo. Las culturas y civilizaciones antiguas pagaban su deuda a los dioses con monedas y con el sacrificio de animales y seres humanos. Los fundamentos del cristianismo tienen fuertes temas de deuda. Adán y Eva comieron la manzana en el jardín del Edén y los humanos fuimos condenados y quedaron en deuda para siempre con Dios. La muerte de Jesús se suponía que era el resquicio para saldar esa deuda, pero todavía existe la expectativa de demostrarle a Dios que somos valiosos.

Este tema de la deuda se entrelazó con la moral y el dinero en el siglo XVI, cuando la Iglesia católica creó la idea de que uno puede reducir efectivamente su deuda purgatorial comprando algo llamado indulgencia.[1] Es algo como la versión actual de los créditos de carbono. Cuando los protestantes se separaron de la Iglesia católica durante la Reforma, la idea de la deuda y la obligación moral no desapareció, sólo se presentó de una forma diferente. Un pastor y reformador religioso llamado Juan Calvino argumentó que era justo que los prestamistas cobraran intereses porque el dinero prestado aumentaba el valor para el prestatario. Y que, de hecho, devolver parte de ese valor al prestamista mediante el pago de intereses era el acto más justo.[2] Así que llevamos siglos lidiando con la relación entre la deuda y la obligación moral, lo que ha dado pie a que varias generaciones hayan tenido una postura rara y crítica respecto a la deuda.

Estar endeudado no es un fracaso intelectual o moral. Cuando salí de la universidad tuve un trabajo en el que sólo me quedé tres semanas porque en realidad era lo peor de la industria financiera. Lo digo en serio. Sólo permanecí el tiempo suficiente para completar la formación de tres semanas porque rápidamente me di cuenta de que el negocio no era ético. Durante la capacitación, escuchaba a mis colegas en llamadas telefónicas, intentando vender a la gente mayor productos financieros de mala calidad. Estos productos financieros eran montones pútridos de mierda de perro que había sido comida por otro perro y vomitada de nuevo. Eran más que basura y me avergüenzo por no haber dejado ese trabajo en cuanto me di cuenta de lo que sucedía. Creo que estaba tan conmocionada que tardé en procesarlo todo. Escuché a mis compañeros intentando convencer a ancianitas para que refinanciaran su deuda de tarjeta de crédito al pedir un préstamo con el valor de su coche de nueve años que ya estaba pagado, o tratando de convencer a gente que apenas hablaba inglés de que pidiera líneas de crédito con garantía hipotecaria, sin otra razón que la de buscar una comisión.

Entre llamada y llamada, los vendedores experimentados se quejaban de las nuevas normas de la empresa que les obligaban a ser honestos en las solicitudes de préstamo. Estaban molestos porque ahora les exigían los talones de pago del prestatario para demostrar sus ingresos y probar que el prestatario podía, no sé, permitirse realmente el maldito préstamo. Mis compañeros

me expresaron con franqueza cómo estas nuevas normas frenaban las apro-
baciones de préstamos y sus cheques de comisiones. Se quejaron de que el
dinero fácil se había vuelto mucho menos fácil.

Muchas de estas personas en promedio no eran tan inteligentes. Es la
única explicación que se me ocurre para su comportamiento: que no eran
capaces de comprender plenamente algunos de los productos financieros
que vendían. Tampoco entendían del todo las consecuencias de otorgar a
los prestatarios en este tipo de préstamos, desde el punto de vista del prestatario, así como del impacto global del sector.

Si las fallas intelectuales son las culpables de endeudarse, ciertamente la
culpa debería ser compartida con la empresa y las personas que intencio-
nadamente venden préstamos terribles y montones de basura disfrazada de
productos financieros. La creación de un sistema de incentivos que llevó a
la gente a comportarse así sin duda fue un fracaso intelectual, moral y creativo. La responsabilidad no puede recaer simplemente en un individuo porque el sistema fue diseñado para hacerlo caer.

TU DEUDA (O EVADIRLA) PODRÍA SER EL RESULTADO DE UN TRAUMA NO SANADO

Vivir con un trauma es como caminar con una piedrita en el zapato. La
forma más efectiva de deshacerte del dolor que causa la piedrita es, obviamente, quitarte el zapato y sacarla. Desde un punto de vista psicológico, eliminar la piedrita del trauma puede tomar tiempo recurriendo a la asesoría,
la terapia y el aprendizaje de cómo ser consciente de lo que desencadena el
trauma.

Si no te quitas la piedra, cambiarás tu forma de caminar para evitar el
dolor. Tal vez cojees, coloques el peso de tu pie a un lado o lo compenses de
alguna otra forma. Si haces esto a largo plazo quizás habrá consecuencias
menores, como una ampolla o un callo en el pie. O consecuencias más graves como un problema en la rodilla o la cadera por la forma en que caminas.

En este sentido, el trauma es igual de poderoso. Si no nos tomamos el
tiempo necesario para enfrentarlo, trabajarlo y extirparlo puede modificar
nuestro comportamiento, manifestándose de formas extrañas. Los traumas
de la vida pueden revelarse en la propensión de una persona a endeudarse.

Alguien que ha sufrido abusos quizá se siente inútil, pero poseer cosas caras que puede comprar con una tarjeta de crédito podría ser una forma de demostrar lo que vale. Alguien en un estado constante de estrés puede gastar en exceso para evitar los sentimientos negativos. Si el mundo exterior se siente inseguro, comprar cosas es una forma de protegerse de posibles daños externos.

En el capítulo 1 exploramos cómo el trauma influye en nuestras creencias y comportamientos con respecto al dinero. Retomemos ese punto de vista. Si has tenido ciclos en los que entras y sales de deudas, ¿la causa principal podría ser un trauma? Si eso te resuena, te animo a que explores y encuentres una vía de sanación adecuada. Para quienes se sienten atrapados repitiendo viejos patrones, la sanación del trauma es el primer paso para lograr un progreso real.

LOS COMPORTAMIENTOS, IDEAS Y ACTITUDES QUE TE ENDEUDARON NO SERÁN LOS QUE TE LIBERARÁN DE LA DEUDA

Vale la pena retomar esta idea. Para las personas cuya deuda ha sido más el resultado de las elecciones que de las circunstancias, salir de la deuda implica que absorban nuevas ideas, actitudes y comportamientos. Esto significa dejar de lado viejos pensamientos, conductas y prácticas para así generar espacio para los nuevos. Algunas veces significa añadir nuevas creencias. Alguien que antes sólo se veía a sí mismo como víctima de su deuda, puede empezar a verse como una persona que tiene la capacidad de asumir la responsabilidad de la posición en la que se encuentra. Esta nueva postura le permite recuperar parte de su poder en automático. Esta nueva actitud propicia un cambio significativo donde antes sólo había un pequeño movimiento.

Si tu conducta te llevó a la deuda, y no las circunstancias, como una enfermedad catastrófica, entonces tu conducta debe cambiar. Si nunca has pedido un aumento de sueldo o negociado tu salario, cosas que yo rara vez hacía, quizá requieras cambiar ese comportamiento.

Es posible que debas cambiar tu actitud hacia el consumo. En lugar de consumir cosas todo el tiempo, ¿qué pasaría si crearas cosas todo el tiempo?

¿Arte, música, comidas, sentimientos pacíficos y suaves que vibren en el universo para siempre?

Tal vez tu actitud cambie de "Algún día resolveré esta deuda" a "Tal vez debería hablar con profesionales para resolver esta deuda".

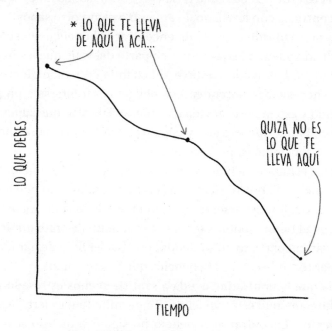

* LO QUE TE LLEVA DE AQUÍ A ACÁ...

QUIZÁ NO ES LO QUE TE LLEVA AQUÍ

LO QUE DEBES

TIEMPO

* PENSAMIENTOS, COMPORTAMIENTOS, IDEAS, CREENCIAS, ETC.

MIRA TU DEUDA DESDE UNA PERSPECTIVA RADICALMENTE DIFERENTE

No merecemos que nos pasen cosas malas, pero cuando inevitablemente suceden pueden representar un beneficio. Pueden transformarnos, enseñarnos una lección o darle significado a nuestras vidas. Incluso si sientes que tu deuda es un desastre y no una decisión que has tomado, me gustaría invitarte a mirar tu deuda desde una perspectiva radicalmente diferente. ¿Dónde puedes encontrar el beneficio? Estoy segura de que pensarás que soy demasiado positiva, pero cuando me enfrento a un momento difícil me pregunto si puedo encontrar un beneficio en él, y eso me ayuda a recordar que no hay una perspectiva única. Es fácil ver el beneficio en las situaciones positivas, como cuando un cachorro te saluda o al salir ileso de un accidente, pero es mucho más difícil percibirlo en situaciones complejas, como cuando un ser querido se enferma o cuando nos damos cuenta de lo aplastante que es nuestra deuda. Pero ésta es la dualidad de la vida cotidiana. Lo dulce sólo es dulce porque se contrasta con lo salado, lo amargo o algún otro sabor.

Para quienes han sido capaces de encontrar el beneficio en su experiencia con la deuda pueden verla como una parte del viaje que les ha llevado a donde están hoy. Los ayudó y estuvo ahí cuando no tenían dinero. Fue una lección que necesitaban aprender. Los obligó a enfrentarse a un problema más profundo y eso mejoró su vida en general. Fue algo que superaron para demostrar de lo que son capaces y eligieron una historia para contarse a sí mismos, la cual cambió su perspectiva.

A veces necesitamos tiempo para poder apreciar el beneficio de las malas circunstancias. Si hoy te sientes así con las deudas y no puedes verlo, lo entiendo. Tal vez hoy sea bueno tener en mente la idea de encontrar el beneficio. Y con el tiempo podrás tener ese momento de entendimiento. Hasta que puedas encontrarlo en tu deuda, practica el flujo de agradecimiento para apreciar todos los demás beneficios que has recibido.

Recuerda que la gratitud te ayuda a sentirte menos estresado por la experiencia humana que estás viviendo. Te permite tener cierto poder sobre cómo te sientes. Encontrar el beneficio no significa que no seas racionalmente consciente de los peligros y las injusticias de la desigualdad de nuestros sistemas económicos. Pero puede ayudarte a lidiar con la adversidad a la que te enfrentas, a construir una mejor relación con la deuda y el dinero. Puede darte un respiro para que reúnas la energía necesaria para encarar la deuda de forma productiva. Te permite dar más valor a las cosas que tienes, no a las que no tienes. La gratitud es como un interruptor de luz. Te permite ver lo que siempre estuvo ahí.

LA DEUDA COMO HERRAMIENTA PARA CREAR RIQUEZA Y NO COMO FORMA DE SOLVENTAR LOS GASTOS DE LA VIDA

La deuda es intrínsecamente arriesgada, tanto para la persona que presta como para la que pide prestado. ¿Recuerdas la antigua Mesopotamia y sus tabernas? Los campesinos se endeudaban después de las cosechas. Cuando las cosechas eran buenas se saldaban las deudas. Muy sencillo, ¿verdad? El problema con este sistema de deuda llegaba cuando las cosechas eran malas. Los campesinos dejaban de pagar y quedaban endeudados, sin remedio, con los ricos. Muchos tendrían que entregar sus granjas y a veces también sometían a los miembros de su familia a la esclavitud de la deuda. En este caso, la forma en que se usaba la deuda para financiar el consumo diario y la incertidumbre de las cosechas era una receta para el desastre y el malestar social.

Hoy en día, muchas personas siguen usando la deuda de esta manera, para solventar la vida cotidiana. No tengo una solución general para este problema porque hay muchos factores sistémicos en juego. Por supuesto, existen personas que viven por encima de sus posibilidades y su solución es sencilla: ganar más, gastar menos o ambas cosas. Pero también hay grandes sectores de personas que no cobran lo suficiente y que viven la realidad que han desencadenado siglos de clasismo, racismo y esclavitud. Hasta que no abordemos el verdadero problema, esta cuestión de fondo, seguirá habiendo personas que necesiten utilizar la deuda de esta manera porque no tienen otra opción. Si has tenido la suerte de eludir o resolver personalmente el problema sistémico de la falta de ingresos entonces también tienes la suerte de usar la deuda como palanca y no por desesperación.

En circunstancias perfectas, la gente usa el dinero, no el crédito, para comprar cosas que necesita regularmente, en lugar de utilizar la deuda y esperar que la cosecha cubra lo que debe. Este enfoque nos permite usar la deuda de forma consciente y estratégica como una herramienta más eficaz. Cuando la deuda se utiliza para financiar algo que aumentará de valor en el futuro, la deuda se usa como herramienta. Llamémosle deuda inteligente.

Algunos ejemplos de uso de la deuda inteligente son la obtención de un préstamo comercial para aumentar los ingresos de tu empresa, una hipoteca para comprar una casa y préstamos estudiantiles para pagar la educación. Esperas que tu negocio crezca y se vuelva más valioso con la financiación. Esperas que en 30 años tu casa haya aumentado de valor. Y esperas que el acceso a la educación mejore tus perspectivas de empleo.

CÓMO SUELE CLASIFICARSE LA DEUDA

Algunas formas de deuda se consideran mejores que otras. Pero como la naturaleza de la deuda es pagar lo que se debe, decidir qué categoría de deuda es mejor que otra es como elegir entre:

- Recibir un puñetazo en la cara a cambio de un panqué que compraste y te comiste hace cuatro semanas.
- Recibir una patada en la entrepierna a cambio de conducir un coche para ir al trabajo.
- Que te tiren por las escaleras cada mes, pero tú eres el dueño de las escaleras y de la casa anexa.

LA MATRIZ DE LA DEUDA

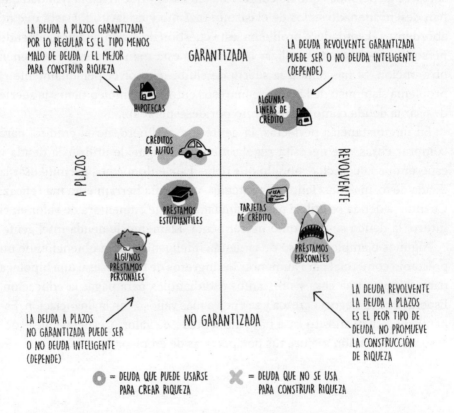

Deuda garantizada o no garantizada

La deuda garantizada es cualquier deuda respaldada por un activo (algo de valor) como garantía. La garantía hace que el préstamo sea menos riesgoso para el prestamista y suele dar lugar a una tasa de interés más baja. Si la persona que pide prestado el dinero no puede devolverlo, el prestamista embarga la garantía, la vende y utiliza los ingresos para pagar la deuda. Un préstamo de coche es un buen ejemplo de deuda garantizada. La deuda no garantizada no tiene garantía. Los préstamos estudiantiles y la deuda médica son ejemplos de deuda no garantizada, porque nadie puede embargar tu educación ni los procedimientos médicos a los que te has sometido.

Deuda revolvente o deuda a plazos

Cuando pides un préstamo clasificado como deuda revolvente normalmente tienes una cantidad límite permitida, pero no estás obligado a usar la cantidad máxima. Una tarjeta de crédito es un ejemplo común de deuda revolvente. La tasa de interés, al igual que el pago mensual, fluctúa en función de la cantidad que recibiste en préstamo y la cantidad que hayas devuelto. No hay un número determinado de pagos que realizar para saldar la deuda. Con las tarjetas de crédito, puedes estar endeudado para siempre. La deuda de las tarjetas de crédito que no se puede mantener al día tiene el potencial de ser el Hotel California de las deudas: nunca se puede dejar. Los préstamos no renovables son préstamos a plazos. Con los préstamos a plazos pides prestada una cantidad fija de dinero y la devuelves en cuotas a lo largo del tiempo.

¿Prefieres que te den un puñetazo en la cara o una patada en la entrepierna?

En general, éstos son los tipos de deuda, clasificados del menos malo al más criminal.

꙳ **La deuda garantizada y a plazos es el tipo menos malo de deuda**. Las hipotecas entran en esta categoría. Son las mejores de entre las peores porque los pagos se destinan a la "creación de capital", es decir, a aumentar el valor de la vivienda que posees. Como prestatario, de todas formas pueden ahorcarte, pero la garantía está disponible si no puedes hacer los pagos. Un crédito de auto suele estar garantizado, es una deuda a plazos, pero el valor de tu coche disminuye con el tiempo, lo que técnicamente lo convierte en una mala inversión. ¿Notas cómo la categoría del préstamo es importante, pero no es lo único que importa a la hora de pedir dinero prestado?

꙳ **La deuda no garantizada y a plazos es la segunda peor (empatada con la garantizada y revolvente).** La deuda médica suele ser una deuda no garantizada y a plazos. Los préstamos estudiantiles entran en esta categoría y en los últimos años algunas personas han recurrido a este tipo de préstamos para intentar asegurar sus perspectivas en el mercado laboral. No obstante, para mucha gente esa inversión no ha sido tan rentable como imaginaba. Lo que demuestra que, a la hora de pedir dinero prestado, hay que tener en cuenta el costo del préstamo y el rendimiento de sus inversiones.

꙳ **Los préstamos garantizados y revolventes están empatados en el segundo puesto.** Un buen ejemplo de este tipo de préstamo es una línea de crédito con garantía hipotecaria que te permite pedir prestada cualquier cantidad hasta un monto máximo. Y el valor de tu casa es la garantía de la línea de crédito.

꙳ **Los créditos no garantizados y revolventes son los peores. Las tarjetas de crédito son deudas no garantizadas y revolventes.** Las tarjetas de crédito son estupendas si las usas y pagas el saldo cada mes. Cuando no puedes pagar lo que has pedido prestado cada mes, la deuda no garantizada y revolvente puede convertirse en una pendiente resbaladiza, precisamente porque la deuda no está garantizada y es revolvente. Como es revolvente, el límite de lo que puedes pedir prestado cambia, lo que facilita que pidas más de lo que puedes pagar. Como no está garantizado, la tasa de interés es más alta, lo que encarece el préstamo. Cuando no pides prestado contra un activo lo único que tienes es el pasivo.

➸ **Los préstamos personales pertenecen a una categoría propia: las llamas del infierno.** Los préstamos personales son un pacto con el diablo. Pides prestado dinero que debes devolver en su totalidad en un periodo muy corto, como unas pocas semanas, y pides prestado el dinero a una tasa de interés muy alta. Quienes realizan préstamos personales son usureros que se aprovechan de las personas desesperadas y que no pueden acceder a otras formas de crédito. Son criminales y están entrenados para atrapar a la gente en las deudas. Saber que este tipo de préstamos se creó como un parche para problemas sistémicos más grandes me hace sentirme mal por formar parte de la humanidad que los inventó.

Analizar la deuda de forma categórica te ayuda a entender los mecanismos de funcionamiento de los préstamos. Esto es especialmente importante cuando consideras la decisión de pedir un préstamo. La decisión de pedir dinero prestado tiene en cuenta el tipo de deuda; si la deuda es algo que puedes permitirte, y el costo de la deuda comparado con la riqueza potencial que puede ayudarte a construir. Analizaremos estos aspectos con mayor profundidad en los siguientes capítulos.

CONOCE EL COSTO EMOCIONAL DE LA DEUDA

Enfrentarte a las deudas puede provocar problemas de salud mental o exacerbar los ya existentes. Hacerle frente a las deudas también puede provocar que te sientas mejor. Pero el acto de lidiar con tus deudas puede hacer que te sientas peor. Si estás predispuesto a sufrir problemas de salud mental o ansiedad, considera cómo tu deuda puede perjudicar o ya está afectando tu salud mental y bienestar. Parece contradictorio gastar dinero en terapia y asesoría si estás endeudado, pero hay opciones asequibles, como clínicas que cobran con tarifas flexibles o trabajar con pasantes en su último año de la carrera.

Redefine la deuda

HAZ EL TRABAJO

- ¿Cuál es tu primer recuerdo sobre las deudas?
- ¿Qué historia o reglas creaste a causa de ese recuerdo?
- Escribe una historia diferente sobre ese recuerdo.
- Si estás o has estado endeudado alguna vez y has sentido vergüenza y culpa por ello, escríbele una carta a tu deuda. Expresa tus sentimientos; verás que son complejos. Considera la posibilidad de agradecer a tu deuda lo que te ha permitido hacer y aprender. Consulta Deardebt. com para encontrar algunos ejemplos e inspiración.
- ¿Tu deuda está afectando tu salud mental? Si es así, ¿qué puedes hacer o dónde puedes encontrar apoyo?

CAPÍTULO 10

CÓMO FUNCIONAN LOS PUNTAJES DE CRÉDITO Y CÓMO APRENDER EL JUEGO

Me fascinan y me inquietan los puntajes de crédito. Estos números ayudan a los prestamistas a juzgar qué tan probable es que les devuelvan el dinero. Los puntajes determinan nuestra solvencia. En efecto, un sistema de puntaje del que realmente no podemos prescindir si queremos pedir dinero prestado, rentar un departamento o, en algunos casos, conseguir un trabajo, determinará si somos o no dignos de crédito.

El sistema moderno de calificación crediticia que conocemos y en el que participamos a regañadientes se originó en 1956 con la empresa Fair Isaac. La empresa fue fundada por Bill Fair y Earl Isaac. Dos hombres blancos idearon una forma sistemática de predecir los resultados de los préstamos y de calificar el riesgo crediticio dándole un puntaje FICO (es la abreviatura de Fair Isaac Company). La empresa desarrolló, y aún controla muy de cerca, el algoritmo que sopesa los diferentes factores y determinan tu puntaje de crédito.

Si seguimos la lógica de por qué usamos los puntajes de crédito parece tener sentido: los prestamistas necesitan confiar en que les pagaremos. Pero el sistema fomenta el uso de la deuda, lo que supone un conflicto de intereses para las agencias que las regulan. El truco de los puntajes de crédito es que nosotros, como individuos, no somos los clientes. Sí, niños, al igual que con las redes sociales, nosotros somos el producto. ¡Sorpresa!

Los clientes son los prestamistas y los acreedores que permiten a los individuos pedir dinero prestado. Las oficinas de crédito, también llamadas agencias de informes crediticios, venden nuestra información a cambio de una cuota a los prestamistas y acreedores. Luego estos prestamistas y acreedores usan estos datos para determinar si nos prestarán o no, y a qué costo. Desde el punto de vista de estas agencias, ¿qué mejor manera de garantizar un flujo de ingresos que asegurarse de dar un alto puntaje de crédito para tener varias líneas de crédito? Hay que pagar para jugar. Y cuantas más líneas de crédito se solicitan, más se revisa el puntaje y más honorarios se pagan a Fair Isaac y a otras agencias de informes crediticios.

Los puntajes de crédito podrían considerarse como una herramienta para igualar las condiciones al convertir la solvencia en un problema matemático. El algoritmo facilita el cálculo del riesgo, pero no tiene en cuenta las circunstancias que están fuera de nuestro control. Es blanco y negro. Un impago es un impago, no importa si te enfermaste y no pudiste trabajar o si usaste el dinero para jugar una mano de cartas. Sin importar la causa de un error, puede tomar mucho tiempo remediarlo. Si alguien pierde su trabajo y no puede hacer sus pagos, se le castiga con un puntaje crediticio más bajo y esos impagos permanecen en su informe durante siete años.

Esta forma de puntaje crediticio genera un sistema en el que las personas en situación de pobreza, que son las que más necesitan acceder al crédito, se ven penalizadas por ser pobres. Las personas en situación de pobreza dependen del crédito, pero la precariedad financiera de la pobreza significa que también es probable que se produzcan impagos o que se solicite un nuevo crédito con más frecuencia. Ambas cosas repercuten de forma negativa en los puntajes de crédito, lo que dificulta el acceso al crédito que estas personas tanto requieren.

En lo que respecta a las desigualdades económicas y raciales, este sistema de puntaje crediticio pone de manifiesto un problema existente, que se encuentra en la parte alta de la cadena. Exhibe un legado de políticas racistas, las cuales dificultan el acceso al crédito a la gente mestiza y negra, lo cual creó un alud de otros problemas, como tener que recurrir a prestamistas depredadores.

Reformar el sistema de calificación crediticia es un problema que implica modificar tanto los incentivos que mueven a las agencias de informes crediticios como el hecho de que tantas personas necesiten acceder al crédito para solventar su vida cotidiana. Es demasiado si tienes una visión crítica panorámica de todos los defectos de un sistema. A veces, un gran primer paso para abordar estos grandes problemas sistémicos es simplemente saberlo. Lo cierto es que, a pesar de entenderlo, tenemos algo de culpa. Todavía hay cosas que están dentro de nuestro círculo de control.

NO TE PONGAS MUY NERVIOSO

Antes de entrar en los detalles sobre cómo mantener un puntaje de crédito saludable es importante recordar que no hay que obsesionarse con eso. Es fácil agobiarse con un número que sirve para compararte con los demás. Si no has prestado mucha atención a tu puntaje en el pasado, el camino hacia la redención puede ser largo, pero existe. Intenta encontrar el equilibrio entre asumir e influir en tu puntaje y comprender que el sistema general tiene incentivos dispares que podrían mejorarse.

Entiendo por qué la gente se obsesiona con los puntajes de crédito: es como una calificación en la escuela. Pero recuerda que, aunque el puntaje es tangible, no es tan valioso como otras cosas intangibles, como tus proyectos creativos o lo mucho que te quiere tu pareja. Si empiezas a obsesionarte con el puntaje, recuerda que es sólo una herramienta de nuestro tonto mundo moderno que dos sujetos inventaron hace mucho tiempo y, aunque es relevante, hay otras cosas más importantes en nuestras vidas. Lo que me ayuda a sentirme menos ofuscada es considerar el crédito como un juego.

APRENDE EL JUEGO DEL CRÉDITO

Aprender el juego del crédito es importante porque influye en qué grado podrás hacer lo siguiente:

- Rentar un departamento o una casa.
- Tener agua y electricidad en tu departamento o casa.

- Tener un teléfono celular.
- Comprar un coche.
- Comprar una casa.
- Pedir un préstamo para financiar una compra grande o iniciar un negocio.

¿QUÉ ES UN INFORME DE CRÉDITO CONTRA UN PUNTAJE DE CRÉDITO?

Tu informe de crédito es un historial de todas las veces en las que has utilizado un crédito o has pedido dinero prestado. Tu puntaje de crédito es una calificación basada en un algoritmo que mide tu riesgo crediticio y tu solvencia en función de la información de tu informe de crédito.

PUNTAJE DE CRÉDITO CONTRA INFORME DE CRÉDITO

COMO OBTENER
UNA CALIFICACIÓN
EN LA ESCUELA

UNA HISTORIA
DE TODAS LAS INSTANCIAS
QUE TE PRESTARON
DINERO

ADEMÁS,
TU PUNTAJE DE CRÉDITO

¿CÓMO SE CALCULA TU PUNTAJE DE CRÉDITO? ES CASI UN SECRETO

Averiguar cómo se calcula tu puntaje es como intentar descifrar la receta secreta de la Coca-Cola. La dificultad radica en que el cálculo real no es información pública y ha cambiado con el tiempo. Lo que sí sabemos es que el cálculo consta de cinco elementos diferentes, y el peso o nivel de impacto de cada uno de ellos. Aunque el cálculo cambia de vez en cuando, a lo largo de la historia estos cinco elementos han sido sistemáticamente los factores más importantes para determinar el puntaje de crédito. Así que, con ese semidescargo de responsabilidad, siempre puedes ver si estos factores han cambiado y cómo en MyFico.com.

En el momento de escribir esto, las categorías y su impacto ponderado son: el historial de pagos (35%), la utilización del crédito (30%), la duración del historial de crédito (15%), el nuevo crédito (10%) y el tipo de crédito utilizado (10%).

CÓMO SE CALCULA TU PUNTAJE DE CRÉDITO

Historial de pagos: 35%

Tu historial de pagos es un registro de cómo has gestionado la devolución del dinero que pediste prestado. Por ejemplo, cuando pides un préstamo estudiantil o un préstamo a una compañía de tarjetas de crédito, cada mes el prestamista informa sobre tu historial de pagos a las agencias de crédito. Hay tres grandes agencias de informes crediticios en Estados Unidos: Experian, TransUnion y Equifax.

Historia rápida: ¿por qué existen tres burós de crédito nacionales en Estados Unidos?

En Estados Unidos, las tres grandes agencias de informes crediticios nacionales son las que tienen más peso. Antiguamente, había muchas empresas más pequeñas regionales, y cada una de ellas atendía solamente sus respectivos mercados en el oeste, medio oeste, sur y este. Con el tiempo, las tres grandes agencias empezaron a adquirir agencias más pequeñas, hasta llegar a cubrir suficientes territorios como para convertirse en nacionales.

Aunque esas tres grandes son las más importantes, existen docenas de agencias de informes crediticios menores y especializadas para diferentes mercados.

Las tres grandes compañías informan de manera diferente porque algunos prestamistas refieren la actividad crediticia a una sola agencia. Algunas empresas refieren a las tres, pero los datos pueden parecer diferentes simplemente por el hecho de que se recopilan en momentos diferentes.

Al momento de escribir este artículo, la administración de Biden ha expresado la posibilidad de reformar los informes crediticios mediante la creación de una agencia pública. No conoceremos los detalles hasta que las reformas se conviertan en ley, pero, incluso con los cambios, seguirá siendo importante que cada uno de nosotros entienda cómo funciona el puntaje y cómo afecta a nuestras vidas.

Dado que alrededor de 35% de tu puntaje de crédito se compone de tu historial de pagos, la falta de un solo pago tiene un gran impacto y éste es duradero. Las faltas de pago o los retrasos permanecen en tu historial crediticio hasta siete años.[1] Pero la ventaja es que, una vez que empiezas a realizar los pagos mínimos con regularidad, con el tiempo ese retraso afecta cada vez menos a tu puntaje.

¿Cuándo se informa de un pago atrasado?

Por lo general, la empresa que te ha prestado dinero informa sobre tu historial de pagos de crédito cada 30 días y, por lo común, sólo informa de los pagos que se retrasan al menos 30 días. Esto significa que si te retrasas dos días en el pago de una tarjeta de crédito es más que probable que recibas un cargo por retraso, pero tu puntaje de crédito no se verá afectado hasta que te retrases al menos 30 días en el pago. Si no pagas dos meses seguidos o durante 60 días, serás reportado dos veces: una por tener 30 días de retraso y otra por tener 60 días de retraso.

Índice de utilización del crédito: 30%

Tu índice de utilización es la cantidad de crédito revolvente total que estás usando, en comparación con la cantidad de crédito revolvente que tienes disponible. Es importante considerar que tus índices de utilización de crédito se basan sólo en el crédito revolvente. El crédito revolvente son las tarjetas o las líneas de crédito. Los préstamos a plazos, como las hipotecas o los préstamos estudiantiles, no se incluyen en el índice de utilización. A veces el índice de utilización del crédito se llama *índice de utilización de la deuda*. Son la misma cosa y se calcula como sigue:

El saldo total del crédito ÷ tu crédito total disponible =
tu índice de utilización del crédito

Al multiplicar ese índice por cien, lo obtendrás expresado como porcentaje.

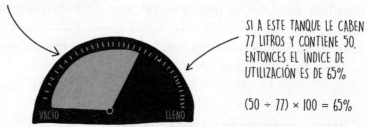

LA UTILIZACIÓN DEL CRÉDITO ES COMO
LA CANTIDAD DE GASOLINA EN EL TANQUE,
EN RELACIÓN CON LA CAPACIDAD DEL TANQUE

SI A ESTE TANQUE LE CABEN
77 LITROS Y CONTIENE 50,
ENTONCES EL ÍNDICE DE
UTILIZACIÓN ES DE 65%

$(50 \div 77) \times 100 = 65\%$

VACÍO   LLENO

Imaginemos que el límite de tu tarjeta de crédito es de 1,000 dólares y tu saldo es de 300 dólares. Tu índice de utilización del crédito es de 0.3 o del 30 por ciento. En general, cuanto más bajo sea el índice, mejor será tu puntaje de crédito. Una buena práctica consiste en mantener un índice de utilización de crédito por debajo de 30 por ciento.

Debes asegurarte de que tus índices de utilización estén por debajo de 30% para cada tarjeta y para todas sus tarjetas de crédito combinadas. Por ejemplo, si tienes sólo dos tarjetas de crédito con un saldo combinado de 2,500 dólares y un crédito disponible combinado de 25 mil dólares, entonces en ese momento tu índice de utilización del crédito es de 10 por ciento: $(2,500 \div 25,000) \times 100 = 10$ por ciento.

Dado que el negocio de las agencias de informes crediticios es calificarte con base en tu comportamiento con el crédito, tiene sentido que la cantidad de crédito que tienes impacte tu puntaje. Si agotas tus tarjetas de crédito o mantienen un alto índice de utilización de forma regular, podría ser el síntoma de un problema mayor: tu ingreso no es suficiente para mantenerte al día con los pagos de tus deudas. Si no puedes pagar tu deuda actual, desde la perspectiva del prestamista esto te hace menos deseable para seguir prestándote dinero. Esta falta de solvencia se traduce en un puntaje de crédito más bajo.

Para aumentar tu puntaje de crédito, ahora mismo puedes pedirles a tus compañías de tarjetas de crédito un límite más alto. Pero, por supuesto, un mayor límite conlleva una mayor responsabilidad. Si en este momento no te sientes con la confianza de tener un límite más alto, aumenta sólo el límite de las tarjetas de crédito en las que puedas poner un tope de gasto, espera hasta que confíes un poco más en ti mismo o asegúrate de que mantienes tus saldos por debajo de 30% cada mes.

Duración del historial de crédito: 15%

Cuanto más tiempo tengas un buen historial de crédito, mejor. Dos personas que nunca se han retrasado en un pago no son comparables si no se tiene en cuenta el tiempo. Alguien que nunca se ha retrasado en el transcurso de 20 o 30 años es una apuesta más segura que alguien que nunca se ha retrasado sólo durante un año. La constancia es la clave.

Si durante muchos años has sido reacio a tener tarjetas de crédito, incorpora el uso de una tarjeta para algunos de tus gastos habituales. Empieza de forma muy sencilla y prueba usar una tarjeta de crédito para pagar tus servicios y alimentos. Esto no debería alterar demasiado tu plan de gastos, pero te exigirá el trabajo administrativo de configurar el pago de facturas para tu nueva tarjeta.

Siempre recomiendo solicitar una tarjeta de crédito con un banco con el que ya tengas relación. Sobre todo si no tienes un historial de crédito y estás empezando a construir tu crédito y aprendiendo a usar las tarjetas de crédito.

Nuevo crédito: 10%

Cuando solicitas un nuevo crédito, tu puntaje baja temporalmente. Entiendo el comportamiento que las agencias de informes crediticios están intentando fomentar con esto. No quieren que la gente solicite nuevos créditos todo el tiempo porque, al tener acceso a demasiados créditos, se corre el riesgo de que soliciten demasiado. Pero el hecho de que yo comprenda los incentivos, no significa que sea menos inquietante.

Las personas con limitaciones financieras solicitan créditos con más frecuencia que quienes no las tienen. Cada vez que pides un crédito, cada consulta hace que tu puntaje se reduzca un poco. Si parece que las personas en situación de pobreza son penalizadas por serlo, por desgracia es cierto. Incluso si la intención no era penalizar a la gente pobre, el resultado así lo indica.

Pero si estás buscando una hipoteca o un préstamo de coche no te preocupes tanto por las consultas a tu crédito. Las agencias de informes crediticios podrán reconstruir el relato y ver qué está sucediendo, y tu puntaje debería recuperarse una vez que el proceso de compra se haya completado y hayas cerrado un préstamo. Para impactar tu crédito lo menos posible, el lapso para hacer esta comparación de tasas se reporta de 14 a 45 días. Una vez más, todo este asunto del informe de crédito es muy secreto, así que si quieres pecar de conservador, utiliza el plazo de cuatro días. Esto significa que si quieres ver lo que dos o tres prestamistas te ofrecerán para un préstamo para un coche, aplícales a todos un lapso de cuatro días para minimizar su impacto en tu puntaje de crédito. Y dentro de un plazo de 14 días, si puedes, abstente de solicitar otros tipos de crédito.

Si eres una persona normal, y no te pasas horas jugando con el sistema de puntos de las tarjetas de crédito, quizá no necesites solicitar nuevos créditos. Mantén tus tarjetas de crédito durante años. Si dejas de usarlas no las canceles, pero vigila la actividad consultando tu informe de crédito cada trimestre. A veces pasa el tiempo suficiente y la compañía de tarjetas de crédito acaba por cerrarlas.

Tipo de crédito utilizado: 10%

En términos de tu puntaje de crédito, las deudas que tienen términos fijos —un pago fijo, durante un periodo fijo, a una tasa fija, para una cantidad fija— se consideran mejores formas de deuda que una tarjeta de crédito. Este tipo de deudas fijas por lo regular son préstamos. Los préstamos suelen tener una tasa de interés más baja que las tarjetas de crédito y, si realizas todos los pagos a tiempo, los saldarás. Se consideran mejores porque hay un camino hacia la liquidación, a diferencia de la deuda de las tarjetas de crédito, que puede llevarte años o incluso décadas en pagar.

LO QUE NO APARECE EN TU INFORME DE CRÉDITO

Tu informe de crédito sólo contiene información sobre tus deudas. La mayoría de los prestamistas deciden informar a las agencias. Menciono esto porque si has recibido un préstamo de la abuela o de algún otro miembro de la familia, estos movimientos no aparecerán en tu informe de crédito. Las cuentas de cheques, las cuentas de ahorro y sus inversiones no se reportan a las agencias.

¿QUÉ ES UN BUEN PUNTAJE?

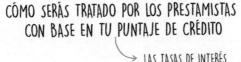

CÓMO SERÁS TRATADO POR LOS PRESTAMISTAS CON BASE EN TU PUNTAJE DE CRÉDITO

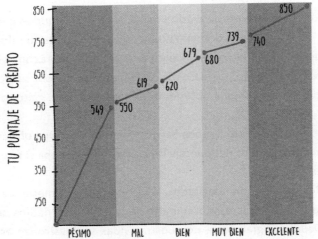

Tu puntaje de crédito es tanto una zanahoria como un palo. Un puntaje superior a la media se recompensa con tipos de interés más bajos y mejores opciones de crédito y deuda. Y las puntuaciones por debajo de la media se castigan con tipos de interés altos y opciones de crédito y endeudamiento de mala calidad. Tu puntaje puede acabar costándote miles de dólares o ahorrándotelos.

Por ejemplo, tomemos dos personas diferentes que quieren pedir prestados 200,000 dólares en una hipoteca fija a 30 años. Digamos que Jaime tiene un puntaje crediticio en el rango más alto, entre 760 y 850, y que reúne los requisitos para una hipoteca a 3.307 por ciento. Charlie, con un puntaje de crédito en el rango más bajo, 620 y 639, califica para una tasa de 4.869. Con estos tipos, cada mes Jaime paga 184 dólares menos que Charlie por su hipoteca. A lo largo de la vida del préstamo, Charlie acaba pagando 66,343 dólares más que Jaime.

Reconstruir tu crédito puede llevar un tiempo, en especial si tienes algunos tropiezos que te mantienen fuera del rango de lo excelente. No te preocupes demasiado. El tiempo cura todas las heridas y también puede hacer maravillas por tu puntaje de crédito.

Conoce tu informe de crédito

HAZ EL TRABAJO

- Revisa tu informe de crédito para asegurarte de que es correcto.

  Por ley, tienes derecho a una copia gratuita de tu informe de crédito al año. Pídelo en línea en annualcreditreport.com, el único sitio web autorizado por la Comisión Federal de Comercio (FTC, por sus siglas en inglés) para obtener informes crediticios gratuitos, o llama al 1-877-322-8228.

  Por otra parte, algunos bancos como Capital One ofrecen un seguimiento gratuito del puntaje de crédito. Comprueba si tu banco brinda este servicio.

- Revisa tu informe de crédito al menos cada tres meses. Es conveniente que lo hagas para asegurarte de que no seas víctima de un fraude. Dado que gran parte de nuestras vidas se desarrollan en línea y las violaciones de datos se han vuelto algo cotidiano, al vigilar tu informe crediticio garantizas que se corrijan los errores lo antes posible. Lo último que quieres es llevarte una sorpresa cuando solicites un crédito.

  - Establece un evento recurrente en tu calendario o registra las fechas futuras de revisión en tu agenda.
  - Cuando revises tu informe de crédito, asegúrate de reconocer todos los préstamos y tarjetas de crédito que aparecen en él.
  - Si encuentras un error, el sitio web de la FTC presenta los pasos a seguir para corregirlo.[2]

CAPÍTULO 11

CÓMO SALIR DE LAS DEUDAS DE LAS TARJETAS DE CRÉDITO

En Estados Unidos tener una deuda de tarjeta de crédito se considera un factor de estrés bastante normal. Es lo que el cigarro le hace a tu cuerpo. Fumar por sí solo puede perjudicarte, pero también puede empeorar otras cosas porque es un factor de estrés. Con una tarjeta de crédito, aunque hagas todo lo posible por estar al día con los pagos, cuando se produce una crisis financiera o económica la deuda de la tarjeta de crédito es un estrés añadido. En segundo lugar, esta deuda es arriesgada. Las altas tasas de interés y los pagos mínimos hacen que la deuda crezca indefinidamente. Esto significa que puedes quedar, literalmente, endeudado para siempre.

¿CÓMO HEMOS LLEGADO HASTA AQUÍ?

Las tarjetas de crédito son una tecnología relativamente nueva que nos ha permitido a los seres humanos realizar lo que ya hacíamos, pero a una escala más rápida, grande y anónima. Es como el correo electrónico: ya nos comunicábamos, pero el correo electrónico nos ayudó a hacerlo más rápido, de forma algo anónima y a mayor escala. Las redes sociales también lo hicieron. Llevamos mucho tiempo comparándonos entre nosotros. Recordemos que este rasgo adaptativo evolutivo de los seres humanos es una característica, no un error. Pero ahora podemos compararnos a una escala más rápida, grande y bastante anónima.

El crédito actual es muy diferente del de las cervecerías de Mesopotamia hace miles de años. Antes de las tarjetas de crédito, las personas prestaban y pedían prestado entre ellas. Eran transacciones de persona a persona. Hoy en día, cuando usamos nuestras tarjetas de crédito, pedimos prestado a una gigantesca corporación sin rostro. Es un sistema muy eficiente, pero la pregunta es: ¿debería ser tan eficiente pedir dinero prestado?

Antes de las tarjetas de crédito, el uso del crédito se hacía más bien por necesidad. Por ejemplo, los agricultores recibirían semillas a crédito. Convertirían esas semillas en una cosecha y la utilizarían para devolver lo que habían pedido prestado, más los intereses. Hoy en día, seguimos teniendo este tipo de préstamos. Los préstamos a las pequeñas empresas y a los estudiantes se basan en una premisa similar. Pero a diferencia de los préstamos con fines específicos, las tarjetas de crédito estaban destinadas a fomentar el consumo de bienes más allá de lo necesario. Algunas de las primeras tarjetas eran fichas similares a monedas y tarjetas de papel emitidas por una tienda. Como una tarjeta de cliente frecuente, pero en lugar de obtener el décimo helado gratis, era una tarjeta de crédito específica para esa tienda. Esto fomentaba la fidelidad de los clientes y el consumo.

Por supuesto, la cultura también influyó. El uso y la demanda de tarjetas de crédito crecieron con la producción masiva de bienes de consumo. Los bancos empezaron a emitir tarjetas de crédito que podían usarse en tiendas dentro de un límite de distancia. Pero cuando el Bank of America se esforzó por promover la adopción generalizada de las tarjetas de crédito, éstas se convirtieron en algo ampliamente aceptado y de uso cotidiano en nuestra sociedad.

En septiembre de 1958, el Bank of America decidió realizar un experimento en la ciudad de Fresno, California. Enviaron 60,000 tarjetas de crédito ya activadas a los consumidores, quienes no las habían solicitado. Estas tarjetas tenían un límite de 500 dólares, lo que hoy en día parece poco, pero en 1958 un periódico sólo costaba unos siete centavos de dólar.[1]

Este truco se conoció como Fresno Drop y, como te puedes imaginar, las tarjetas preactivadas en el correo eran como Navidad para los estafadores. A pesar de los contratiempos, el truco funcionó. Diez meses después, el Bank of America había enviado por correo más de un millón de tarjetas de crédito a todo California. Con el tiempo, la legislación se actualizó y prohibió el envío de tarjetas de crédito no solicitadas y activadas a los consumidores. La tarjeta de crédito del Bank of America, llamada Bank-Americard, se convirtió en Visa… y el resto es historia.

Ya conoces la historia de cómo Edward Bernays inventó el marketing y la publicidad modernas y cómo eso ha alimentado nuestro deseo de acumular cosas. Avancemos rápido hasta 2019, donde más de 70% de los adultos estadunidenses tiene al menos una tarjeta de crédito, y Estados Unidos tiene unos 900,000 millones de dólares de deuda en tarjetas de crédito.[2] ¿Simplemente gastamos más y usamos nuestras tarjetas de crédito porque el crédito y los bienes de consumo están disponibles? Más o menos.

Desde la década de 1970, varias investigaciones han respaldado la sospecha de que las tarjetas de crédito fomentan el gasto. En 1979 Elizabeth Hirschman, una destacada teórica del marketing y la economía, realizó encuestas a clientes que compraban en unos grandes almacenes y descubrió que la gente con una tarjeta de crédito emitida por la tienda gastaba más que la que compraba con dinero en efectivo, y que quienes tenían más tarjetas de crédito eran los que más gastaban.[3] Varios estudios han demostrado que las propinas de los restaurantes son mayores cuando los clientes pagan con tarjeta en lugar de en efectivo.[4] Estos análisis también revelan que las tarjetas de crédito no sólo nos animan a comprar más cosas, también estamos dispuestos a pagar un precio más alto por cualquier artículo. Es un doble golpe para los consumidores y una doble victoria para el consumismo.

DESCONEXIÓN TRANSACCIONAL

Una sencilla razón que explica por qué las tarjetas de crédito propician que gastemos generosamente es que no hay un dolor inmediato asociado al uso de una tarjeta de crédito. El saldo de la cuenta corriente o de la cuenta de ahorro no se reduce al pasarla por el lector de la tarjeta. Y el dinero que tienes en la cartera se queda en ella. El crédito es un anestésico que adormece el dolor del gasto. El cerebro humano es malo para valorar las cosas futuras. El dolor de tener que pagar mañana es difícil de comparar con el placer de comprar hoy. Al igual que los puntajes de crédito, las tarjetas de crédito no son intrínsecamente malas. Pero lo que hacen es resaltar y aumentar las desigualdades existentes tanto a nivel individual como social.

EL CRÉDITO NOS DA LA SENSACIÓN ILUSORIA DE SATISFACCIÓN

Los individuos pueden usar el crédito como un bálsamo para sentirse mejor de lo que realmente están. Cuando puedes comprar artículos de primera necesidad o de lujo, aunque sea por medio del endeudamiento, te sientes satisfecho, aunque no hayas obtenido los ingresos necesarios para realizar esas compras. Puedes fingir que lo logras. Mientras te encuentres satisfecho, quizá no sientas la necesidad de cambiar nada en tu vida, como tu trabajo o tu forma de gastar.

EL CICLO DEL ENGAÑO DE LA DEUDA*

USAS LA DEUDA PARA COMPRAR COSAS QUE NO PUEDES PAGAR

SIENTES QUE PUEDES PAGAR COSAS QUE EN REALIDAD NO PUEDES PAGAR

* NO FIGURA: SALARIO, ESTANCAMIENTO, SUBEMPLEO, DESEMPLEO, ¡Y MÁS!

Mientras los consumidores confíen en la deuda para comprar cosas, las empresas tampoco tienen que cambiar su comportamiento. Los propietarios y los accionistas mantienen bajos los salarios de los trabajadores mientras se benefician de su trabajo. Es una doble ganancia para las empresas porque se salen con la suya con salarios insostenibles, pero siguen vendiendo sus productos y servicios a las mismas personas que no pueden pagarlos, siempre y cuando tengan crédito. En realidad es una increíble burbuja de negación que hemos construido. Esto contribuye a que se haya normalizado estar mal pagado y atrapado en la deuda. Nunca se trata de una sola causa: recuerda que todo está conectado y entrelazado.

Por lo tanto, si tienes una deuda de tarjeta de crédito, ya sabes que es importante salir de ella. Es caro, estresante y pagar intereses te mantiene en una mala situación o la empeora. La energía que se destina a la gestión de la deuda no puede dirigirse a tus relaciones, tu creatividad y tu alegría. No te digo todo esto para que te sientas mal por tus deudas. Lo que quiero es que comprendas su sentido de urgencia.

¿Cómo reaccionarías ante un pequeño incendio de un bote de basura en tu habitación? Quizá no lo ignorarías porque puede salirse de control muy rápido. Y actuarías con urgencia y rapidez para minimizar los daños. Y, lo más importante, una vez que se haya extinguido, en la medida de tus posibilidades, te asegurarías de que las circunstancias que lo provocaron no vuelvan a causarlo.

La deuda de las tarjetas de crédito es ese pequeño incendio en un bote de basura en un rincón de tu habitación. Ocupémonos de eso con rapidez y urgencia antes de que se salga de control. Hagamos un plan para salir de las deudas de las tarjetas de crédito. Antes de abordar los pasos prácticos, consideremos algunos aspectos no prácticos de este proceso que influirán en las acciones que decidas emprender y las que temes ejecutar.

DISPONTE A SENTIR INCOMODIDAD
Y A HACER COSAS QUE NUNCA HAS HECHO

Salir de la deuda de la tarjeta de crédito requerirá una transformación. Las circunstancias pueden cambiar; puedes ganar más o consolidar tu deuda. Si asumimos que las circunstancias permanecerán fijas, entonces las cosas que puedes cambiar son tus ideas, actitudes y comportamientos. Modificar cualquiera de estas cosas requerirá cierta incomodidad ocasional.

Es incómodo tener que modificar lo que eres, lo que crees y cómo actúas para que todo eso funcione dentro de las limitaciones de un sistema. Pasar de ser la persona que sólo paga el mínimo cada mes a ser la persona que paga dos o tres veces esa cantidad requiere tomar esa decisión y descubrir qué hacer para apoyarla. Mantener esa decisión de forma coherente también es un reto y resulta incómodo. Recuerda: en el camino del progreso, en cada nuevo nivel te encuentras con un nuevo demonio. Y superarlo significa revisar constantemente cómo piensas, qué crees y cómo actúas.

ACEPTA LA RESPONSABILIDAD
DE LA POSICIÓN EN LA QUE ESTÁS

Una de las primeras cosas incómodas a considerar es asumir la responsabilidad de la posición en la que estás, sin importar cómo hayas llegado hasta ahí. Aceptar la responsabilidad de tu deuda no significa que experimentes culpa. Cuando asumes la responsabilidad puedes elegir cómo sentirte, y encontrar dónde y cómo intervenir. Todas éstas son formas de recuperar tu poder y de actuar dentro de tu círculo de control.

A lo largo de nuestra vida nos encontraremos en situaciones en las que no tenemos la culpa, pero debemos asumir la responsabilidad. La gente malinterpretará nuestras intenciones, pero para llegar a acuerdos siempre debemos asumir la responsabilidad. Tal vez tu hijo muerde a otro en la escuela. Aunque el otro niño lo haya hecho primero, no sólo tu hijo debe ser consciente de sus actos; como padre, tú también debes hacerlo. Así es la vida. Incluso cuando somos víctimas, asumir nuestros sentimientos es el primer paso para transformarlos.

A VECES LIDIAR CON LA DEUDA REQUIERE QUE ASUMAMOS RESPONSABILIDAD POR LA POSICIÓN EN LA QUE ESTAMOS...

AUNQUE LA CIRCUNSTANCIA O LA SITUACIÓN NO SEA DEL TODO NUESTRA CULPA

Considera ver tu deuda de tarjeta de crédito como una posición en la que estás o una circunstancia que experimentas. Quizá las condiciones te arrinconaron, pero para salir de ese rincón primero debes aceptar la responsabilidad de la posición en la que estás.

1. Encuentra tu "por qué" y mantente conectado a él

Hay muchas fuerzas que prefieren que consumas en exceso y te endeudes. Luchar contra ellas es difícil. Hacer cosas complicadas requiere que nos enfrentemos a retos, que hagamos sacrificios y que cambiemos nosotros mismos, porque no podemos cambiar nuestras circunstancias. No todo el mundo quiere hacer esto, y lo entiendo. Pero como sigues leyendo, creo que estás dispuesto a aceptar el reto.

Encuentra una razón por la que es importante realizar esto que es tan difícil. Y a lo largo de este proceso, enfócate en la razón por la que quieres salir de la deuda. Recordar el por qué te ayuda a mantenerte centrado en ello. Escribe sobre tu razón, piensa en tu razón, imprime tu razón en una pequeña tarjeta y guárdala en tu cartera. Hagas lo que hagas, mantente conectado con tu "por qué".

2. Deja de gastar: considera la posibilidad de tomarte un descanso en el uso de tus tarjetas de crédito

No sugiero que nunca vuelvas a utilizarlas. Pero, por ahora, ¿cómo puedes asegurarte de que tu intento de salir de la deuda de la tarjeta de crédito sea duradero? ¿El uso de tu tarjeta de crédito crea el entorno adecuado para lo que quieres lograr? ¿Es conveniente que tú y tu crédito tengan un periodo de distancia para que dediques tiempo a pagar lo que debes?

Una vez que sientas que tienes más control sobre tu deuda, entonces podrás decidir si eres capaz de tener una relación con las tarjetas de crédito que funcione para ti. Si empezaste a utilizarlas sin pensarlo realmente, como hice yo a los 18 años, quizá no tomaste una decisión informada sobre su uso porque todavía eras muy joven e intentabas averiguar qué era lo mejor para ti. Ahora puedes darte la oportunidad de reflexionar sobre tus experiencias, tener en cuenta lo que es mejor para ti y decidir de verdad.

3. Conoce lo que debes: haz una lista

Hacer una lista te ayuda a entender a qué demonios te enfrentas. Es la primera pieza para elaborar un plan. Esto es lo que debería estar en tu lista:

- Nombre del prestamista (a quien le debes el dinero).
- Cantidad total que debes (capital).
- Tasa de interés que pagas (TAE, o tasa anual equivalente, expresada en porcentaje).
- Pago mínimo mensual. Aquí también fíjate en la cifra total, ya que tal vez debas pagar más que si tienes una deuda de tarjeta de crédito de alto interés.
- Tipo de deuda (tarjeta de crédito, préstamo estudiantil, préstamo personal). Aunque este plan está orientado a la deuda de las tarjetas de crédito, también puedes incluir sus otras deudas para verlas en contexto y en relación con toda tu deuda.
- Consulta tu informe de crédito para comprobar tu lista.

4. Explora tus opciones de planes de pago

Aunque sólo tengas que pagar una tarjeta de crédito, es importante crear un plan de juego sobre cómo vas a liquidar la deuda. ¿Cuánto tendrás que pagar cada mes y durante cuántos meses? En esencia, estás creando un calendario de pagos como el de un préstamo a plazos.

Para trazar un calendario de pagos será necesario que uses una herramienta que haga los cálculos por ti. Mi favorita es una herramienta web gratuita llamada Unbury.me. Es bastante sencilla y fácil de usar. A continuación te explico cómo:

- Primero, introduce en Unburyme.com los detalles de la deuda que están en la lista que acabas de hacer, para así empezar a analizar tus opciones de pago.
- Utiliza la palanca deslizante que está en la parte inferior de la sección del plan de pago para elegir cuánto pagas cada mes para toda tu deuda. La herramienta te dará opciones de planes de pago por si deseas pagar primero los intereses más altos o el saldo más bajo.
- También puedes utilizar otras herramientas como una hoja de cálculo o una aplicación que haga este tipo de cálculos. La matemática subyacente es la misma. Es genial, ¿no?

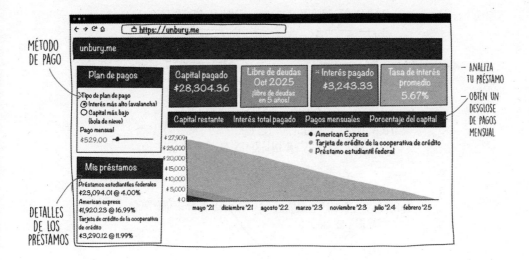

¿Pagar primero el saldo más alto o la tasa de interés más alta?

Es probable que pagar primero la tasa de interés más alta te ahorrará más dinero en intereses, por lo que parece la opción más "inteligente" y racional. Pero pagar primero el saldo más bajo, a pesar de los intereses, tiene beneficios psicológicos. Ver que la deuda desaparece aumenta tu confianza, te motiva a seguir adelante y te demuestra de lo que eres capaz. Cuando liquidas un saldo y lo dejas en cero, ves pasar la pelota de baloncesto por la canasta; tienes una sensación de triunfo. Aunque cueste más priorizar el pago del saldo más bajo sobre el pago de la tasa de interés más alta, la confianza que construyes para seguir adelante es más valiosa.

TARJETA DE CRÉDITO 1   TARJETA DE CRÉDITO 2

VISA   MASTER CARD

SALDO: $1,200   SALDO: $5,000
INTERÉS: 12%   INTERÉS: 22%

TÉCNICAMENTE, LIQUIDAR LA TARJETA 2 PRIMERO,
TE AHORRARÁ MÁS EN INTERESES. PERO A VECES

EL SENTIMIENTO DE LOGRO QUE
OBTIENES AL LIQUIDAR CUALQUIER   EL INTERÉS QUE PAGAS
TARJETA DE CRÉDITO

PORQUE LA CONFIANZA
QUE OBTIENES AL LIQUIDAR   AHORROS EN INTERÉS
CUALQUIER TARJETA DE CRÉDITO   A CORTO PLAZO

El pago mínimo es un truco

Al utilizar la herramienta Unbury.me, aprenderás rápido que si quieres reducir el tiempo que te lleva salir de la deuda de la tarjeta de crédito debes pagar más que el mínimo mensual. Si puedes, paga siempre más. No importa la estrategia que escojas para liquidar las deudas de las tarjetas de crédito, debes pagar más que el monto mínimo.

Se supone que el pago mínimo se creó con buenas intenciones. Ofrece a los consumidores flexibilidad cuando la necesitan, al permitirles pagar sólo una cantidad muy baja. Sin embargo, el pago mínimo es un truco. Es como caer en un agujero para salir debiendo más de lo que pediste prestado. Las distintas compañías de tarjetas de crédito utilizan diferentes fórmulas para calcular el pago mínimo mensual. En la mayoría de los casos, el pago mensual oscila entre 1% y 3% del saldo total. Por lo tanto, si estás acumulando intereses de dos dígitos sobre un saldo de cuatro o cinco dígitos, pagar el mínimo sólo supone un pequeño impacto. Y si sigues usando las tarjetas de crédito, pagar sólo el mínimo tal vez no te beneficie en absoluto.

5. Asegúrate de que tu plan es razonable

Usa la herramienta para explorar tus opciones. Si tienes en cuenta lo que estás pagando actualmente, ¿cuánto tiempo te llevará salir de la deuda? ¿Es un plazo razonable para ti? Si lo es, entonces sólo debes elegir un plan de pagos y atenerte a él.

¿De qué forma tu plan de pago no resulta razonable? Tal vez el plazo sea mucho más largo de lo que estás dispuesto a aceptar porque necesitas salir de la deuda más rápido. Los pagos mensuales que realizas no son sostenibles porque te dejan muy poco para gastar, ahorrar y respirar. Los intereses que acabarás pagando al final son algo que no estás dispuesto a aceptar como el costo para salir de la deuda.

Sin importar las razones por las que tu plan de amortización no es razonable, aquí tienes otras opciones: recorta tus gastos o aumenta tus ingresos y redirige ese dinero a pagar la deuda de tu tarjeta de crédito. Negocia una tasa de interés más baja con tus compañías de crédito. Y considera la posibilidad de consolidar o refinanciar la deuda de tu tarjeta de crédito. Hagamos doble clic en estas opciones.

Recorta gastos

Si crees que todavía puedes reducir u optimizar tus gastos, revisa tu plan de gastos. Si no has hecho el esfuerzo de buscar la fruta más barata, tal vez ahora puedas hacerlo. Llama a tu compañía de teléfono celular para ver si hay un plan más barato o bien organiza cenas con amigos en las que cada noche una persona cocine para todos.

Recortar gastos y usar ese dinero para pagar las tarjetas de crédito suele ser la forma más rápida de atacar tu deuda, porque aprovechas fondos que ya tienes. Esto sólo funciona si recibes un salario que financie tus gastos de vida, incluyendo tu deuda. Y lo anterior sigue ilustrando por qué soy tan partidaria de centrarnos en el otro lado de la ecuación financiera: los ingresos, que es la otra palanca que puedes jalar.

Aumenta seriamente tus ingresos

Así como reducir tus gastos está dentro de tu círculo de control, también lo está aumentar tus ingresos; aunque sea difícil de creer, en definitiva hay cosas que puedes hacer para aumentarlos. Algunas cosas, como negociar el sueldo, son relativamente más fáciles de hacer que otras, como montar un negocio. Como mencioné en el capítulo 5, para conseguir buenos ingresos es necesario que estés dispuesto a experimentar con diferentes ideas o entornos.

En quinto grado tuve un profesor de ciencias impresionante. Nos enseñó el método científico para buscar el conocimiento: primero, hacer una observación, luego formular una pregunta, investigar, plantear una hipótesis, ponerla a prueba, reunir los datos, analizarlos y llegar a una conclusión. Considero que ganar dinero y dirigir un negocio se hace a través de la perspectiva del método científico. Una de las grandes ventajas de este tipo de pensamiento es que crea una distancia entre mis sentimientos personales acerca de mi valor y mi salario. Me obliga a pensar en mi autoestima en un contexto separado de mi salario. Por ejemplo, cuando un cliente no quiere pagar nuestras tarifas de contabilidad, observo el resultado, analizo los datos y llego a la conclusión de que el rechazo no es un reflejo de mi valía. A veces se trata sólo de una falta de alineación de valores o de que la empresa no tiene el tamaño adecuado, por lo que económicamente no tiene sentido que nos contraten.

Si quieres acelerar la salida de la deuda aumentando tus ingresos, ¿qué tipo de experimentos puedes hacer para aumentarlos? Si estás en el entorno del empleo tradicional, ¿puedes hacer un experimento de negociación salarial? Si te gustaría formar una hipótesis en torno a esa pregunta, el primer paso sería investigar un poco sobre negociación. Encuentra una clase magistral que ofrezca técnicas generales de negociación impartida por un negociador profesional que trabajó para el FBI. Localiza entrenadores que ayuden a mujeres y a minorías a negociar salarios más altos o que apoyen a los ingenieros de la industria tecnológica. Cuando elabores tu hipótesis y comiences a realizar tu experimento de negociación salarial, tu investigación te ayudará a comprender las diferentes variables que debes tener en cuenta.

Cada uno debe encontrar su propio camino en este mundo incierto, pero podemos fijarnos en lo que han hecho otros para informar, educar e inspirar nuestros propios experimentos. Parece frustrante que no haya pasos exactos para aumentar tus ingresos, pero cuando hay más alternativas entonces hay más formas de ganar. Para algunas personas, el aumento de sus ingresos se produce de forma natural a medida que su carrera avanza. Otras personas, como yo, pueden intentar *hackear* su propio camino. Sin importar el método que elijas, o el experimento que lleves a cabo, espero que encuentres la forma de apreciar el proceso.

Negociar una tasa de interés más baja para tu deuda de tarjeta de crédito

Puedes llamar a la compañía de tu tarjeta de crédito y pedirles una tasa de interés (TAE) más baja. La verdadera pregunta es: ¿es probable? Sólo hay una forma de averiguarlo y es preguntando. Incluso si puedes pagar tu deuda, deberías hacerlo de todos modos.

He aquí algunos consejos para realizar esa llamada.

- **No seas grosero.** Trabajé en un centro de llamadas para un banco y los clientes se comportaban de forma hostil de buenas a primeras, y entonces yo no quería ayudarlos. Quizá ya sabes cómo ser una persona agradable en sociedad, tal vez ya sabes que es más fácil atrapar moscas con miel que con vinagre, y que del otro lado de la línea hay un ser humano que merece ser tratado como tal. Tal vez sepas todo esto, pero tu frustración por la deuda te hace actuar de forma desagradable. Lo entiendo. Tómate un tiempo, entra en tu ventana de tolerancia, haz un flujo de agradecimiento o lo necesario para serenarte, y no seas grosero con la persona que te puede ayudar.

- **Utiliza la poca influencia que tienes, haciendo parecer que podrías irte con la competencia.** El trabajo de los empleados no es darte una tasa de interés más baja, y por ello debes preparar el terreno para tu petición.

  Cuando llames, comienza diciendo que eres cliente desde hace muchos años y que quieres seguir así, pero que una compañía de tarjetas de la competencia te ha ofrecido una tasa de interés mucho mejor, incluso puedes decir que te ofrecieron una opción de transferencia de saldo al 0% durante 12 meses. Y que te estás planteando seriamente aceptar la oferta.

  A veces, la persona al otro lado de la línea te ayudará e intentará bajar la tasa de interés, otras veces no. Aun así, vale la pena preguntar. Si la primera persona no accede a tu petición, vuelve a llamar para ver si logras convencer a otro representante, ya sea el mismo día o una semana después. Cuanto más lo intentes, mejor. Y cuanto más lo intentes, más probable será que tengas éxito.

  He utilizado este estilo de negociación con empresas de telefonía móvil y compañías de cable. A mucha gente esto le ha funcionado con las compañías de tarjetas de crédito. Cuando me libré de las deudas de las tarjetas de crédito, no negocié intereses más bajos porque refinancié la deuda de las tarjetas de crédito en un préstamo para pagar muchos menos intereses. Ésta es una gran opción, pero el reto de refinanciar o consolidar es que casi siempre necesitas un buen historial crediticio para ser aprobado.

Explora y comprende tus opciones de refinanciación y consolidación

Refinanciar la deuda de tu tarjeta de crédito es, en esencia, hacer que otro prestamista pague tu deuda, y luego devolver a este nuevo prestamista el pago de tu deuda. Suena como robarle a Pedro para pagarle a Pablo, pero, si lo haces correctamente, es efectivo. La consolidación es cuando tomas más de una deuda y las combinas en un solo préstamo.

Por lo regular, la consolidación y la refinanciación sólo tienen sentido si consigues una de estas dos cosas: o bien reduces la cantidad de intereses totales que pagarías, o bien reduces la cantidad de pagos mensuales. Lograr una de esas dos cosas te permitirá pasar de "Esta deuda es totalmente inmanejable" a "Sí, esto es terrible, pero hay una luz al final del túnel".

Cuando se trata de tus opciones de consolidación y refinanciación, considera un préstamo de la familia, de un amigo o incluso de tu empleador. También puedes solicitar un préstamo personal. Y la opción de último recurso, que te abre a un gran riesgo, es la transferencia de saldos.

Opción 1. Refinancia con un conocido
Si tienes el privilegio de contar con un familiar, ya sea un padre, un tío rico o incluso un empleador dispuesto a refinanciar tu deuda de tarjeta de crédito, te recomiendo que explores seriamente esa opción.

La financiación con un conocido suele ser la más barata de todas las opciones de préstamo. No hay comisión de apertura del préstamo, puedes pedir una tasa de interés más baja o flexibilidad a la hora de realizar los pagos, no hay solicitudes y no se requiere un puntaje de crédito. Pero ten cuidado con el impuesto psíquico, el costo emocional o el impacto que tendrá en tu relación. Si la persona a quien le pides un préstamo no es la persona a la que quieres deberle dinero porque te lo va a cobrar emocionalmente, por ejemplo, haciendo comentarios pasivo-agresivos sobre la compra de algo nuevo, entonces quizá no vale la pena.

Consejos para afrontar esta situación con elegancia:

- Ofrece una tasa de interés a la persona a quien le pides dinero prestado. Revisa lo que ofrecen las cuentas de ahorro de alto rendimiento. Considera la posibilidad de ofrecer una tasa de interés ligeramente superior para que tu oferta sea atractiva. El supuesto es que, si mantienen el dinero en los ahorros en lugar de prestártelo a ti, van a ganar menos dinero porque la tasa de interés es más baja.

‎ Dales las condiciones del préstamo y haz un contrato. No tiene que ser muy formal, sólo algo por escrito. Establece la cantidad que te van a prestar, el número de pagos, la tasa de interés y la cuota mensual. Sugerencia: Unbury.me te ayuda a crear el plan de pagos.

‎ Establece un pago automático para asegurarte de que estás al día con los pagos.

‎ Antes de pedir el dinero prestado, pregunta o determina cuál sería el proceso si necesitas un pago.

Opción 2. Refinancia o consolida con un préstamo personal

Tal vez para ti no es una buena opción pedirle un préstamo a tu familia, debido a tu relación con ella o tus circunstancias financieras. En ese caso, considera un préstamo personal a través de tu banco o cooperativa de crédito. Ésta es una gran opción si tienes un puntaje de crédito sólido y si estás comprometido a salir de las deudas de las tarjetas de crédito.

Con un préstamo personal conviertes tu deuda de tarjeta de crédito no garantizada y revolvente en una deuda no garantizada y a plazos. Hay un camino claro para pagarla. A diferencia de una tarjeta de crédito, no puedes seguir pidiendo prestado más de lo que has pedido para el préstamo. Sin embargo, esto significa que tu tarjeta de crédito tendrá un saldo cero y la oportunidad de acumular más deuda. La opción de obtener un préstamo personal es un salvavidas. Puede ser una segunda oportunidad y un nuevo comienzo. Es privilegio y suerte. Y debes comprometerte a revisar tu relación con tu dinero y tu tarjeta de crédito para obtener los beneficios a largo plazo.

Hay otros prestamistas que se especializan en préstamos personales y en la refinanciación de deudas de tarjetas de crédito. Cada uno impone diferentes comisiones, tasas y condiciones, por lo que deberás investigar bien para entender tus opciones. En el próximo capítulo hablaremos de cómo analizar este tipo de préstamos.

Han aparecido nuevas empresas que se especializan en la refinanciación de deudas de tarjetas de crédito, como Payoff.[5] SoFi es una empresa que apareció originalmente para ayudar a refinanciar la deuda de los préstamos estudiantiles, pero ahora ofrece préstamos personales.[6] Para las personas que tienen problemas con los prestamistas tradicionales, también hay opciones de préstamos entre particulares como Lending Tree y Prosper.[7]

En la mayoría de los casos, los préstamos personales conllevan comisiones de apertura entre 1 y 6 por ciento. Por lo tanto, es posible que acabes pagando menos si simplemente abordas tus deudas existentes de forma sistemática, en lugar de consolidarlas.

(No es una gran) Opción 3. Transferencias de saldo

Una transferencia de saldo es cuando transfieres el saldo de tu tarjeta de crédito a otra tarjeta de crédito con una tasa de interés promocional baja, normalmente 0 por ciento. Las transferencias de saldo funcionan bien para las personas que son realmente disciplinadas, pero también es una pendiente resbaladiza porque acabas con más tarjetas de crédito. Esto puede ser tentador y puede generar más deudas si no abordas realmente las circunstancias y los comportamientos que te llevaron a endeudarte. Una transferencia de saldo es un buen trampolín. Puedes aprovechar un periodo promocional de 0% de interés para pagar tu deuda por completo, o prepararte para obtener un préstamo personal y así manejar el resto.

Casi siempre hay una comisión por transferencia de saldo; representa un porcentaje del saldo que se está transfiriendo. Por ejemplo, si quieres transferir 8,000 dólares y hay una comisión de transferencia de saldo de 3%, esa comisión es de 240 dólares (8,000 dólares × 3% = 240 dólares).

6. Cuándo buscar ayuda profesional

Si al analizar estas opciones te das cuenta de que no puedes pagar tu deuda o de que no podrás hacerlo en un futuro previsible, tendrás que buscar ayuda profesional para hacer frente a tu deuda de tarjeta de crédito. A continuación, indico lo que debes y no debes hacer al buscar ayuda profesional:

Lo que hay que hacer [8]

- Busca ayuda de organizaciones sin fines de lucro para la gestión de deudas.

⁹ Asegúrate de que los asesores de crédito de la organización estén certificados. Comprueba si la empresa está avalada por la Fundación Nacional para el Asesoramiento Crediticio.⁹

⁹ Verifica que los honorarios sean razonables y pide presupuestos de otras organizaciones similares.

⁹ Averigua si la empresa tiene fianza y licencia para hacer negocios en tu estado.

Lo que no se debe hacer / lo que debes evitar

⁹ El propósito de una empresa privada con fines de lucro es obtener ganancias. Y no resulta ideal para una compañía que "intenta ayudarte" a salir de la deuda. Las empresas privadas con fines de lucro ganan dinero a costa de sus clientes. Las organizaciones sin fines de lucro reciben fondos del gobierno, fundaciones y donantes.

ALGUNAS REFLEXIONES FINALES SOBRE LA DEUDA DE LAS TARJETAS DE CRÉDITO

Tómate el tiempo necesario para comprender qué circunstancias te llevaron a endeudarte

¿Empezaste un negocio? ¿Perdiste tu trabajo? ¿Compraste un montón de cosas que no debías? ¿No te importó? ¿Llevabas demasiado tiempo sin ingresos y la deuda fue una forma de llegar a fin de mes? Las circunstancias de cada quien son diferentes, así que cada persona debe entender las suyas. Si tienes una deuda de tarjeta de crédito, ¿cómo llegaste a ella? ¿Por qué ha crecido?

Es importante que conozcas las circunstancias que te llevaron hasta donde estás, porque si vas a intentar cambiarlas primero debes saber cuáles son. Una vez que las identifiques, podrás entender las elecciones que tomaste.

Si hay circunstancias que han estado fuera de tu control, tal vez la solución sea formular una pregunta diferente. Enfréntate al problema desde un ángulo distinto. Recuerda que la forma de pensar y las circunstancias que te llevaron a endeudarte tal vez no serán las mismas que te sacarán de la deuda.

Para algunos, la opción es pedir ayuda a las personas con el dinero suficiente. Para otros, se trata de encontrar formas de sortear las circunstancias que se han interpuesto en su camino.

Si crees que tu deuda no es el resultado de tus elecciones sino de tus circunstancias, te resultará difícil idear un plan para pagarla porque no sientes que está bajo tu control. Pero para salir de la deuda debes buscar lo que está dentro de tu control y elegir modificarlo. Si quieres cambiar tu situación debes hacer cosas que nunca has hecho antes.

Abordar la deuda de tu tarjeta de crédito te da la oportunidad de atender las cuestiones subyacentes para llegar a la raíz del problema y resolverlo. Porque usar las tarjetas de crédito para cubrir cualquier cosa (ya sea lo esencial, como la comida, o cosas bonitas que no necesitas) es un síntoma de un problema mayor. Puede revelar cosas que son injustas en lo individual y lo social, pero sólo así podremos comenzar nuestro trabajo.

Comprométete a ser coherente

Trabajar con tu deuda es una oportunidad para construir tu fortaleza mental. Es una ocasión para comprometerte con algo y dar la cara. La vida tendrá sus dificultades. Algunas personas con buena fortuna logran mantener los problemas a raya por mucho tiempo, pero eventualmente algo sucederá, y tendrán que enfrentarlo. Todos experimentaremos pérdidas y dolor, y toda una gama de sentimientos no agradables. Algunas personas experimentan la lucha desde el principio y, a menudo, están mejor preparadas para lidiar con el estrés. No se trata de una competencia sobre quién lucha más. Es un hecho que todos enfrentaremos dificultades.

Tal vez parezca una locura, pero es posible aprovechar las oportunidades que presentan los conflictos. Te enseñarán cosas sobre ti mismo. Te motivarán a que las enfrentes, te desafiarán, te ayudarán a construir la fortaleza mental para otra situación que debas superar.

No saldrás de las deudas si no te comprometes con las acciones que te liberarán de ellas. Quizá debas renunciar a salir a cenar con amigos o empezar a dividir la cuenta. Quizá debas tomar decisiones difíciles sobre dónde y con quién vives. Enfrentarte a tus deudas puede provocar que eches por tierra otras áreas de tu vida. Parte de la razón por la que evité enfrentarme a mi falta de ingresos fue porque sabía que esto implicaba cambiar cosas que yo prefería no afrontar. Cambiar las cosas da miedo. Es mucho más fácil tratar con aquello que ya conoces.

Pero esta clase de negación es insostenible. Una vez que empiezas es más fácil enfrentarse a las dificultades en general. Así es como la gente construye resiliencia, una cualidad esencial para hacer frente a la incertidumbre de ser un individuo que navega por la economía moderna.

Para mantener el rumbo, hay que saber lo que funciona para ti. Tal vez escuchar podcasts sobre la eliminación de la deuda te mantenga en el camino. Podrías unirte a una comunidad de personas que están tratando de salir de la deuda de la tarjeta de crédito. Podrías imprimir tu calendario de pagos y colocarlo en tu habitación. Podrías mirar la hermosa carita de tu lindo bebé durante diez minutos al día para mantenerte inspirado. Encuentra lo que te funcione para seguir adelante.

Memoriza tu fecha libre de deudas. Una vez que te hayas comprometido con un plan de pago, tendrás la fecha del último pago. Memoriza esta fecha, anótala en un calendario y úsala para motivarte.

Haz un plan para salir de las deudas de las tarjetas de crédito

HAZ EL TRABAJO

- Dedica algo de tiempo a desentrañar tu "por qué". ¿Por qué es importante para ti salir de las deudas de las tarjetas de crédito?
- Deja de endeudarte: considera seriamente la posibilidad de tomarte un descanso en el uso de tus tarjetas de crédito. Parece una tontería escribir una carta a tus tarjetas de crédito diciéndoles que necesitas tomar un descanso, pero si la tontería te lleva a salir de las deudas, ¿a quién le importa?
- Haz una lista de tus deudas
- Explora los planes de pago

  - Regístrate en Unbury.me (o en una aplicación similar)
  - Introduce los detalles de tu deuda, incluyendo tu información de pago

⁶ Elige un plan de pagos para tu deuda:
  ᵃ El interés más alto primero
  ᵃ El saldo más bajo primero
  ᵃ Alguna otra estrategia

⁹ Reflexiona si este plan es razonable o no. ¿Saldrás de la deuda en un tiempo razonable? ¿El interés total que acabarás pagando es una cantidad razonable de intereses? ¿Es sostenible la cantidad total que pagas en cuotas mensuales?
⁹ Si tu plan no es razonable, no te preocupes, tienes opciones: tómate un momento para escribir un diario, aportar ideas, expresarte, etcétera.

⁶ Revisa tu plan y busca formas de ahorrar en los gastos de facturas y vida o diversión y ocio para ir reduciendo la deuda. ¿Has explorado todas las posibilidades de ahorro?
⁶ ¿Puedes dedicar energía para aumentar tus ingresos?
⁶ Llama a tu banco para negociar una tasa de interés más baja en tu tarjeta de crédito.

⁹ Explora tus opciones para consolidar o refinanciar tu deuda. Investiga diferentes alternativas y compara lo que hay disponible.

⁶ ¿Puedes obtener un préstamo de amigos, familiares o de tu empleador? ¿Cuáles son los costos no financieros que esto conlleva?
⁶ ¿Puedes solicitar un préstamo personal a un banco, una cooperativa de crédito o un prestamista similar?
⁶ ¿Vale la pena el riesgo de realizar una transferencia de saldos?

Una vez que hayas decidido el camino y el plan para salir de la deuda de la tarjeta de crédito, escríbelo con detalle. ¿Cuál es la fecha en la que te liberarás de las deudas de las tarjetas de crédito?

CAPÍTULO 12

¿PEDIR O NO PEDIR DINERO PRESTADO?

Cómo pensar en la decisión de endeudarte

La esencia de las finanzas es el viaje en el tiempo. El ahorro consiste en trasladar recursos del pasado al futuro. La financiación [mediante el préstamo de dinero] consiste en trasladar recursos del futuro al presente.

—MATT LEVINE[1]

Pensar en la deuda como una increíble herramienta para viajar en el tiempo no sólo hace que el mundo de las finanzas parezca mucho más genial de lo que es en realidad; puede ayudarnos a entender la realidad de pedir dinero prestado. Cada vez que pedimos dinero prestado hoy estamos sacando dinero del bolsillo de nuestro futuro.

En las circunstancias adecuadas, la compensación vale la pena. El endeudamiento "inteligente" se basa en esta idea. Lo difícil es saber si la compensación realmente vale la pena. Entender el impacto de una deuda es pensar en el dinero en una dimensión futura con variables desconocidas. Sin una información perfecta sobre el futuro, como el trabajo que tendrás o si deberás mantener a los miembros de tu familia, esta decisión se convierte en un reto.

He visto muchos casos en los que pedir dinero prestado no dio los resultados esperados. He conocido a personas con 250,000 dólares de deuda de préstamos estudiantiles sin ninguna estrategia viable para pagarla, excepto esperar lo mejor. Me he sentado con clientes que compraron una casa en el momento álgido de la burbuja inmobiliaria, para luego tomar la difícil decisión de abandonarla en los años siguientes al desplome de 2008. He escuchado a padres inmigrantes que pidieron prestado dinero de sus cuentas de jubilación para ayudar a sus hijos a pagar su educación universitaria en instituciones de renombre, y no poder devolver el dinero. Todas estas personas creyeron que hacían lo que "debían hacer", pero terminaron más atorados financieramente de lo que podrían haber imaginado. Apostaron al mejor de los escenarios, y no tuvieron en cuenta el peor de los resultados posibles.

Entonces, ¿cómo planificar lo peor esperando lo mejor? Sin ver el futuro, no hay forma de saber si estamos tomando la mejor decisión, dadas las circunstancias en las que nos vemos obligados a vivir. Lo mejor es tener una forma sistemática de endeudarse. Podemos hacerlo analizando la deuda a través de cuatro filtros: lo que te puedes permitir, cómo puede afectar la deuda a tu riqueza futura, cuánto te puede quitar un prestamista (las condiciones del préstamo) y saber si el verdadero costo de devolver la deuda vale la pena. La gran premisa al usar este marco es que tomas la decisión de endeudarte de forma "inteligente" para construir una riqueza futura y no para consumir cosas en el presente.

¿PUEDES DEVOLVER LO QUE HAS PEDIDO PRESTADO?

El primer filtro para decidir si debes contraer una deuda es analizar si puedes pagarla cada mes. Cuando averigües cuánta deuda te puedes permitir, no confíes ciegamente en que las empresas que te prestarán el dinero te digan lo que puedes pagar.

No creo que quienes se ganan la vida dando dinero prestado a otros sean malas personas. Sólo sé que es su trabajo y que muchos de ellos reciben una comisión. Por tanto, obtienen un incentivo si logran prestarte. Así es como funciona el sistema. No sólo en teoría, sino en la realidad. ¿Recuerdas mi horrible trabajo de telemarketing? Ahí observé en primera fila a los vendedores haciendo falsas suposiciones sobre lo que un prestatario potencial podía permitirse.

Saber cuánto puedes pagar es como cuidar tu trasero. No es un trabajo divertido, y aunque la gente cuyo trabajo es venderte un préstamo pretenderá hacerlo por ti, no lo hará tan bien como tú, porque es tu trasero el que está en juego, no el suyo. En última instancia, tu responsabilidad es determinar por ti mismo cuánto puedes permitirte en los pagos mensuales de la deuda.

Cuando decidas que quieres pedir dinero prestado en forma de hipoteca o préstamo estudiantil, lo primero que debes determinar es cuánto necesitarás y cuánto tendrás que devolver cada mes. No importa el valor que pueda tener en el futuro lo que vas a pedir prestado si no eres capaz de pagarlo en el presente.

En primer lugar, investiga para saber cuál es el costo total de lo que vas a financiar y qué parte de ese costo deberás pedir prestada. Una sencilla calculadora de préstamos en línea te ayudará a entender cuál será el pago mensual de tu préstamo. Bankrate.com tiene una calculadora de préstamos sencilla y calculadoras específicas para diferentes tipos de préstamos.[2] También puedes descargar una plantilla de hoja de cálculo si deseas elaborar diferentes escenarios de préstamos y comparar pagos y plazos.

Una vez que tengas una idea general de cuál será tu pago mensual para devolver lo que has pedido prestado, revisa tu plan de gastos para determinar hasta qué punto es asequible ese pago. ¿Qué supone ese pago adicional para tu economía personal? ¿Significa que debes encontrar de dónde reducir el gasto para que tu ecuación de finanzas personales se equilibre? Lo cual, una vez más, implica cambiar la forma de gastar o aumentar los ingresos. Repito: un modo de tener control sobre lo que puedes pagar es controlando la posibilidad de aumentar tus ingresos. Es un enfoque diferente para resolver el problema de permitirse una deuda y, aunque tal vez no sea adecuado para todo el mundo, no estaría haciendo mi trabajo si no lo señalara.

Si estás pensando en pedir un préstamo estudiantil y no estás seguro de lo que percibirás una vez que te hayas graduado, tendrás que investigar un poco para averiguar cuáles son los salarios de entrada en el área laboral que has elegido. Entonces puedes crear un plan de gastos imaginario basado en el lugar en el que crees que vivirás y en todos los costos asociados a ese escenario de vida. Me desconcierta que este ejercicio no sea obligatorio para los estudiantes de preparatoria o universitarios. Otra forma de determinar cuánto te costará el préstamo mensual y si es asequible es observar la relación entre la deuda y los ingresos.

USA EL ÍNDICE DEUDA-INGRESOS COMO REGLA GENERAL

Cuando los prestamistas quieren ofrecerte dinero no te piden que veas tu plan de gastos para asegurarte de que puedes pagarlo, ojalá lo hicieran. Utilizan el llamado índice deuda-ingresos como regla general para saber cuánto puede pagar una persona al mes en relación con sus ingresos. El índice deuda-ingresos pretende revelar qué parte de tus ingresos mensuales, expresada en forma de porcentaje, se destina a pagar tus deudas.

EL ÍNDICE DEUDA–INGRESOS ES UNA FORMA
DE COMPRENDER LA CANTIDAD DE TUS INGRESOS
DESTINADOS A PAGAR TU DEUDA

SI ÉSTE ES TU
INGRESO MENSUAL

Y ÉSTA ES LA CANTIDAD
DESTINADA A
DEVOLVER TU DEUDA.

ENTONCES EL ÍNDICE DEUDA–INGRESOS ES UNA FORMA
DE COMUNICARLO POR MEDIO DE UN ÍNDICE,
QUE ES SÓLO OTRO TÉRMINO PARA EL PORCENTAJE

A continuación te explico cómo calcular tu índice deuda-ingresos actual:

1. Suma los pagos mensuales de tus deudas, incluidas las tarjetas de crédito, los préstamos y la hipoteca.
2. Divide el importe total de los pagos mensuales de la deuda entre tus ingresos mensuales brutos (antes de impuestos).
3. El resultado será un decimal, así que multiplícalo por cien para resolver tu porcentaje deuda-ingresos.
4. Una vez que conozcas tu índice deuda-ingresos actual vuelve a realizar los pasos 1 a 3, pero añade el pago mensual adicional por el costo del préstamo que estás considerando contratar.

CÓMO VE UN PRESTAMISTA
TU ÍNDICE DEUDA—INGRESOS

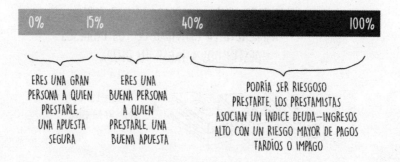

| 0% | 15% | 40% | 100% |

ERES UNA GRAN PERSONA A QUIEN PRESTARLE. UNA APUESTA SEGURA

ERES UNA BUENA PERSONA A QUIEN PRESTARLE. UNA BUENA APUESTA

PODRÍA SER RIESGOSO PRESTARTE. LOS PRESTAMISTAS ASOCIAN UN ÍNDICE DEUDA—INGRESOS ALTO CON UN RIESGO MAYOR DE PAGOS TARDÍOS O IMPAGO

A continuación te explico lo que significa esta proporción. Un índice deuda-ingresos de hasta 15% se considera una cantidad saludable de deuda porque supone que una persona que utiliza 15% de sus ingresos mensuales para pagar sus deudas no tendrá problemas para realizar los pagos.

¿TE PUEDES PERMITIR PEDIR DINERO PRESTADO?
LOS TRES LENTES DE LA ASEQUIBILIDAD

Los prestamistas suelen preferir que los prestatarios tengan un índice deuda-ingresos inferior a 36 por ciento. Sin embargo, en algunos casos los prestamistas hipotecarios siguen prestando dinero a personas con índices de endeudamiento tan elevados como 43 por ciento.[3] Cada prestamista es diferente y cada prestatario tiene sus propias circunstancias. Estas reglas generales varían un poco en función de distintos factores. Pero, por regla general, cuanto más bajo sea el índice deuda-ingresos, mayores serán las posibilidades de que te aprueben un préstamo.

Si su índice deuda-ingresos es demasiado alto, considera la posibilidad de ver cómo afecta a tu índice deuda-ingresos el hecho de pedir menos dinero prestado, si eso es una opción. Intenta recalcular el pago de tu préstamo con la calculadora de préstamos.

Sólo quiero reiterar algunas cosas sobre el índice deuda-ingresos. Recuerda que es una herramienta para los prestamistas; la proporción se basa en tus ingresos antes de impuestos en lugar de después de impuestos, e incluso si un prestamista aprueba tu préstamo, no es una garantía de asequibilidad. Por ello, es importante que analices tu plan de gastos para tomar la decisión personal sobre lo que crees que puedes pagar cada mes.

ÍNDICE DEUDA-ACTIVOS: CÓMO PEDIR UN PRÉSTAMO INFLUYE EN TU PATRIMONIO

Otro índice que los prestamistas utilizan para determinar la cantidad de deuda que puedes pagar se llama *índice deuda-activos*. Los activos son el dinero en efectivo, las inversiones y otras cosas de valor que pueden convertirse en efectivo. El índice deuda-activos mide la parte de los activos que se ha financiado con deuda.

Así es como se calcula índice deuda-activos:

1. Suma el importe total de todas tus deudas (el saldo total de lo que debes en cualquier préstamo y tarjeta de crédito).
2. Suma el importe total de todos tus activos (los activos son todo el dinero de tus cuentas corrientes y de ahorro, el valor de tus inversiones, incluida la jubilación, cualquier bien inmueble que poseas y otras cosas de valor que puedan venderse por dinero).
3. Divide el total del número 1 entre el total del número 2 (cantidad de la deuda que debes ÷ cantidad de los activos que posees = índice deuda-activos).
4. El resultado será un decimal, así que multiplícalo por cien para obtener tu porcentaje de deuda-activos.

5. Una vez que conozcas tu índice deuda-activos actual, realiza de nuevo los pasos 1 a 4, pero añadiendo la deuda adicional del préstamo
   que estás considerando pedir.

Un índice de 10% o menos es un índice deuda-activos muy saludable. Una
buena regla general es mantenerla por debajo de 30 por ciento. Un índice
superior a 50% se considera elevado y arriesgado. Un índice deuda-activos
más alto significa que debes mucho en relación con lo que tienes. Cuanto más
alta sea la proporción, más riesgo correrás de no poder pagar tu deuda si tu
situación financiera cambia.

Si la cantidad de dinero que te gustaría pedir prestada situaría tu índice deuda-activo por encima de 50%, considera riesgoso pedir un préstamo.
Manipular el índice para volverlo más saludable proviene de tener menos
deuda (pedir menos préstamos, pagar la deuda) o tener más activos (aumentando el valor de tus saldos de efectivo, ahorros o inversiones).

Una vez que hayas determinado que puedes pagar el importe mensual del
préstamo y que comprendas de qué forma esa deuda afecta tu patrimonio,
puedes empezar a buscar prestamistas y préstamos.

¿CÓMO FUNCIONAN LOS PRÉSTAMOS?
¿QUÉ IMPLICA UN PRÉSTAMO?

Cuando uses la deuda inteligente, tomarás dinero prestado en forma de préstamo, no de tarjetas de crédito. Con todos los préstamos, siempre hay estos
factores que también son los detalles de tu préstamo:

- La cantidad que pides prestada (el capital).
- El costo del préstamo (la tasa de interés o TAE).
- La duración del plazo de devolución del préstamo (el plazo del prés-
  tamo).
- Y el pago mensual.

UN PRÉSTAMO ES COMO UN COCTEL

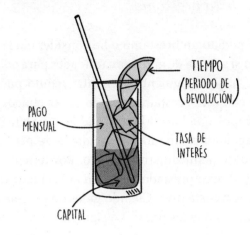

LA MANIPULACIÓN DE UN ELEMENTO AFECTA A LOS DEMÁS.

Todos estos factores se influyen mutuamente. Piensa en ello como en un coctel. Está el hielo, el licor, el mezclador y el decorado. Si cambias un elemento, modificarás la bebida; cada cambio conlleva cierta importancia. Recuerda que hay muchas calculadoras de préstamos en internet que puedes descargar, como aplicaciones para tu teléfono u hojas de cálculo, para ayudarte a jugar con el impacto de estos diversos factores.

Cuando busques un préstamo, refinancies la deuda o elijas un plan de amortización para los préstamos estudiantiles, estas calculadoras son muy útiles para que entiendas las compensaciones que estás haciendo. Por ejemplo, si alargas un plan de amortización, tal vez acabes pagando más intereses, pero reduces la cuota mensual.

Y, sí, debes buscar préstamos, de la misma manera que compras una nueva cámara, un coche o cualquier otra cosa que te guste. Buscar entre varios prestamistas y bancos te ahorrará cientos o incluso miles de dólares a lo largo de la vida del préstamo. No te quedes con el primer prestamista que quiera darte dinero. Averigua quién más está dispuesto a prestarte y compara sus ofertas. Incluso podrías enfrentar a estos prestamistas entre sí para obtener el mejor trato.

Pon atención en los prestamistas que intentan aprovecharse de tu préstamo

Siempre que he pedido un préstamo o he considerado la posibilidad de pedirlo, sobre todo si se trata de grandes cantidades para educación o expandir mi negocio, me hago la siguiente pregunta: ¿cómo puede el banco aprovecharse de mí con este préstamo? Puede sonar cínico, pero para quienes pertenecen a grupos que han sido oprimidos o marginados durante generaciones esta pregunta es una forma saludable de pensar de forma crítica sobre la realidad de pedir dinero prestado. Por mucho que sea una oportunidad de pedir dinero prestado, también es una oportunidad para que el banco gane dinero a costa tuya. Cuando pides un préstamo, un buen primer paso es saber cuánto puedes pagar. Lo siguiente a tener en cuenta es saber cuándo el banco está intentando sacar tajada de tu préstamo.

En general, el mejor tipo de préstamo es el aburrido. Uno que establece exactamente lo que debes pagar cada mes durante un número fijo de meses para que al final de esos meses no debas nada. Se trata de una deuda a plazos, en la que cada pago es una cantidad fija. Cada pago amortiza una parte de lo que has pedido prestado (capital) y el costo del préstamo (intereses). Y el último pago no es una suma enorme (a menos que puedas pagar una suma enorme). Ejemplos de este tipo de préstamos son la clásica hipoteca totalmente amortizada a 30 años o un préstamo para automóvil totalmente amortizado a cinco años.

Un ejemplo de deuda inteligente es un préstamo totalmente amortizado que puedas pagar y que te ayude a crear riqueza en el futuro. Es un préstamo con un calendario de pagos en el que tanto el capital como los intereses se van reduciendo a lo largo de la vida del préstamo. Siempre que pagues todos esos pagos, amortizarás el préstamo. La palabra *amortización* contiene la palabra *amort*, que deriva del latín vulgar *admortire*, que significa matar. Con un préstamo totalmente amortizado en esencia estás matando la deuda con el tiempo.

Los préstamos totalmente amortizados son los que menos posibilidades tienen de perjudicar a la gente. Digo "menos" porque podrían ahorcarte con una tasa alta de interés, comisiones de préstamo o condiciones desfavorables; por ejemplo, una enorme penalización si no puedes realizar un pago o si dejas de pagar.

CALENDARIO DE PAGOS DEL PRÉSTAMO

INTERÉS ANUAL	7%
TÉRMINO DEL PRÉSTAMO (AÑOS)	2
PAGOS POR AÑO	12
CANTIDAD DEL PRÉSTAMO	$ 50,000

PERIODO	PAGO	FRACCIÓN DEL PAGO DESTINADO A LOS INTERESES	FRACCIÓN DEL PAGO DESTINADO AL CAPITAL	SALDO
1	$ 2,238.63	$ 291.67	$1,946.96	$48,053.04
2	2,238.63	280.31	1,958.32	46,094.72
3	2,238.63	268.89	1,969.74	44,124.98
4	2,238.63	257.40	1,981.23	42,143.74
5	2,238.63	245.84	1,992.79	40,150.95
6	2,238.63	234.21	2,004.92	38,146.54
7	2,238.63	222.52	2,016.11	36,130.43
8	2,238.63	210.76	2,027.87	34,102.56
9	2,238.63	198.93	2,039.70	32,062.86
10	2,238.63	187.03	2,051.6	30,011.27
11	2,238.63	175.07	2,063.56	27,947.70
12	2,238.63	163.03	2,075.60	25,872.10
13	2,238.63	150.92	2,087.71	23,784.40
14	2,238.63	138.74	2,079.89	21,684.51
15	2,238.63	126.49	2,112.14	19,572.37
16	2,238.63	101.78	2,124.96	17,447.42
17	2,238.63	114.17	2,136.85	15,311.07
18	2,238.63	89.31	2,149.31	13,161.75
19	2,238.63	76.78	2,161.85	10,999.90
20	2,238.63	64.17	2,174.46	8,825.44
21	2,238.63	51.48	2,187.15	6,638.29
22	2,238.63	38.72	2,199.91	4,438.38
23	2,238.63	25.89	2,212.74	2,225.65
24	2,238.63	12.98	2,225.65	0.00

Dos tipos de préstamos buenos son los de sólo interés o los de tipo variable. Son útiles para personas o empresas que pueden permitirse un gran riesgo. En un préstamo de sólo interés sólo pagas los intereses durante un periodo fijo y luego, al final del préstamo o durante otro periodo fijo, deberás devolver lo que pediste prestado, más los intereses. ¿Por qué existe esto? Es un préstamo barato para quienes compran y venden casas (piensa en la gente que vende casas). Tienen una ventana corta para pagar sólo los intereses y vender la casa antes de tener que devolver lo que pidieron prestado. Este tipo de préstamos tan buenos podrían ser apropiados para ti, una vez que entiendas cómo funcionan y se adapten a tu situación financiera personal. Hasta entonces, piensa en ellos como una herramienta avanzada. Antes de utilizar estas herramientas avanzadas, debes dominar los aspectos básicos de los préstamos y tu propia comprensión de tu situación financiera personal.

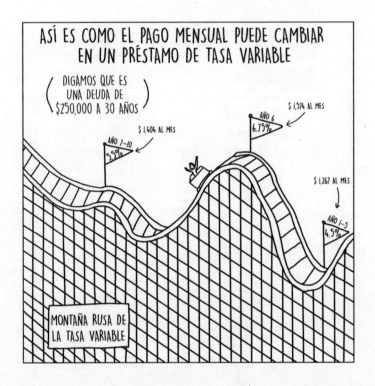

Un préstamo de tasa variable es aquél cuya tasa de interés fluctúa en función del mercado. Las hipotecas de tipo variable parecen atractivas cuando los tipos de interés son bajos, porque una tasa de interés baja repercute en el pago mensual. Sin embargo, si las tasas de interés suben, también aumentará tu pago. Las tasas pueden subir tanto que no podrás hacer frente a tu pago mensual. Esto le ocurrió a mucha gente antes de la crisis inmobiliaria de 2008. Se les vendieron préstamos de alto riesgo, que son un tipo de préstamo de alto costo con una tasa de interés variable. Pero cuando las tasas de interés subieron muchas personas no pudieron hacer frente a los pagos con la nueva tasa de interés.

Los préstamos de alto riesgo se han vendido de forma desproporcionada a las minorías y a las comunidades de bajos ingresos. Los prestamistas y los bancos consideran a estas personas como prestatarios de mayor riesgo, lo que significa que les preocupa que les devuelvan el dinero. Así que cobran intereses más altos o crean productos de préstamo diseñados para obtener beneficios, sin tener en cuenta si el producto está diseñado para fracasar. Esto es terrible y le acaba saliendo caro a toda la sociedad.

Por eso hay que estar atentos. Tienes que ser capaz de detectar cuando un prestamista o un banco intentan darte un tipo de préstamo que no es apropiado para tu situación financiera, o cuando las prácticas de préstamo son depredadoras y racistas. Por desgracia, cuando no podemos confiar en la supervisión del gobierno para protegernos como consumidores, lo mejor que podemos hacer para evitar ser víctimas de estas prácticas de préstamo es aprender a examinar nuestras opciones de préstamo.

A continuación te presento una serie de preguntas que debes plantearte cuando te ofrezcan dinero prestado o refinanciar tu préstamo actual.

1. ¿Es probable que lo que voy a comprar con el dinero prestado valga más de lo que voy a pagar por pedirlo prestado? ¿Se trata de una deuda inteligente o de una deuda para consumir cosas que no valdrán nada después de haberlas consumido?

2. ¿Cuáles son las condiciones de mi préstamo (cantidad prestada, tasa de interés, cantidad de pago, plazo, pago inicial)?

3. ¿Cuál es mi plan de amortización que muestra lo que debo pagar cada mes para devolver este dinero y no tener que pagar nada al final? ¿Puedo permitirme este plan de amortización?

4. ¿Pagaré intereses y capital con cada pago (¿está amortizado por completo)?

5. ¿Pago intereses sólo por lo que tomo prestado o también por los intereses mismos (¿los intereses son simples o compuestos)?

6. Si realizo todos los pagos previstos, ¿deberé algún pago adicional al final de mi préstamo?

7. Si no realizo todos los pagos previstos, ¿deberé algún pago adicional al final de mi préstamo? ¿Cuál es la cantidad máxima que debo como pago global? ¿Es infinita? Si la respuesta es afirmativa, es preciso que reconsideres seriamente el riesgo que estás asumiendo. ¿Puedes encontrar otro punto de vista?

8. ¿Qué pasa si no puedo devolver este dinero? ¿Qué opciones tendría?

Sé que esto parece mucho trabajo, pero es el tipo de educación que reciben los privilegiados por tener padres y abuelos que les transmiten estos conocimientos al azar durante un viaje por carretera o cuando salen de vacaciones. Así se les enseña a pensar en pedir dinero prestado para que el sistema no se aproveche de ellos, y usarlo para crear más riqueza. Así es como hacen algo de la nada, literalmente.

¿CÓMO TE SIENTES CON RESPECTO A TU DEUDA?

| ES UNA HERRAMIENTA MARAVILLOSA | PUEDE SER UNA GRAN OPORTUNIDAD | TIENE SUS MÉRITOS | RARA VEZ ES LA MEJOR OPCIÓN | ME DA MIEDO USARLA |

¿TE CONVIENE PEDIR UN PRÉSTAMO?

La parte fácil es hacer los cálculos para decidir si quieres o no pedir un préstamo. La parte difícil es cuando las matemáticas te miran fijamente y debes decidir si lo quieres pedir. Ésta es una decisión muy personal. Cuando determines si el endeudamiento es adecuado para ti, recuerda utilizar el pensamiento de segundo orden para explorar las consecuencias que van más allá de la primera ficha de dominó.

Pedir dinero prestado cuesta energía vital

Pedir dinero prestado cuesta dinero, pero ganar dinero requiere la energía de tu vida. Cuando te endeudas es importante saber cuánto te costará en energía vital devolver el dinero prestado y si vale la pena. Una forma de saber si vale la pena pedir un préstamo es conocerte muy bien a ti mismo. ¿Qué quieres para tu vida? ¿Cómo afectará la deuda a eso?

La persona que quiere surfear todo el día y trabajar en un restaurante o en un bar por las noches, tal vez no sienta ninguna necesidad de endeudarse. Por el contrario, a quien no le importa mucho el día a día mientras pueda irse de fiesta a Las Vegas todos los meses quizá se sentirá bien teniendo préstamos estudiantiles mientras pueda permitirse su estilo de vida en Las Vegas. De hecho, es posible que necesite préstamos estudiantiles para asegurarse un sueldo que le permita pagar las bebidas. Por otra parte, la persona que quiere una familia, una bonita casa en los suburbios y salir de ronda los martes probablemente se sentirá muy satisfecha de estar utilizando una deuda inteligente para crear riqueza y una vida para su familia.

Utilizar la deuda para crear riqueza es como beber vino tinto para la salud. Ten en cuenta las cantidades y sigue las recomendaciones. Procede con precaución.

Usa esta herramienta: la brújula del cuerpo

En los últimos años, los científicos han empezado a estudiar seriamente cómo *piensa* nuestro cuerpo, así como el vínculo entre el cuerpo y el cerebro.[4] Se dice que nuestras emociones residen en nuestro cerebro, pero en gran medida sentimos las emociones en el cuerpo. Ser capaces de leer estas señales corporales nos ayuda a regularnos en situaciones de estrés e incluso a colaborar para sentirnos tranquilos o sanar. ¿Alguna vez has necesitado que te abracen o darle un abrazo a alguien? Nuestro cuerpo contiene mucho más conocimiento y sabiduría de lo que nuestra cultura y sociedad modernas han reconocido hasta ahora.

Entonces, ¿cómo conocer tu cuerpo te ayuda a tomar decisiones financieras? Aprovechar lo que tu cuerpo siente es útil para entender lo que realmente deseas. En otras palabras, conectar con tu cuerpo te permite escuchar tu intuición para que respondas preguntas difíciles como: "¿Debo cambiar de carrera?", "¿Realmente quiero estudiar Derecho?", "¿Me resisto a comprar este bonito colchón porque creo que no merezco las cosas necesarias para cuidarme?", etcétera.

Esta herramienta, junto con el pensamiento de segundo orden, te dará un enfoque holístico y pragmático para tomar decisiones financieras.

Otro de mis entrenadores me enseñó el ejercicio de la brújula corporal, creado originalmente por Martha Beck. El ejercicio consiste en dos prácticas separadas que traen a colación viejos recuerdos.

1. Primero, evoca un recuerdo negativo. Sumérgete en el recuerdo y en los sentimientos que provoca. A continuación, tómate el tiempo necesario para percibir tu cuerpo de la cabeza a los pies y nombrar las sensaciones que percibes: quizá sientas los hombros tensos, tal vez te sudan las palmas de las manos, sientas calor en la cara y el pecho, se te acelere el corazón, sientas presión en el vientre y se te cierre la garganta. Quizá te sientas pesado, o agobiado, tal vez te sientas muy tenso. Nombra estas sensaciones y obsérvalas.

2. Luego evoca un recuerdo positivo. Sumérgete en los sentimientos y explora tu cuerpo. Quizá percibas una sensación de calma, respiras hondo, sientes mariposas. O tal vez sientas que sonríes y, en general, te sientes fresco, ligero, tranquilo y lleno de una energía que te hace sentir bien. Una vez más, nota y nombra estas sensaciones.

Una de las ventajas de este ejercicio es que te demuestras que eres capaz de controlar cómo te sientes con sólo evocar un recuerdo y aprovechar esas sensaciones.

La otra forma de utilizar esta información es cuando debas tomar decisiones. Hazte una pregunta, imagina los distintos resultados uno por uno y percibe las sensaciones de esos resultados. Siéntelas y nómbralas. Pruébalo con cosas pequeñas, como qué deberías cenar, y con preguntas más importantes, como si realmente deseas algún proyecto. Entiendo que a veces debemos tomar decisiones basadas en las necesidades y no en los deseos. Pero conocer nuestros deseos frente a las necesidades nos ayuda a elaborar estrategias para reducir la distancia entre ambas cosas.

HAZ EL TRABAJO

El verdadero costo de la deuda

- ꙮ ¿Cuál es tu índice deuda-ingresos?
- ꙮ ¿Cuál es tu índice deuda-activos?
- ꙮ Además de los intereses que pagas, ¿qué otros costos implica esta deuda?
- ꙮ ¿Hay cosas en las que te gustaría utilizar tu energía vital en vez de en la deuda?
- ꙮ ¿Qué te permite la deuda en tu vida? Si no tienes ninguna deuda inteligente, reflexiona sobre lo que una te permitiría hacer en tu vida.
- ꙮ ¿De qué manera tu deuda inteligente te permite usar la energía de tu vida de una manera que valoras? Si no tienes ninguna deuda inteligente, reflexiona sobre otra cosa que te permita utilizar tu energía vital.
- ꙮ Si estás planeando usar la deuda inteligente para crear riqueza en el futuro, traza los detalles.

CAPÍTULO 13

PASA UN FIN DE SEMANA LARGO CON TUS PRÉSTAMOS ESTUDIANTILES

En muchos sentidos, la deuda estudiantil es el nuevo herpes.
Casi todo el mundo la tiene. Te acompaña toda la vida. Y
en algún momento, tendrás que contárselo a tu prometida.
—TREVOR NOAH

La primera vez que uno de mis clientes necesitó ayuda para manejar sus préstamos estudiantiles yo ya había trabajado en un par de compañías de servicios financieros. Estaba bastante acostumbrada a navegar por sitios web financieros y plataformas internas, y tenía un título en finanzas, pero cuando comencé a analizar los préstamos me tomó tiempo entender lo que estaba viendo.

Tengo la suerte y el privilegio de haber evitado el espantoso destino de una deuda de préstamo estudiantil. Curiosamente, lo que me ayudó a evitar una deuda enorme fue mi completa ingenuidad a la hora de enviar las solicitudes universitarias y, francamente, mi falta de ambición. Pero hubo dos cosas que realmente me ayudaron: la buena suerte a la antigua y mis padres. Me pagaron el primer año que asistí a una universidad estatal en California y los dos años siguientes dejé mi carrera y asistí a la universidad comunitaria mientras averiguaba qué demonios haría con el resto de mi vida.

Después de dos años en un colegio comunitario relativamente asequible, en el que mis padres pagaban mis clases a razón de 18 dólares por módulo, me trasladé a Cal State, que era 90% más caro que en la universidad comunitaria. Pero una vez más evité la mala suerte y tropecé con una situación afortunada. Cuando me trasladé, también empecé a trabajar en un banco enorme del que quizás hayas oído hablar: Bank of America. El banco tenía todo tipo de beneficios para los empleados, desde vacaciones pagadas y días de enfermedad para los colaboradores de medio tiempo, hasta un programa llamado reembolso de matrícula.

El programa funcionaba así. El banco reembolsaba a sus empleados el costo de la matrícula universitaria, hasta una determinada cantidad, si consideraba que tomábamos clases en una escuela certificada con cursos calificados. Además, debíamos obtener una calificación notable o superior para que nos reembolsaran. Como yo estaba en una universidad estatal y todas mis clases eran de negocios, finanzas y economía, cumplía los requisitos del programa. Sólo debía sacar una calificación notable y la matrícula de la universidad pública estaría casi pagada.

Cuando llegó el momento de matricularme en el primer semestre en la universidad estatal cargué los gastos en mi tarjeta de crédito. Esta decisión fue tan arriesgada como estúpida, pero pone de relieve algunos puntos importantes. En primer lugar, que las decisiones de los veinteañeros de pedir préstamos de miles de dólares quizá no salen del todo bien. Como muchos jóvenes, mis decisiones universitarias estaban mal informadas, especialmente las financieras. La decisión de asumir una deuda de préstamo estudiantil a largo plazo suele estar influida por cosas como la normalización de la deuda, las expectativas familiares, la presión social y la necesidad, muy real, de tener una educación debido al impacto que tiene en lo que un empleador está dispuesto a pagarte.

El segundo punto es que la mala suerte desempeñó un papel importante en mi futuro financiero, hasta ahora. Por supuesto, esto no significa que no tuviera que ser responsable, obtener calificaciones altas y mantener mi empleo. Tanto la suerte como la habilidad son importantes.

Mientras escribo estas líneas, el presidente electo Joe Biden aún no ha tomado posesión de su cargo y, por lo tanto, no se ha puesto en marcha su plan para hacer frente al incendio de las crisis de los préstamos estudiantiles. Sé que es ingenuo soñar que este episodio sobre los préstamos estudiantiles será irrelevante en un futuro próximo. Seguirá existiendo una deuda asociada a los estudios incluso con la posibilidad de una condonación incondicional de los préstamos hasta cierta cantidad, si hay reformas para que el programa de condonación de préstamos funcione realmente y la perspectiva de una educación universitaria gratuita para quienes no pueden permitírsela.

No todas las familias podrán pagar los gastos de manutención de un estudiante universitario como lo hizo la mía. No todos los estudiantes habrán sido como yo, con un empleo remunerado en una empresa generosa. Muchos estudiantes mantienen a su familia mientras estudian. Esperemos que en los próximos años se promulguen leyes que ayuden a aliviar la carga y a reducir drásticamente la cantidad de dinero que los estudiantes piden prestado para ir a la universidad. Es cierto que muchas cosas pueden cambiar para los futuros prestatarios, pero aún queda la cuestión de quienes ya han pedido el dinero prestado.

Si estás padeciendo por la deuda de un préstamo estudiantil, lo mejor que puedes hacer, como tantas cosas en el mundo de las finanzas personales, es armarte de conocimiento. Conoce tu préstamo de la misma manera en que conocerías a alguien con quien estás saliendo: muy íntimamente.

Por ejemplo, nada pone una relación bajo el microscopio como un viaje de fin de semana largo o unas vacaciones. Cuando te ves obligado a estar todo el tiempo en espacios reducidos y a resolver situaciones estresantes con una persona por primera vez, la llegas a conocer más de lo que la conocerías en la vida cotidiana.

Tienes un asiento ininterrumpido en primera fila para ver sus neurosis e idiosincrasias. Observarás sus perspectivas de programación, cómo responde a la adversidad y a las emergencias, cómo se adapta al cambio, cuáles son sus prioridades, cómo presupuesta y cómo ve el mundo. Cuando adviertas todas estas cosas, tal vez se consolide tu deseo de estar con esa persona o quizá se revele que los valores y las diferencias entre ambos son demasiado grandes como para seguir juntos.

Debes conocer tus préstamos estudiantiles de la misma manera. Tienes que saber cómo las condiciones de tu préstamo afectarán a los grandes acontecimientos de tu vida, así como tus opciones en caso de que estés desempleado o subempleado durante un tiempo. Necesitas saber cuándo considerar la refinanciación o si esa opción no es adecuada para ti. Tus préstamos estudiantiles son parte de tu vida hasta que terminas de pagar, por lo que conocer su funcionamiento te ayuda a manejarlos correctamente mientras alcanzas las metas de tu vida.

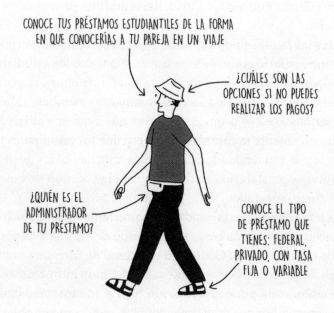

CONOCE TUS PRÉSTAMOS ESTUDIANTILES DE LA FORMA EN QUE CONOCERÍAS A TU PAREJA EN UN VIAJE

¿CUÁLES SON LAS OPCIONES SI NO PUEDES REALIZAR LOS PAGOS?

¿QUIÉN ES EL ADMINISTRADOR DE TU PRÉSTAMO?

CONOCE EL TIPO DE PRÉSTAMO QUE TIENES: FEDERAL, PRIVADO, CON TASA FIJA O VARIABLE

Dedica tiempo a aprender sobre tus préstamos ahora. Es una medida preventiva, así sabrás cuáles son tus opciones si necesitas recurrir a ellas y cuándo. Este conocimiento te da la sensación de que tú eliges, controlas y cuentas con libertad respecto al asunto.

Mucha gente tiene la sensación de que los préstamos estudiantiles son algo que les sucedió de forma repentina, como si hubieran firmado unos papeles sin saber a qué se estaban comprometiendo. Por desgracia, eso es muy común. Endeudarse puede parecer una elección no voluntaria, pero ahora tienes la oportunidad de elegir activamente educarte y comprometerte con tu deuda. Es una forma de asumir la responsabilidad de la posición en la que te encuentras, sin importar cómo llegaste a ella.

CONOCE QUÉ TIPO DE PRÉSTAMOS TIENES

Antes de que examines detenidamente tus opciones, primero debes saber qué tipo de préstamos tienes.

¿Tienes préstamos federales o privados? Los préstamos federales son emitidos por el gobierno, o bien por un banco o una institución financiera en nombre del gobierno. Por lo general, tienen tasas de interés fijas más bajas y pueden acogerse a programas federales como los planes de amortización basados en los ingresos y la condonación de préstamos. Después considera qué tipo de préstamo federal tienes. Hay préstamos directos con subsidio, préstamos directos sin subsidio, préstamos directos PLUS y préstamos federales Perkins, por nombrar algunos. Cada tipo de préstamo tendrá diferentes requisitos de elegibilidad para la ayuda federal. Para saber a qué requisitos está sujeto tu programa de préstamo debes conocer exactamente qué tipo de préstamos tienes.

Para añadir otro nivel de complicación, es posible tener más de un tipo de préstamo. Conocerlos ahora elimina las sorpresas futuras. Por ejemplo, si sabes cuándo y por qué uno de tus préstamos se manejará de forma diferente a otro, aunque las circunstancias sean las mismas, intenta planificar esa contingencia durante una recesión o una crisis financiera inevitable.

Los préstamos privados son emitidos por instituciones financieras, lo que significa que sus términos y tasas varían, en comparación con los préstamos federales. Quizá debas empezar a pagarlos antes que los federales; por ejemplo, cuando sigues estudiando. Los préstamos privados no están regulados por el Departamento de Educación como los préstamos federales.

CONOCE QUIÉN ES EL ADMINISTRADOR DE TU PRÉSTAMO

Cuando determinas el tipo de préstamo que tienes es probable que también descubras quién es el administrador. Si no lo sabes, es lo siguiente que debes hacer. Es posible que el prestamista al que le pediste el dinero originalmente no sea el administrador de tu préstamo. Aunque los préstamos estudiantiles federales se emiten a través del gobierno, en algunos casos el servicio real de los préstamos es gestionado por un administrador. Los administradores se encargan de las funciones bancarias y administrativas en nombre del gobierno y es posible que su administrador cambie a lo largo de la vida de tu préstamo.

Si no sabes por dónde empezar, consulta el Sistema Nacional de Datos de Préstamos para Estudiantes (NSLDS, por sus siglas en inglés) para ver quién es el administrador. Si tienes préstamos privados, pero no estás seguro de quién es el administrador, un buen lugar para empezar es tu informe de crédito.

CONOCE CUÁNTO DEBES, CUÁL ES TU TASA Y CUÁL ES TU PAGO MENSUAL

Ahora es el momento de entender las condiciones de tu préstamo. Es importante saber exactamente lo que debes. Cuando trabajaba como planificadora financiera, la primera vez que entré en la cuenta de préstamos estudiantiles de un cliente me sorprendió que todo era muy confuso. Había múltiples préstamos y administradores de préstamos, lo que significaba que también había diferentes tasas de interés y montos de pago. Cuánto debes, cuántos préstamos tienes y cuáles son tus tasas de interés son los detalles que necesitas conocer para entender realmente lo que debes.

Utiliza una herramienta que te ayude a llevar un control de tus saldos, las tasas de interés y los importes de los pagos. Mis herramientas web favoritas para el seguimiento de la deuda son Personal Capital, para tener una visión global, y Unbury.me o Tiller HQ, para calcular y seguir un plan mensual de pagos.[1]

REALIZAR PAGOS AUTOMÁTICOS

Cuando inicies sesión en el sitio web del administrador de tu préstamo verás la fecha de vencimiento de tus pagos para cada préstamo, pero si has estado haciendo tus pagos, es probable que ya sepas cuándo vence tu pago.

Si no tienes tus pagos domiciliados desde tu cuenta de facturas y vida, considera si los pagos automáticos serían útiles para ti. Para algunas personas lo son; porque para ellas, pagar manualmente significa configurar alertas en el calendario para recordar las fechas de vencimiento. Una alerta para pagar una factura podría ser disruptiva, ya que recibirla durante una cena con amigos sería molesto y más un fastidio que una motivación. Para otras personas, entrar en el sistema y realizar el pago durante su tiempo semanal de finanzas les hará sentirse comprometidas porque ven cómo cambia el saldo cada mes. Parte de la gestión de los préstamos estudiantiles es encontrar un sistema de pago que funcione para ti. Cuando tienes una estructura o un sistema que tiene en cuenta tus emociones, encontrarás formas de apuntalar lo que deseas sentir.

DEFINE LA FECHA EXACTA EN LA QUE ESTARÁS LIBRE DE DEUDAS DE PRÉSTAMOS ESTUDIANTILES

Es bueno saber que hay una luz al final del túnel. Al igual que con las deudas de las tarjetas de crédito, debes conocer el día en que harás el último pago de tu préstamo estudiantil. Averigua tu fecha libre de deudas con una calculadora de préstamos como Unbury.me. Memorízala o escríbela en algún lugar donde la puedas ver. Úsala para darte cuenta de que no estarás endeudado para siempre.

CÓMO AFECTARÁN LOS PAGOS ADICIONALES A LA RAPIDEZ CON LA QUE SALDRÁS DE LA DEUDA

Juega con herramientas de reembolso como Unbury.me para ver cuánto afectará un pago extra mensual de 50 dólares para salir de la deuda. Si eso se ajusta a tu flujo de caja mensual, considera hacer esos pagos adicionales para salir de la deuda más rápido.

También contempla dividir tu pago mensual en dos. Pagar la mitad del monto cada dos semanas te permite realizar un pago extra en el año.

Una ventaja: averigua si puedes aplicar los pagos extra a tu capital para reducirlo más rápido, y así disminuir la cantidad de intereses que acabas pagando. Hay que solicitar la aplicación de los pagos adicionales de esa manera. No debería sorprenderte que los prestamistas no apliquen en automático los pagos adicionales al capital; recuerda que ganan dinero con los intereses.

En el próximo capítulo, profundizaré en los intereses y cómo pueden acumularse, pero aquí tienes una forma sencilla de entender por qué los pagos de capital te ayudan a pagar menos intereses y a liquidar tu préstamo antes. El importe de los intereses que se cobran se basa en el capital que debes. Cuando haces un pago de capital lo reduces. Aunque el tipo de interés sigue siendo el mismo, esa cantidad de intereses está en función de un capital más pequeño. Si estas palabras son demasiado aburridas para entenderlas, he aquí una analogía. Piensa en el interés como crema batida y el capital como un trozo de pastel. Un trozo de pastel más pequeño limita la superficie en la que se puede poner la crema batida.

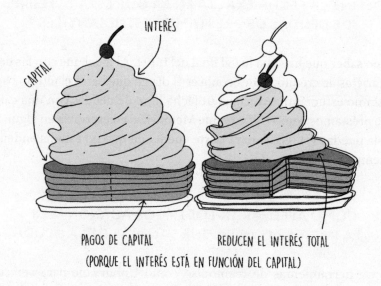

INTERÉS

CAPITAL

PAGOS DE CAPITAL   REDUCEN EL INTERÉS TOTAL
(PORQUE EL INTERÉS ESTÁ EN FUNCIÓN DEL CAPITAL)

ENTIENDE CÓMO AFECTAN A TU PRÉSTAMO LOS PLANES DE AMORTIZACIÓN BASADOS EN LOS INGRESOS Y LA CONDONACIÓN DE PRÉSTAMOS

En 2017, cuando algunos de los primeros solicitantes del programa de condonación de préstamos presentaron sus solicitudes, algunos préstamos no fueron perdonados porque los prestatarios no se registraron en programas de reembolso calificados. Otras veces, los prestatarios no completaron cada año un formulario de certificación de empleo. Eso significa que durante diez años, las personas hicieron sus pagos de préstamos estudiantiles pensando que serían perdonados, sólo para presentar su solicitud y que la rechazaran. En 2019, *Forbes* informó que 98% de los prestatarios que solicitaron la condonación de préstamos estudiantiles fueron rechazados.[2] Escuchamos historias similares de lo que les sucedió a los prestatarios durante la Gran Recesión: estaban trabajando con alguien en el banco para reestructurar su préstamo con la esperanza de conservar su casa, sólo para que al final se las quitaran.

Al momento de escribir este artículo, y basándome en las propuestas que el gobierno de Biden ha hecho públicas, tengo la esperanza de que las nuevas reformas de las leyes de préstamos estudiantiles ayuden a que el proceso de reembolso sea menos perjudicial para los prestatarios. Según estas propuestas, cosas como los planes de reembolso basados en los ingresos y la condonación de préstamos serán programas de los cuales los prestatarios deben optar por no participar. Esto tiene el potencial de beneficiar a muchos. Pero al igual que el experimento del malvavisco del que hablamos en el capítulo 6, ya nos habían dicho antes que los préstamos se perdonarían, y no fue así, por lo que no es fácil olvidar cómo se establecieron las expectativas y no se cumplieron.

MANTENTE INFORMADO PARA SABER CÓMO TE AFECTAN LOS CAMBIOS

Para mantener el suspenso, las leyes de préstamos estudiantiles pueden cambiar. Mientras tengas una deuda, asegúrate de que te mantienes al día e informado de cómo los cambios te afectan a ti y a tu préstamo.

Cuando quiero estar informada sobre un tema, busco un boletín de correo electrónico que me eduque continuamente y mantenga el tema en mi mente por medio de los constantes correos electrónicos que recibo. Me imagino que algunas personas odian esta estrategia, pero para quienes no, les recomiendo suscribirse a un boletín de una empresa como Student Loan Hero, que se especializa en ayudar a las personas con sus préstamos

estudiantiles. Heather Jarvis, experta y defensora de los préstamos estudiantiles, también publica actualizaciones en su blog y su boletín.[3] Otras personas pueden unirse a una comunidad en línea que les ayude a estar informados.

Encuentra un método para estar informado que funcione para ti. Sé consciente de que asumir la responsabilidad de tu deuda es mantenerte al día con lo que está pasando en el mundo de los préstamos estudiantiles, durante todo el tiempo que los tengas. Sigue y conoce a tu préstamo estudiantil como si la deuda fuera el equipo de beisbol de tu ciudad y a ti te encantara el beisbol.

CÓMO PENSAR EN LA REFINANCIACIÓN Y LAS OPCIONES DE CONSOLIDACIÓN

La consolidación de préstamos estudiantiles y la refinanciación son términos que a menudo se intercambian, pero son dos opciones diferentes.

Cuando consolidas tus préstamos, fusionas todos los préstamos federales en una sola factura y su tasa de interés es un promedio ponderado del costo de tus préstamos originales. Las condiciones de reembolso no cambian, y tú pagas exactamente lo que abonarías si tus préstamos no estuvieran consolidados. La consolidación se basa en la comodidad, no en el ahorro. La consolidación de los préstamos estudiantiles federales es gratuita; todo lo que debes hacer es solicitarlo en StudentLoans.gov.[4]

La refinanciación, por otro lado, es combinar todos sus préstamos, independientemente de si son federales o privados o ambos, en un solo pago. El proceso es diferente porque estás tomando un nuevo préstamo para pagar los préstamos originales. La refinanciación suele ofrecerse a través de prestamistas privados, no del gobierno federal, y se te ofrecerá una única tasa de interés nueva.

La refinanciación no es adecuada para todos. En particular, la refinanciación de los préstamos federales en préstamos privados significa que estarías renunciando a una gran cantidad de beneficios federales. En casi todos los casos, esta compensación no vale la pena. Éste es un ejemplo a tener en cuenta: durante la pandemia del covid-19, los préstamos estudiantiles federales se beneficiaron de la ayuda de emergencia. En cambio, los prestamistas privados no estaban obligados a ofrecer la misma ayuda a los prestatarios. Cuando se refinancian los préstamos federales para convertirlos en privados ya no cuentas con estos beneficios federales incorporados y, en su mayor parte, lo que te ahorras en intereses podría no valer lo que se pierde en beneficios potenciales. Otra manera de pensar en esto es que estás pagando por los beneficios federales de un plan de reembolso basado en los ingresos o la condonación del préstamo.

Con esta advertencia, si todavía estás considerando si la refinanciación es adecuada para ti, plantéate las siguientes preguntas:

- ¿Tienes problemas para hacer tus pagos mensuales?
- ¿Te beneficias de un plan de amortización basado en los ingresos o te beneficiarás de la condonación del préstamo? Si es así, la refinanciación puede hacer que no seas elegible para recibir estos beneficios. Es un gran beneficio al que hay que renunciar.
- ¿Quieres eliminar al consignatario de los préstamos? La refinanciación es una forma de lograrlo.
- Si tienes un préstamo privado, con una tasa de interés variable o alta, ¿la refinanciación te permitirá fijar una tasa más baja y/o fija?

Una nota rápida sobre los tipos de interés y la refinanciación

Los tipos de interés son como los estilos de peinado: a veces cambian. En la década de 1980, el tipo de interés hipotecario medio era de 16.63 por ciento. En el momento de escribir este artículo es de 3.052 por ciento. Es una gran diferencia. Cuando la gente habla de refinanciación porque los tipos de interés son tan bajos, a lo que en realidad se refieren es que, cuando originalmente pidieron prestado dinero a una tasa fija, ésta era más alta que la tasa fija disponible en el mercado actual.

Aunque la refinanciación puede suponer un ahorro de intereses a lo largo de la vida del préstamo, hay otros factores a tener en cuenta. Sobre todo en el caso de los préstamos estudiantiles; no puedo dejar de recalcarlo: la renegociación con un prestamista privado significa que tus préstamos no son elegibles para los beneficios federales. Recuerda que estás tomando un nuevo préstamo con otras formas de refinanciación. Ten en cuenta las comisiones e inclúyelas en tus cálculos para conocer el verdadero costo de la refinanciación.

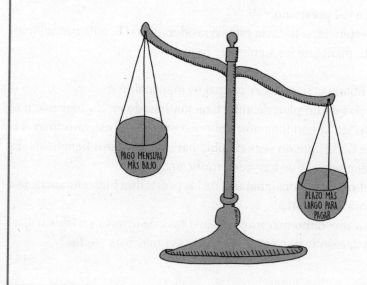

TUS OPCIONES EN CASO DE TENER DIFICULTADES FINANCIERAS

Parece extraño que antes de tener dificultades financieras uno deba informarse sobre los programas disponibles en ese caso, pero si lo haces sabrás qué esperar y será menos estresante cuando pases por una dificultad financiera. Averigua qué tipo de opciones de prórroga o tolerancia tienes con tus préstamos estudiantiles.

La prórroga te permite posponer los pagos de tus préstamos estudiantiles. La mayoría de los préstamos federales se aplazan en automático durante seis meses después de que te gradúas. Si tienes un préstamo subvencionado los intereses no se acumulan durante la prórroga. Si tienes un préstamo sin subsidio, los intereses sí se acumulan.

La tolerancia de morosidad es como una prórroga en el sentido de que te permite posponer los pagos. La principal diferencia con la prórroga es que los intereses se acumularán, por lo que tu saldo aumentará. Cuando los intereses se acumulan, la deuda crece. Discutiremos al respecto en el próximo capítulo.

La prórroga y la tolerancia no son soluciones a largo plazo para lidiar con tus préstamos estudiantiles, pero son opciones útiles si estás enfrentando una dificultad financiera significativa.

LAS CONSECUENCIAS DE IGNORAR TU DEUDA

Seguro ya sabes que ignorar tu deuda tiene consecuencias. Vamos a especificar cuáles son. Hay cargos por retraso si no haces el pago antes de que termine el periodo de gracia. Si llevas 30, 60, 90 o 120 días de retraso, estos atrasos se documentarán en tu informe de crédito y tu puntaje bajará cada vez que alcances uno de estos periodos de morosidad. Sí, es como si te desmayas y te dan una patada cuando ya estás en el suelo.

Si sigues ignorando tu deuda, puedes entrar en morosidad. Cuando esto sucede, es posible que se dicte una sentencia en tu contra que provoque que embarguen tus salarios o te retengan tus devoluciones de impuestos. Esto significa que el dinero que se toma de tu cheque de pago se destina a tus préstamos; tú no ves ese dinero. Si tienes préstamos federales, entrar en morosidad podría poner en riesgo tu elegibilidad para otras opciones y programas de apoyo.

Ignorar la deuda de los préstamos estudiantiles no hace que desaparezca. De hecho, es posible que si te declaras en quiebra ni siquiera te liberes de tus préstamos estudiantiles. Sinceramente, espero que esto cambie pronto.

TÚ NO ERES LA DEUDA DE TU PRÉSTAMO ESTUDIANTIL

La deuda es una situación, no un estado del ser. Tú no eres tu deuda. Eres un ser humano en el mundo moderno que debe lidiar con situaciones y circunstancias que no son ideales. Cosas malas suceden. Lo que tú haces cuando esas cosas suceden es lo que define cómo puedes vivir tu vida a partir de ese momento. Quizá te responsabilices de la posición en la que estás respecto al pago de tu deuda. O tal vez luchas por la justicia económica porque no quieres que otros estén endeudados como tú. Puedes hacer ambas cosas al mismo tiempo, pero recuerda que tu deuda no define quién eres.

LA DEUDA ES UNA SITUACIÓN, NO UNA IDENTIDAD

SI PIENSAS EN UN PRÉSTAMO ESTUDIANTIL, SÉ REALISTA SOBRE EL RENDIMIENTO DE TU INVERSIÓN

Si no tienes préstamos estudiantiles, pero estás considerando solicitar algunos para ir a la universidad, te convendría evaluar de forma realista cuánto te costarán dichos préstamos en relación con lo que podrás ganar. Recuerda que la deuda es una herramienta útil si la aprovechas para comprar un activo y si afrontas los pagos de la deuda. En el caso de los préstamos estudiantiles, tus activos son tus posibles ingresos futuros.

Una vez conocí a una mujer que me dijo que su deuda de préstamos estudiantiles había crecido hasta 250,000 dólares. Tenía préstamos para estudios de pregrado y de licenciatura, y luego obtuvo más para estudiar su maestría en cine. Su estrategia para pagar sus préstamos era establecerse como directora de anuncios. La ironía es que necesitaba hacer publicidad para pagar su título de Bellas Artes. Por suerte, vivía en Los Ángeles, donde ese plan es posible. Sin embargo, dudo que sus motivaciones para obtener un título de posgrado fueran producir comerciales para vender alimentos procesados y coches de lujo. Ella quería hacer películas, algo totalmente posible sin un título de posgrado. Desde el punto de vista de la inversión, no estoy segura de que su título genere beneficios, por desgracia. Desde el punto de vista de su satisfacción vital, quizá sí.

Cuando se trata de asumir una deuda de préstamo estudiantil hay que entender las compensaciones que se realizarán. Investiga las expectativas salariales. Comprende el verdadero costo de tu deuda. ¿A qué vas a renunciar cuando decidas tomar recursos del bolsillo de tu futuro yo? Asegúrate de que vale la pena.

HAZ EL TRABAJO

Dedica un fin de semana, o al menos una o dos tardes, a conocer a fondo tus préstamos estudiantiles

Utiliza las siguientes preguntas para conocer tus préstamos estudiantiles.

- ¿Qué tipo de préstamos tienes?
- ¿Cuánto debes, cuál es tu tasa de interés y cuál es tu pago mensual?
- ¿Quién es el administrador de tu préstamo? ¿Cuál es el número de atención al cliente y la página web del administrador?
- ¿Cuál es la fecha exacta en la que estarás libre de deudas de préstamos estudiantiles? (Utiliza Unbury.me u otra calculadora de préstamos.)
- Si puedes hacer pagos extra, ¿de cuánto será el extra? ¿Cómo afectará esto a los intereses que pagas y al tiempo que tardarás en devolver tus préstamos? (Unbury.m te lo ilustrará.)
- ¿Qué préstamos pueden acogerse a los planes de amortización basados en los ingresos?
- ¿Tu trabajo te hace elegible para la condonación del préstamo? Si es así, ¿qué préstamos son elegibles para la condonación de préstamos estudiantiles? ¿Estás 100% seguro de que estás haciendo todo lo correcto para asegurarte de que tus préstamos estudiantiles serán perdonados? ¿ESTÁS REALMENTE SEGURO?
- ¿Tus préstamos son elegibles para la consolidación? ¿Debes considerar la consolidación?

- ¿Es necesario que consideres refinanciar tus préstamos? Consulta las preguntas de la página 235 para que te ayuden a entender si es una buena medida para ti.

- ¿Cuáles son tus opciones en caso de que enfrentes una dificultad financiera? ¿Tus préstamos son elegibles para la prórroga o la tolerancia? ¿Cuál es el proceso para solicitar la prórroga de morosidad? ¿Cuál es el proceso para solicitar la tolerancia?

- ¿Conoces las consecuencias de no pagar tu deuda?

- ¿Sabes que tú no eres tus préstamos estudiantiles? Eres más que tus estúpidos préstamos estudiantiles. Eres una persona humana. Y tú importas porque eres una persona humana. Lo sabes, ¿verdad?

PARTE 4

CONSIÉNTETE A TI MISMO (EN EL FUTURO):

Inversión y jubilación

Ahora que hemos pasado por las dificultades de lidiar con nuestra deuda es el momento de construir el siguiente nivel de tu Pirámide de las Finanzas Impactantes: invertir y crear riqueza. En muchos sentidos, este nivel es un juego mental mágico y misterioso porque se trata de usar el dinero para crear más dinero. Éste es el fundamento de la industria financiera y el concepto de jubilación se basa en la suposición de que uno puede acumular riqueza por medio de la magia de la capitalización.

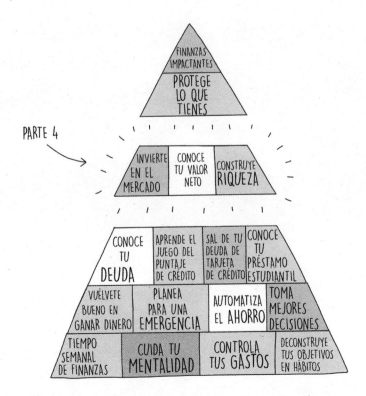

Explicaremos los fundamentos de la inversión, cómo pensar en ella y por qué la participación en la inversión es para todos y no está reservada a los que ya son ricos. También exploraremos algunos de los mecanismos subyacentes que hacen que el mercado de valores "funcione", y te enseñaré cómo pensar en contratar ayuda profesional.

CAPÍTULO 14

CÓMO PENSAR EN INVERTIR

¿Cuántas veces has tirado un centavo? ¿Si vieras un centavo en tu escritorio, o te lo dieran como cambio, en lugar de guardarlo en tu bolsillo para usarlo más tarde, lo tirarías a la basura? Bueno, quizá ya no uses dinero en efectivo, pero seguro que has visto centavos tirados en las banquetas y en el césped de los parques, y consideras que no tienen valor alguno. No intento juzgar la falta de respeto que tienes por los centavos; sólo trato de ilustrar que el centavo ha perdido su valor con el tiempo.

El centavo solía valer algo. En 1909, podías comprar un ejemplar del *New York Tribune* por un centavo. En 1932, con un centavo podías viajar un kilómetro y medio en el sistema de ferrocarriles del sur.[1] Y tal vez incluso tus abuelos o tíos abuelos te hayan contado de cuando compraban dulces en una tienda donde todo costaba entre cinco y diez centavos.

| 100% WHISKEY | 80% WHISKEY | 60% WHISKEY | 50% WHISKEY | 40% WHISKEY |

¿Cómo fue que un centavo pasó de valer el ejemplar de un periódico a ser tan molesto que prefieres tirarlo antes que llevarlo contigo?

Cuando el dinero pierde valor con el paso del tiempo, suele deberse a la fuerza invisible de la inflación. La inflación es cuando el precio de las cosas sube con el tiempo, lo que a su vez hace que el valor del dinero baje con el tiempo. Es como cuando un cubito de hielo se derrite lentamente en una copa de whiskey, y al derretirse le añade agua a la bebida. Tal vez al principio no notes la diferencia, pero cuanto más se derrite el cubito de hielo, más débil se vuelve el whiskey porque se diluye. En esta analogía, el whiskey es el poder adquisitivo de tu dinero (lo que tu dinero puede comprar) y el cubito de hielo que se derrite en él es la inflación. La analogía no explica del todo el funcionamiento de la inflación, pero ilustra bien sus resultados.

La inflación parece una fuerza siniestra porque, al aumentar, significa que tu dinero tiene menos valor.

Por ejemplo, si el precio de los burritos pasa de 5 dólares en 2018 a 5.50 dólares en 2019, eso es un aumento de 10% en el precio. La inflación o la tasa de inflación se expresa en forma de porcentaje.

Aunque la inflación provoca que la misma cantidad de burritos cueste más año tras año, la mayoría de los expertos en economía estarán de acuerdo en que un poco de inflación es buena para el crecimiento económico.

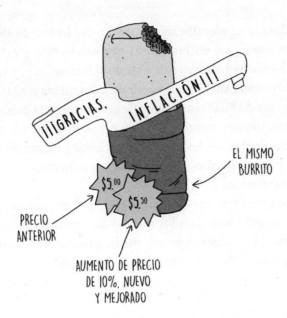

La deflación se produce cuando los precios de los bienes y servicios empiezan a bajar. Por lo general, esto sucede después de una recesión económica. Una deflación excesiva puede llevar a la economía a una crisis más profunda y grave. Por ejemplo, el salario por hora de un determinado puesto puede caer de 25 a 20 dólares por hora. La deflación a largo plazo provoca estancamiento, lo que provoca problemas más importantes. Es fácil ver que la disminución de los salarios no es precisamente una receta para una economía floreciente.

Ver y sentir el impacto de la inflación es mucho más fácil que entender por qué está ocurriendo. Cuando se trata de la inflación, es complicado. Puede haber muchos factores diferentes que hagan subir los precios de las cosas. Un aumento de la oferta monetaria y tasas de interés más bajos pueden estimular la demanda y crear inflación. Un impacto a la cadena de suministro podría causar el aumento de los precios.

¿CÓMO SE MIDE LA INFLACIÓN?

Aunque sería divertidísimo medir la inflación sólo a partir del costo de los burritos, no funciona exactamente así. En Estados Unidos, los periodos de inflación o deflación se identifican por medio del Índice de Precios al Consumo (CPI, por sus siglas en inglés). El CPI es medido y calculado por la Oficina de Estadísticas Laborales de Estados Unidos (BLS, por sus siglas en inglés). La BLS recopila sus datos a partir de la encuesta a 23,000 empresas y registra los precios de 80,000 artículos de consumo cada mes.[2]

El CPI es defectuoso y definitivamente no es una medida perfecta de la inflación; a menudo, los profesionales financieros y economistas lo critican porque subestima la inflación. Pero para bien o para mal, el CPI se usa como indicador de la inflación.

El BLS publica mes con mes las cifras de la inflación. Las encuentras directamente en su sitio web o en los medios de comunicación que publican datos financieros.[3] La inflación es una medida importante con la que debes familiarizarte porque afecta tu capacidad de solventar tu vida a corto y largo plazo.

AFRONTA LA INFLACIÓN A LARGO PLAZO: INVIERTE TU DINERO

Invertir tu dinero es una forma de luchar contra la inflación a largo plazo. No basta con ahorrar tu dinero a largo plazo, sino que debes invertirlo o, de lo contrario, garantizas que perderá su valor con el tiempo a causa de la inflación.

Supongamos que ahorras hoy 10,000 dólares en efectivo y los mantienes en un mercado monetario de ahorro de alto rendimiento durante 30 años. Digamos que obtienes una rentabilidad de 2% cada año. Quizás obtendrás unos cientos de dólares cada año y, después de 30 años, tendrás unos 18,114 dólares. ¡Impresionante! Hasta que lo comparas con la inversión. Digamos que inviertes 10,000 dólares hoy y obtienes 5% de rendimiento cada año. En 30 años tendrás unos 43,219 dólares. Y, por supuesto, si guardaras esos 10,000 dólares bajo el colchón, en 30 años seguirías teniendo 10,000 dólares, pero después de tres décadas de inflación no llegarían tan lejos; "valdrían" mucho menos.

QUÉ LE SUCEDE A $10,000 DÓLARES EN 30 AÑOS...

DEBAJO DEL
COLCHÓN

EN UNA CUENTA DE AHORRO
QUE TE DA 2% DE INTERÉS

EN UNA CUENTA DE INVERSIÓN
QUE TE DA 5% DE INTERÉS

TODAVÍA TENDRÍAS
$10,000, PERO
COMPRAN MENOS COSAS

TENDRÁS $18,114 DÓLARES

TENDRÁS $43,219 DÓLARES

Si ésta es tu primera introducción real en el mundo de la inversión y sientes que este mundo no es para ti, lo entiendo perfectamente. Cuando trabajaba como financiera, yo era la única mujer en el equipo de planificación financiera. Por supuesto, no me ascendieron así nada más a planificadora financiera; primero tuve que crear el puesto de planificadora financiera junior como escalón, aunque ya tenía las responsabilidades del puesto.

A fin de año, la empresa organizó una noche de fiesta para el equipo de planificación financiera, en el que yo participaba. Pero el evento era sólo para nuestros clientes y empleados masculinos. Yo quedé excluida. Literalmente, no pertenecía allí; seguía estando fuera, mientras estaba dentro, y nadie en la empresa se planteó siquiera si debían incluirme en el evento.

Sentir que no perteneces tiene sus ventajas. Fomenta de forma natural una mente abierta porque te obliga a pensar siempre en las perspectivas de los demás. Hace que sentirte incómodo sea cómodo. Y con frecuencia significa que nunca necesites permiso para probar cosas nuevas o estar en nuevos espacios, porque la sensación de no pertenecer a ningún sitio es simplemente normal. Te permite explorar lo que se te antoje, ser lo que quieras ser.

Aunque nunca sentí que pertenecía al mundo de las inversiones eso nunca me impidió intentar acceder a él. Toda mi vida ha consistido en encontrar formas de acceder a lugares, personas y cosas que históricamente no se han dado fácil a personas como yo. Lo que intento decir es que no permitas que esta industria llena de hombres viejos y blancos, con trajes mal ajustados, te haga sentir como Julia Roberts en *Pretty Woman* cuando los dependientes de la tienda piensan que ella no puede pagar los vestidos del lugar. No permitas que te hagan creer que no perteneces a la sociedad. No dejes que las estupideces de otras personas que intentan limitarte creen barreras en tu propia mente. Ésas son sus limitaciones sobre ti, no tus limitaciones sobre ti. Sólo esperan que creas la misma mierda que ellos: que el acceso y el poder deben ser limitados. A la mierda con eso.

Invertir es para todos. Sobre todo ahora. No hace falta ir al banco y tener un aspecto determinado o conocer al tipo adecuado —o ser un hombre— para invertir. Puedes abrir tu cuenta desde la comodidad de tu casa, en ropa interior, mientras ves *Gilmore Girls*.

Si antes has tenido resistencia a invertir, el resto de este capítulo es una forma de enfrentarte a las ideas que crearon esa resistencia. La resistencia es como una opresión en tu cuerpo. Si no la abordas y trabajas para aflojar lo que necesita ser aflojado, fortaleces lo que necesita ser fortalecido y liberas lo que necesita ser liberado, encontrarás formas de sobrecompensar la tensión. Y sobrecompensar genera nuevos problemas que pueden distraerte del verdadero problema.

Así que vamos a profundizar en los problemas reales para superarlos y sentirnos menos extraños a la hora de invertir.

"SÓLO LOS RICOS INVIERTEN"

¿Acaso las personas exitosas se levantan temprano, o más bien hay que levantarse temprano para volverte exitoso? La cuestión es la causalidad frente a la correlación. Se trata de un fallo de lógica común que vemos en todos los ámbitos de nuestra vida.

Mucha gente piensa que sólo las personas ricas pueden invertir, cuando en realidad la mayoría de las personas se vuelven ricas invirtiendo. Éste es el gran secreto: no es necesario ganar mucho dinero para invertir. Puedes invertir ahora mismo con un poco de dinero, y con el tiempo tus inversiones crecerán.

"NO TENGO MUCHO DINERO PARA INVERTIR"

No necesitas tener 15,000 dólares para empezar a invertir. Puedes empezar invirtiendo entre 25 y 50 dólares al mes. La forma de empezar es la misma que cuando inicias cualquier otra cosa en la vida: saber dónde estás. Y hacerlo hasta que, después de un rato, veas tu progreso. Y mi esperanza es que, después de un año, veas el dinero que te han dado tus inversiones y sientas una sensación de logro por seguir invirtiendo, y que eso te motive a seguir adelante y a cambiar tus prioridades.

"NO QUIERO PERDER DINERO"

A largo plazo, estás garantizando que perderás dinero al no invertir, debido a la maravillosa fuerza invisible de la inflación. Sólo tienes que preguntarle a cualquier persona de una generación anterior a la tuya cuánto solía costar un litro de leche o un paquete de pan y verás exactamente cómo la inflación provoca que el dinero en efectivo pierda valor con el tiempo. Así que, si realmente no quieres perder dinero, entenderás que debes invertirlo.

"AHORA NO ES UN BUEN MOMENTO PARA INVERTIR"

Ésta es la madre de todas las evasivas y creerla te impedirá hacer cualquier cosa a lo largo de tu vida. En general, nunca hay un momento perfecto para hacer algo. Cambiar de trabajo, casarse, enamorarse, divorciarse, mudarse a un nuevo lugar o iniciar un negocio. No te impidas empezar porque creas que no es el momento adecuado. A la larga, te darás cuenta de que deberías haber empezado antes porque cuanto más tiempo inviertas, mayores serán tus posibilidades de sentirte financieramente seguro y crear riqueza.

"PERO TODAVÍA TENGO MUCHO TIEMPO, ASÍ QUE PUEDO EMPEZAR DESPUÉS"

Aunque lo hagas, vas a desear haber empezado antes. Yo desearía haberlo hecho mucho antes. Un poco al principio da para mucho. A menudo, así se llega más lejos que en un periodo más corto. Incluso si empiezas con algo pequeño, ahorrando algo de dinero para tu cumpleaños o tu graduación, hazlo cuanto antes. Recuerda que el interés compuesto requiere tiempo para dar sus frutos. No te fíes de mi palabra; las matemáticas hablan por sí solas.

CASO I

BETHANY INVIERTE $5,500 AL AÑO, DESDE LOS 25 HASTA LOS 35 AÑOS

CASO 2

CHARLIE INVIERTE $5,500 AL AÑO, DESDE LOS 35 HASTA LOS 45 AÑOS

SUPONIENDO UN RENDIMIENTO ANUAL DE 6% A LOS 65 AÑOS

BETHANY TIENE $416,370.79

CHARLIE TIENE $232,499.27

"¿PERO NO ES POCO ÉTICO INVERTIR?"

Claro que lo es. Históricamente la riqueza se construyó a través de la violencia, la colonización, la guerra y la opresión. La principal motivación para colonizar el Nuevo Mundo fue la oportunidad de ganar dinero. Y la inversión y la creación de riqueza están entrelazadas con el colonialismo y el patriarcado. Antes de que Wall Street se convirtiera en el centro financiero donde se compran y venden acciones y bonos, originalmente fue donde se compraban y vendían seres humanos para esclavizarlos. Y sí, podemos invertir en empresas socialmente responsables, pero el mecanismo de inversión es inherentemente explotador y extractivo. No tengo ninguna receta para conciliar esta realidad. Pero los productos que usamos todos los días de alguna manera son explotadores. No hay una solución ni modelo perfectos para ser un inversionista más ético. Todos vemos cómo se va perfilando en tiempo real. Hace diez años, otros planificadores financieros se reían de mí cuando les mencionaba la inversión socialmente responsable, pero ahora se toma muy en serio.

Ser un humano en el planeta Tierra significa que constantemente debemos hacer concesiones y compromisos. Tenemos que sopesar el costo de hacer algo que tenga un beneficio. Debemos servirnos del pensamiento de segundo orden y escuchar nuestra intuición. Cuando se trata de invertir, creo que para mucha gente promedio ser un censor de conciencia sería más perjudicial que benéfico. Las consecuencias de segundo orden por no invertir serían innecesariamente perjudiciales para la gente que necesita aprovechar el poder de la capitalización. La motivación para invertir es mantenerse al día con la inflación y el costo de la vida para poder vivir. Sospecho que la mayoría no está tratando de hacerse increíblemente rica y luego planea utilizar esa riqueza para fines nefastos. No creo que luchar contra la desigualdad y contribuir a tu cuenta de jubilación sean actos mutuamente excluyentes. Y espero que conforme más gente sea consciente de las realidades e historias de nuestros sistemas modernos, se apliquen políticas para pagar la injusticia, se paguen las reparaciones y la redención sea posible. Hasta entonces, debemos aceptar la realidad del mundo en el que vivimos y hacer todo lo posible por no escupir para arriba.

"NO SÉ LO SUFICIENTE SOBRE INVERSIÓN COMO PARA SENTIRME CÓMODO INVIRTIENDO"

Tal vez no sabías lo suficiente sobre cómo funcionaba Instagram antes de decidirte a descargar la aplicación, abrir una cuenta y regalar todos tus datos personales, pero lo más probable es que lo hayas hecho. Y quizá también lo hiciste con Facebook. Sea cual sea tu afición, ya sea la cerámica, la jardinería o la carpintería, hubo un tiempo en el que no sabías nada sobre ese tema. Y sea cual sea tu experiencia, como conocer el funcionamiento del mundo editorial porque llevas diez años en él, en definitiva no naciste con ese conocimiento. Aunque hayas nacido con esos conocimientos porque eres un oráculo o algo así, has tenido que dedicar tiempo a perfeccionar tu oficio y a aprender más sobre su funcionamiento.

No pasa nada si no sabes lo suficiente sobre inversiones como para sentirte cómodo invirtiendo en este momento. Pero reconocerlo y elegir seguir siendo ignorante no está bien. Es una excusa para esconderte de algo que no quieres afrontar. Y si eso es cierto, ¿por qué no quieres afrontarlo? No sé la respuesta; sólo tú la sabes. Piénsalo. ¿Tienes miedo de en qué te convertirás después de aprender a invertir? ¿Crees que tus amigos no serán tus amigos o que tus seres queridos no te querrán? ¿Temes sentirte estúpido o aburrido? ¿Te preocupa enfrentarte a los errores del pasado y a la negligencia financiera? ¿Te angustia encarar las matemáticas de la jubilación? ¿Quieres ir a lo seguro y sentirte cómodo?

Sea cual sea tu respuesta, invertir ahora es una oportunidad para prevenir la inseguridad financiera de tu futuro. Es lo contrario de la deuda. Tu yo actual está poniendo dinero en el bolsillo de tu yo mayor. Así que, si te preocupas por tu lindo, viejo y arrugado yo del futuro, entonces tu joven y valiente yo actual tiene que dar un paso adelante. Protege a ese lindo viejecillo.

Invertir en tu futuro yo

Realiza un dibujo de tu yo viejo. Escríbele una carta en la que le prometas dedicar tiempo a estudiar los siguientes capítulos para entender la inversión y empezar a invertir por su bien.

- ¿Qué creencias y reglas tienes sobre la inversión?
- ¿Qué creencias y reglas quieres que tenga tu linda persona mayor sobre la inversión?
- ¿Qué creencias y reglas tienes sobre la jubilación?
- ¿Qué creencias y reglas quieres que tenga tu yo viejo sobre la jubilación?

REALIZA UN DIBUJO DE TU YO VIEJO

CAPÍTULO 15

CÓMO INVERTIR EN EL MERCADO DE VALORES

Una de las cosas divertidas del matrimonio es ver las cosas que formaron a la persona que uno ama. Mi mujer y mi educación no eran muy diferentes, pero había ciertas cosas en las que mis padres no gastaban o para las que no tenían dinero, para las cuales la familia de mi mujer sí tenía. Por ejemplo, en mi familia casi siempre llevábamos nuestra propia comida a los parques temáticos para no tener que pagar la comida cara que vendían ahí dentro. La familia de mi mujer no lo hacía; la comida del parque temático era parte de la experiencia para ellos. Pero mis padres me enviaron a un campamento de verano, mientras mi mujer y sus hermanos pasaban los veranos en casa con los abuelos, o incluso solos.

En un viaje con mi esposa y su familia a Las Vegas me di cuenta de cómo eran diferentes mis viajes con mi familia durante mi infancia. Cuando mi familia iba a Las Vegas, éramos unos diez primos en una habitación de hotel del Circus Circus, valiéndonos por nosotros mismos. Vivíamos el sueño de comer pizza y beber refrescos mañana, tarde y noche, mientras nuestros padres se turnaban para apostar y vigilarnos. En los viajes que realicé con mi familia nunca pagamos por entretenimiento. Nos entreteníamos gratis paseando por las calles y observando el paisaje, las luces y la gente.

Pero la familia de mi mujer gastaba dinero en entretenimiento y experiencias; iban a espectáculos y spas y hacían muchas compras. Nunca había ido a un espectáculo en Las Vegas antes de que la familia de mi mujer me llevara. Así que en este viaje en particular me sorprendió que una noche fuéramos a ver uno. Por una razón que no tengo clara, el espectáculo que fuimos a ver fue el *Mindfreak* de Criss Angel.

Criss Angel, si no lo conoces, es el chico malo de la magia. Tiene el pelo largo y negro con un fleco de lado, como el de los grupos emo. A veces se delinea los ojos y lleva pantalones de cuero. Había oído hablar de él, pero eso era todo lo que sabía de su trabajo. ¿Por qué éste era el espectáculo que todos íbamos a ver? Nunca lo sabré, pero no me decepcionó. Fue muy entretenido, y está claro que se me quedó grabado.

Aquí aprendí un par de cosas. Que los espectáculos de Las Vegas tienen una calidad de producción increíble. Incluso si no esperas disfrutarlo por su contenido, como en el caso del chico malo de la magia, sigue siendo tremendamente divertido e impresionante. La otra cosa que aprendí fue que la magia de Criss Angel era tan buena que daba miedo. Sus ilusiones me dejaron boquiabierta. Debería avergonzarme admitirlo, pero parecía muy real. De hecho, en algún momento pensé: "Este tipo es realmente un ángel o un demonio o, al menos, algún tipo de hechicero que estuvo en la Tierra y decidió un día que iba a ser el ángel/demonio/hechicero habitual aquí. Y para salirse con la suya, podría convertirse en un mago famoso".

Durante días me quedé pensando en algunas de las locas ilusiones de su espectáculo. Cómo pasaba del escenario al centro del público en una mariposa de humo. Aunque hubiera una trampilla, ¿cómo podría viajar tan rápido? Tampoco es posible que haya sido un doble. Claramente sigo asombrada.

La magia no es tan genial, pero siempre me ha fascinado. En realidad, nunca me interesó, pero siempre que estaba cerca me parecía emocionante que juega con las expectativas del público. Me encanta esa sensación de impacto y que no puedas explicar lo que acabas de vivir. Presenciar un truco siempre me hace reconectar con un sentido infantil de asombro.

Intento no dar por hecho las cosas mágicas de mi vida. Es mágico ver cómo una semilla brota en una planta, y que ésta se convierta en alimento. Sí, podemos explicarlo con la ciencia, pero eso no quita lo mágico que es. Las coincidencias pueden ser explicadas por la probabilidad *o* podemos pensar que se trata de algo mágico. Las matemáticas son mucho más mágicas de lo que decidimos ver. La música, que nos emociona y nos hace sentir algo que no podemos explicar en palabras, se rige completamente por las matemáticas. El compás, el tiempo, la distancia entre las notas y las vibraciones de las ondas sonoras son matemáticas y, sin embargo, lo que producen es una sensación mágica. La misma matemática la observamos en la belleza de la naturaleza y el arte, desde la secuencia de Fibonacci hasta la regla de los tercios.

Creo que una de las cosas que me atrajo de las finanzas fue un elemento de magia. Me parecía que, de alguna manera, la gente hacía algo de la nada; como si hubiera un juego de manos inherente al funcionamiento del mundo financiero. Elegí estudiar finanzas porque me preguntaba cómo funcionaba todo detrás del telón. ¿A dónde va el dinero? Si un banco presta un dólar que yo deposité, ¿el banco acaba de crear mágicamente 2 dólares a partir de 1? ¿Cómo pueden enriquecerse tanto estos vendedores que parecen tan estúpidos y habladores, con trajes bonitos y elegantes? ¿Cómo toman el dinero de otras personas y lo utilizan para ganar más dinero por arte de magia? ¿A quién engañan? ¿Nos están engañando a nosotros?

Por desgracia, algunas personas del mundo financiero utilizan la ilusión y el engaño porque el sistema incentiva ese tipo de comportamiento. Hay casos en los que es nefasto y casos en los que es benigno. Conocer las matemáticas que hay detrás de la magia es el primer paso para diferenciar entre ambas.

Así pues, echemos un vistazo al concepto mágico de la capitalización. La capitalización es como un grupo de hongos que aparece de la noche a la mañana; fascinante, pero extraño. La buena noticia es que la magia de la capitalización funciona para ti en el caso de la inversión. Pero en el caso de las deudas, el interés compuesto puede jugar en tu contra. Si alguna vez has pedido dinero prestado y acabaste debiendo el triple de lo que pediste originalmente, habrás experimentado la especie de magia oscura de Criss Angel del interés compuesto.

EL INTERÉS COMPUESTO ES MÁGICO

Cuando pides dinero prestado siempre devolverás más de lo que pediste originalmente, ya que estás pagando intereses. Pero hay situaciones en las que los altos intereses se acumulan con el tiempo y los pagos mensuales no son suficientes para evitar que el saldo crezca. Lo vemos con más frecuencia en las tarjetas de crédito y en los préstamos personales. Como acabamos de aprender en la parte 3, las tarjetas de crédito y los préstamos personales están diseñados para que el prestatario quede atrapado en un ciclo de deudas. Esto sucede debido a la magia del interés compuesto.

De la misma manera que algo negativo puede aparecer en otra área de manera positiva, el interés compuesto puede ser una fuerza del bien o del mal, dependiendo de cómo se aplique. Cuando el interés compuesto se aplica a la deuda, aumenta lo que debes. Pero cuando se aplica a tus inversiones y a tus activos, incrementa lo que tienes. Las palabras no hacen justicia para explicar el increíble poder y la misteriosa magia del interés compuesto, así que dejemos que las matemáticas hablen por sí solas con un ejemplo.

¿Preferirías tener un millón de dólares hoy o preferirías que la cantidad total de un centavo se duplicara cada día durante un mes? Deja que te explique la segunda opción. Empieza con un centavo el primer día. Luego se duplica el segundo día a dos centavos. Luego, dos centavos se duplican a cuatro centavos el tercer día, y así sucesivamente durante un mes. Parece una pregunta tramposa, porque en cierto modo lo es. Las matemáticas son las siguientes:

EL MONTO TOTAL DE UN CENTAVO DUPLICADO CADA DÍA DURANTE UN MES

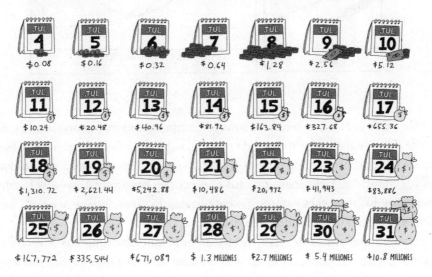

Si eliges la segunda opción, acabarás con mucho más que el millón de la primera. Éste es un ejemplo extremo de cómo funciona el interés compuesto. He aquí otra forma muy burda y sencilla de entender lo que ocurre: el efecto de la bola de nieve.

EL EFECTO DE LA BOLA DE NIEVE

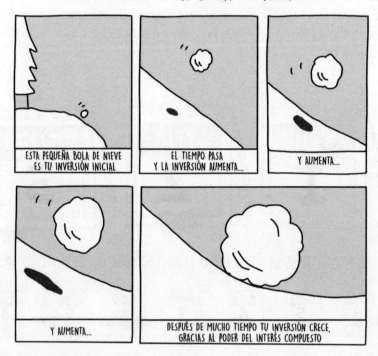

Un saldo creciente debido al interés compuesto es como una bola de nieve de dibujos animados que rueda montaña abajo. La bola de nieve representa la cantidad original de dinero que se invierte. El tiempo está simbolizado por la montaña. Y el dinero que tus inversiones generan a través de los dividendos y los intereses está representado por la nieve que se acumula en la bola mientras rueda montaña abajo.

Si acumulas más intereses, sin tocar ni la cantidad que has invertido ni la que ganas, haces crecer el saldo. Una bola de nieve más grande tiene una mayor superficie, lo que significa que puede crecer más y más rápido.

Ahora bien, ¿qué tal un ejemplo del mundo real? Supongamos que Alicia empieza a ahorrar 438 dólares al mes a los 25 años y continúa haciéndolo durante los siguientes 42 años, hasta que alcanza la edad de jubilación a los 67. Ahorra un total de 220,752 dólares porque 438 dólares al mes × 12 meses × 42 años = 220,752 dólares. Pero durante ese tiempo, sus inversiones tuvieron un rendimiento anual promedio de 6 por ciento. Así que a los 67 años, el saldo de su cuenta de jubilación ha crecido hasta el millón de dólares. Qué barbaridad, Alice, qué manera de hacer crecer un millón.

Estos ejemplos pretenden mostrarte lo poderosa que es la capitalización. Y que te estás jugando mucho si no aprovechas este fenómeno demencial, creado por el ser humano, de utilizar el dinero para crear más dinero. Sin embargo, si parece demasiado bueno para ser verdad, en cierto modo lo es. Esto es lo que quiero decir.

Lo malo de todo esto es en qué se basa. ¿De dónde viene todo este crecimiento? Para simplificar, digamos que compras acciones de una empresa. Como accionista, tu inversión crece tanto por el aumento del precio de las acciones como por el pago de dividendos. En última instancia, tanto el precio de las acciones como los dividendos son un reflejo del crecimiento de la empresa. Sí, la empresa crece porque la gente consume más y eso lleva a más ventas, pero otra forma de aumentar los beneficios es reducir los costos. Y, con frecuencia, el mayor costo de una empresa es el pago a los trabajadores.

Entre 1948 y 1971, los salarios por hora de los trabajadores estadunidenses y la productividad que presentaron los empleados crecieron respectivamente. Pero desde 1972, hemos sido testigos de un fenómeno en el que la productividad continuó su trayectoria ascendente mientras que los salarios, no. Entre 1979 y 2018, hemos visto cómo la productividad de los trabajadores ha aumentado 69.6%, mientras que el crecimiento de los salarios sólo ha crecido 11.6 por ciento. En otras palabras, la productividad ha crecido seis veces más que los salarios.

Si los trabajadores son más productivos, ¿a qué se destina esa productividad extra, en términos de dólares? Se invierte de varias maneras. Puede volver a invertirse en la empresa, o ser destinada a un fondo de pensiones con el cual el trabajador se beneficia más tarde, o asignarse a un plan de reparto de beneficios para los propietarios y los trabajadores. Alternativamente, y más comúnmente con las empresas públicas (empresas que venden acciones de propiedad en el mercado de valores), esa productividad extra se le paga a los accionistas, dueños y directivos. Si posees acciones de la empresa, te beneficias.

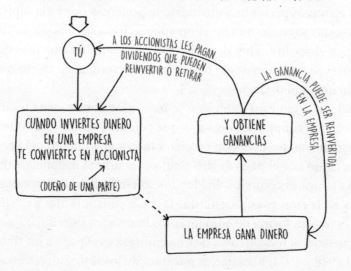

UNA EXPLICACIÓN EXTREMADAMENTE SIMPLIFICADA DE UNA FORMA EN QUE LOS INVERSIONISTAS GANAN DINERO

Así podemos beneficiarnos de la bolsa. Las empresas obtienen beneficios gastando menos de lo que ganan. Una forma de hacerlo es mantener los salarios iguales, mientras los ingresos aumentan. Lo que significa que las personas que trabajan en la empresa están infravaloradas y mal pagadas, mientras que el valor que generan con su trabajo pasa a los propietarios y accionistas en forma de dividendos o intereses.

Cuando una empresa emite acciones que se negocian en el mercado de valores significa que es una empresa pública. Una empresa pública es similar a una persona con una vida pública, como la reina de Inglaterra o John Legend. Cuando eres una persona pública, la gente tiene expectativas sobre tu comportamiento. No puedes ser ignorante y perjudicar a la gente; es parte del trabajo y del contrato social. Las empresas públicas también deben cumplir algunas expectativas. Wall Street, o los inversionistas profesionales y la gente de ese sector, esperan que las empresas públicas ganen dinero y crezcan, y lo hagan tan bien que paguen dividendos a sus accionistas.

Por ejemplo, Apple vende más iPhones, reduce los costos y gana más dinero en el trimestre actual que en el anterior. Cuando gana más dinero, hay muchas posibilidades de que les pague a sus accionistas algunos dividendos. En abril de 2020 Apple pagó dividendos por valor de 0.82 dólares por acción.[1] No parece mucho, pero observa las ilustraciones que aparecen al principio de este capítulo.

¿POR QUÉ LAS EMPRESAS PAGAN DIVIDENDOS?

¿No te parece que pagar dividendos es extrañamente generoso por parte de las empresas, teniendo en cuenta lo mezquinas que son con sus propios trabajadores? Pero hay una razón por la que las empresas pagan dividendos. Es una lógica bastante circular, pero tiene sentido cuando te das cuenta de qué se trata.

Las empresas pagan dividendos para atraer y mantener a los inversionistas y porque es bueno para el precio de las acciones. A menudo, tras el pago de dividendos a los inversionistas y accionistas, el precio de las acciones de la empresa sube porque existe la expectativa de que la empresa va bien, ya que puede permitirse pagar dividendos. Wall Street quiere que el precio de las acciones suba con el tiempo porque es otra forma de que crezca el valor de las inversiones. Si algo que posees aumenta su valor, se vuelve más valioso. Los directivos de las empresas públicas suelen recibir parte de su remuneración en forma de acciones u opciones sobre acciones. Así que están incentivados a maximizar los beneficios de los accionistas porque ellos mismos son accionistas.

Y así, la lógica dice que si los inversionistas pueden esperar dividendos invertirán en su empresa. Cuando mucha gente compra una acción tiende a subir el precio. Las empresas emiten más acciones, lo que significa que recaudan dinero que vuelven a invertir en su empresa para hacerla crecer aún más, lo que significa que pueden ganar más dinero y luego pagar más dividendos y ver cómo sube el precio de sus acciones. Y así, sucesivamente.

¿Qué tan tonto es esto? Creo que es muy tonto. Cuando veo que los dividendos van a parar a mi propia cuenta de inversión, o al ver que el valor sube porque los precios de lo que poseo aumentan, sigo estando genuinamente atónita porque no he hecho nada y el valor de lo que poseo ha subido.

Cuando me doy el tiempo para pensar en ello, me parece falso y estúpido, pero es así como funcionan las inversiones y la economía moderna. No es bueno para la Tierra porque supone que las empresas pueden crecer y crecer y crecer y crecer, sin tener en cuenta lo negativo que todo ese crecimiento es para el medio ambiente. Si fuera por mí, diría que dejáramos de creer en esta idea de que el crecimiento ilimitado es posible, pero mucha gente que se beneficia de este sistema no tiene prisa por dejarlo por algo nuevo. La verdad innegable es que, a medida que aumenta mi participación en este sistema, también se incrementa mi potencial de beneficio. Y no soy tan virtuosa como para no participar en esta alquimia de hacer más dinero con el dinero que tengo. Te dije que esto era un asunto de magia negra.

Creo que nuestras expectativas de progreso económico deben cambiar antes de que se modifiquen los mecanismos que promueven este comportamiento. Ésta es una receta increíblemente simplista para ayudar a que las cosas sean menos explotadoras: tomar los beneficios que genera un trabajador y permitirle beneficiarse de ellos, en lugar de extraerlos y reasignarlos a los dueños, accionistas y directivos. Muchas empresas lo hacen al reinvertir en sus trabajadores, ofreciendo un programa de participación en los beneficios, estructurando su empresa como propiedad de los empleados o dándoles algo de propiedad mediante acciones. Algunos fundadores de start-ups incluso están empezando a reorientar su objetivo de "Construyamos una empresa que se venda por mil millones de dólares" a "Construyamos una empresa que sea valiosa para una comunidad de personas". Como tecnología, Blockchain también está empezando a mostrar cómo la sociedad puede construir plataformas descentralizadas para que la concentración de quienes se benefician de algo se reparta entre muchos. Aunque es fácil sentirse mal por cómo funciona todo esto, confío en que el cambio inclusivo se producirá; sólo tomará tiempo para que ejecutemos estas ideas de una forma significativa y a gran escala.

Hasta que eso suceda, una forma de llevar el impacto de nuestra inversión a nuestro círculo de control es elegir inversiones socialmente responsables (ISR). Una ISR es una forma de invertir en empresas y carteras que se esfuerzan por generar un rendimiento para el inversionista, así como hacer una diferencia al poner el dinero en empresas con impacto sostenible o social. Las energías renovables o las empresas que invierten en sus trabajadores son grandes ejemplos de organizaciones que entran en el ámbito de la ISR. Otra razón por la que me siento esperanzada es por el gran cambio de actitud y rendimiento de las ISR en los últimos diez años. Cuando empecé en las finanzas, había muy pocas opciones y, como ya he comentado, los veteranos del sector se reían de mí con arrogancia cada vez que preguntaba por ellas. Hoy en día, estos fondos generan rendimientos comparables (y a veces mejores) para los inversionistas, están mucho más disponibles y es más fácil acceder a ellos.

Mi esperanza es que esto sea un camino para que los trabajadores y el mundo nos importen más. Aunque tal vez yo sea demasiado optimista, creo que la humanidad tiene la imaginación y la inteligencia necesarias para reestructurar el contrato social entre las empresas, las personas y el planeta. Y todo empieza aquí, aprendiendo sobre los fundamentos de este sistema. Así que gracias por poner de tu parte.

CÓMO EMPEZAR A INVERTIR: LO BÁSICO

El universo de la inversión es muy amplio. Éste no es el libro que te llevará por ese largo viaje. No vamos a cubrir cosas como los futuros o las criptomonedas. Este libro es el primer paso en el mundo de la inversión, por lo que sólo te voy a presentar los aspectos básicos que necesitas saber para estar listo y dar ese primer paso. Abróchense el cinturón, chicos y chicas, están a punto de entrar en un terreno denso de información.

Cuando se trata de invertir, hay tres conceptos principales a entender y que se centran en la gestión del riesgo de perderlo todo. La buena noticia es que no necesitas saber cómo ejecutar los conceptos. Cuando creas tus cuentas de inversión, las herramientas para realizar estos conceptos están incorporadas en forma de cuestionarios sobre tus propios sentimientos hacia el riesgo (tolerancia al riesgo) y para qué utilizarás el dinero y cuándo (calendario de inversión). Están incorporados porque las leyes obligan a ello, pero es bueno saber qué demonios está pasando mientras respondes las preguntas y miras la gráfica circular que te muestra.

Concepto 1. El riesgo en términos de tiempo. ¿Cuándo necesitas el dinero que estás invirtiendo?

En esencia, invertir es muy sencillo. Es básicamente una relación riesgo-recompensa. La cantidad de riesgo que debes asumir con tus inversiones viene determinada por el tiempo que puedes permitirte asumir dicho riesgo.

En otras palabras, la cantidad de riesgo que asumes depende de cuándo vas a necesitar el dinero que inviertes.

Por ejemplo, si tienes 24 años y estás invirtiendo en una cuenta de jubilación a la que no necesitarás acceder hasta dentro de 40 años, puedes asumir mucho riesgo ahora para obtener rendimientos, y luego ir asumiendo menos riesgo a medida que envejeces. Pero si estás invirtiendo dinero para el pago inicial de una vivienda que piensas comprar en los próximos diez años, probablemente no asumirás tanto riesgo porque no dispones de 40 años para afrontar los altibajos. Y si necesitas el dinero de tu cuenta corriente para pagar la renta del mes que viene no lo invertirás en absoluto porque no puedes permitirte perderlo.

Cuando vayas a invertir tu dinero, dile a la aplicación que usas —o a la persona con la que trates, si eres analógico— cuándo necesitas el dinero. Para algunas personas, lo más difícil no es cómo invertir el dinero, sino saber para qué lo invierten.

Concepto 2. Asignación de activos

La gestión del riesgo también se realiza mediante la asignación de activos. Una asignación de activos es la forma en que se reúnen las inversiones en función del riesgo inherente a cada clase de activos. Piensa en ello como en la combinación de sabores, texturas, aromas e ingredientes de un platillo, o en el cuidado de los elementos en una composición fotográfica.

Las acciones (acciones propias de una empresa), los bonos (un préstamo, pero en el que la empresa que emite los bonos toma prestado el dinero de los inversionistas) y el efectivo son clases de activos diferentes (son sólo tres de los muchos tipos que hay, pero por ahora vamos a simplificar).

Las distintas clases de activos tienen características diferentes en cuanto a su funcionamiento y riesgo inherente. En general, las acciones son intrínsecamente más arriesgadas que los bonos, y los bonos son intrínsecamente más arriesgados que el efectivo. Es como si montar en bicicleta con un ojo cerrado y una sola mano fuera intrínsecamente más arriesgado que montar en bicicleta con los dos ojos abiertos y con las dos manos.

La asignación de activos es una forma de elegir las clases de activos que debe tener una cartera de inversión, teniendo en cuenta el riesgo que puede tolerar un inversionista. La concentración de cada clase de activos también es importante para gestionar el riesgo. Un inversionista que posee una acción, un bono, un dólar y una casa parece tener una asignación de activos equilibrada, porque hay de todo, pero no tiene en cuenta el valor de cada clase de activos. Por eso, la asignación de activos suele expresarse en forma de gráfica circular. Las gráficas circulares facilitan la comprensión de la asignación de activos en términos de proporciones y de la cantidad de algo que se tiene, en relación con otra cosa.

Concepto 3. Diversificación

La diversificación no es sólo tener diversidad entre las clases de activos, sino diversidad dentro de cada clase de activos. Por ejemplo, si las frutas fueran clases diferentes —las frutas con semilla son acciones, las fresas son bonos y los melones son dinero en efectivo—, hay una variedad de frutas distintas dentro de cada clasificación.

Dentro de la categoría de frutas con semilla hay nectarinas, duraznos, chabacanos, ciruelas, mangos y cerezas. Dentro de la familia de las moras, están las fresas, los arándanos, las frambuesas, las grosellas, las zarzamoras y otras. Cada variedad tiene características diferentes, como la parte del mundo de la que proceden. Esto ayuda a repartir el riesgo. Por ejemplo, poseer acciones de empresas extranjeras, o grosellas, ayuda a protegerse de los riesgos que sólo afectan al mercado de su país de origen, de donde proceden las nectarinas.

No te preocupes, no tendrás que elegir comprar acciones de empresas extranjeras.

La mayor parte de las inversiones se realizan mediante la compra de participaciones en fondos.

Para la mayoría de la gente, invertir es poner su dinero en un fondo

Un fondo es como una cesta de la compra ya diversificada y llena de frutas; el fondo es la cesta y los distintos productos de la cesta son las distintas inversiones. Invertir en un fondo permite a los inversionistas (como tú, yo y tu mejor amigo del trabajo) agrupar su dinero. La agrupación de nuestro dinero nos da acceso a más inversiones de las que podríamos comprar por nuestra cuenta. Tener más acceso es una forma de diversificar lo que invertimos para que sea mucho menos arriesgado.

Con el dinero mancomunado, cada inversionista tiene acceso a inversiones que tal vez no podría realizar por su cuenta. Por ejemplo, si quisieras invertir en Tesla podrías comprar una acción, pero hay dos problemas con eso. El primer problema es el costo. En el momento de escribir este artículo, una acción de Tesla cuesta poco más de 600 dólares. Si no tienes 600 dólares, no puedes invertir en una acción de Tesla. Aunque se pueden comprar acciones fraccionadas con ciertas plataformas de inversión, también hay que tener en cuenta el costo del tiempo y la energía que supone investigar cada una de las acciones que deseas comprar. El segundo problema es el

UN FONDO ES UNA CESTA DE INVERSIONES

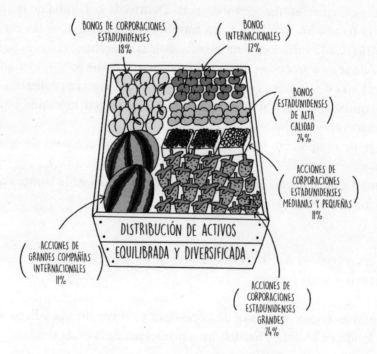

BONOS DE CORPORACIONES ESTADUNIDENSES 18%

BONOS INTERNACIONALES 12%

BONOS ESTADUNIDENSES DE ALTA CALIDAD 24%

ACCIONES DE CORPORACIONES ESTADUNIDENSES MEDIANAS Y PEQUEÑAS 11%

DISTRIBUCIÓN DE ACTIVOS EQUILIBRADA Y DIVERSIFICADA

ACCIONES DE GRANDES COMPAÑÍAS INTERNACIONALES 11%

ACCIONES DE CORPORACIONES ESTADUNIDENSES GRANDES 24%

riesgo. Comprar una acción individual es arriesgado. Es como apostar 600 dólares a un solo número de la ruleta.

Pero si compras en un fondo que tiene acciones de Tesla sigues invirtiendo en una cantidad menor de Tesla, y eso es mucho menos arriesgado porque también estás invirtiendo en otras empresas. Invertir a través de un fondo es como juntar 60 dólares con diez amigos y hacer varias apuestas pequeñas en la mesa de la ruleta.

A veces un fondo está lleno de otros fondos. Y cuando inviertas lo más probable es que lo hagas en un fondo indexado o en un fondo cotizado (ETF).

Invertir no es elegir acciones

Los medios de comunicación financieros pueden confundirte y hacerte pensar que cualquier inversión consiste en elegir acciones. El espectáculo de los medios financieros es muy extraño. En un programa de televisión muy popular se presenta básicamente un tipo blanco, viejo y calvo, con las mangas de la camisa dobladas hasta los codos. ¿Por qué no lleva una camisa sin mangas? A lo largo de cada episodio, este hombre habla de economía, de empresas individuales y de acciones individuales. Eso podría llevar a pensar que la inversión consiste en elegir valores individuales. Este tipo de medios financieros, y la mayoría de ellos, no son para el inversionista cotidiano que busca invertir en su cuenta de jubilación. Es para las personas que buscan especular (apostar) con dinero extra y para el inversionista profesional que elige activamente valores para mantenerlos en la cartera o fondo que gestiona. Aunque la inversión puede implicar la selección de valores individuales, el inversionista promedio no tiene que elegir valores individuales. Tiene la opción de comprar un índice de fondos cotizados (ETF).

Elegir acciones puede ser divertido para algunas personas, al igual que acampar es divertido para otras. Para algunas, acampar es someterse innecesariamente a situaciones que han intentado evitar toda su vida: dormir al aire libre, pasar frío, ir al baño en una letrina comunitaria y estar sucio. No tienes que elegir acciones ni acampar si no quieres. Tienes otras opciones.

Fondos indexados y ETF

Los fondos indexados y los ETF son fondos que reúnen un conjunto de inversiones en un único fondo en el que puedes invertir. Ambos se gestionan de forma pasiva, lo que significa que una persona o un equipo de personas no elige las inversiones del fondo. Las inversiones del fondo se basan en un índice, como el Standard and Poor's 500, también conocido como S&P 500, el cual mide el rendimiento de las acciones de 500 grandes empresas que cotizan en las bolsas de Estados Unidos. Los índices pueden representar el mercado en su conjunto o un sector específico, como el minorista o el energético.

Hay algunas ventajas de invertir en un fondo indexado o un ETF. Es mucho más barato que invertir en un fondo que un gestor de cartera maneja activamente. En un fondo gestionado activamente, los humanos eligen las acciones y en esencia eso es lo que se paga. Los fondos indexados y los ETF se gestionan de forma pasiva, ya que se invierte en aquello que el índice contiene. La principal diferencia entre los ETF y los fondos indexados es la forma en que se compran y venden, lo que en realidad no tiene gran impacto en la forma de operar de la mayoría de la gente. Los ETF se compran y venden durante el día de negociación, mientras que los fondos indexados se compran y venden al final del día de negociación.

Otra diferencia importante es que a veces los fondos indexados tienen un requisito de inversión mínima y los ETF, no. Por ejemplo, si abres una cuenta a través del asesor de inversiones Vanguard y quieres invertir en fondos indexados, hay una inversión mínima de 3,000 dólares para la mayoría de sus fondos indexados. Con los ETF no se necesitan miles de dólares para empezar. De hecho, cuando se utiliza una plataforma de inversión como Betterment, no hay un mínimo para comenzar. Si tienes un plan de jubilación patrocinado por tu empleador puedes dar inicio de inmediato. No hay un mínimo y es fácil empezar a invertir.

TU CUENTA DE JUBILACIÓN ES LA PUERTA DE ENTRADA A LA INVERSIÓN

Si tienes acceso a un plan de jubilación patrocinado por la empresa, como un plan 401(k) o un plan 403(b), debería ser bastante fácil empezar a invertir. Primero, dirígete al área de Recursos Humanos o a quien pueda responderte la siguiente pregunta: "¿Cómo puedo empezar a participar en el plan de jubilación de la empresa?". Quizá te pedirán que llenes algunos papeles y que indiques la cantidad de tu sueldo que te gustaría invertir, y eso es todo.

Con un plan de jubilación patrocinado por el empleador, tu inversión se realiza en automático. El dinero se descuenta de tu sueldo antes de que tengas la oportunidad de gastarlo. Es un plan de ahorro forzoso que elimina tomar una decisión al respecto. Es una forma de protegerse de uno mismo. Algunas empresas propician que los empleados opten por no participar en sus planes de jubilación, en lugar de motivarlos para que lo hagan. Se trata de una medida para que el ahorro de la jubilación sea más fácil que solicitar la inscripción y llenar un formulario.

Si tu empresa no ofrece un plan de jubilación es probable que puedas contribuir a una cuenta de jubilación individual, también llamada Cuenta de

Retiro Individual (IRA, por sus siglas en inglés). Y si trabajas de forma independiente o diriges una pequeña empresa, tienes la opción de la IRA y otras más para elegir, como la Cuenta de Retiro Individual (IRA) para la Pensión Simplificada del Empleado (SEP, por sus siglas en inglés) y la Solo 401(k), por nombrar algunas. El contador de tu pequeña empresa será el guía perfecto para enseñarte qué opciones tienes, plantearte los pros y los contras, y ayudarte a decidir qué tipo de cuenta de jubilación funciona mejor para tu situación fiscal única.

La mayoría de las cuentas de jubilación tienen fondos con fecha objetivo

Un fondo con fecha objetivo es un fondo indexado que invierte tu dinero en función de la fecha en que tienes previsto jubilarte. De ahí el nombre de fecha objetivo; tu jubilación es la fecha objetivo. Un fondo con fecha objetivo tiene en cuenta cuándo necesitas el dinero y crea una estrategia de asignación y diversificación de activos basada en tu fecha de jubilación. Se encarga de las tres consideraciones principales y se asegura automáticamente de que todo se invierta cada año como corresponde. Así, conforme se acerca la edad de jubilación, las inversiones del fondo se desplazan hacia inversiones menos arriesgadas. Tú no tienes que hacer nada. Ésta es la idea de "establecerlo y olvidarlo".

He aquí un pequeño detalle que a veces los principiantes en la inversión pasan por alto: asegúrate de que cuando te inscribas en tu cuenta de jubilación patrocinada por el empleador o configures tu IRA elijas el fondo con fecha objetivo en el que te gustaría invertir. Si no eliges el fondo en el que deseas invertir no se invertirá. Éste es un detalle pequeño, pero crucial. Otras plataformas dificultan que cometas este error, pero he escuchado historias de personas que creían que estaban invirtiendo porque realizaban contribuciones a su cuenta, pero en realidad nunca eligieron las inversiones que les gustaría comprar con cada contribución.

Hoy en día, esto suele hacerse en automático, pero asegúrate de que así sea. Puedes verlo en los estados de cuenta de tu inversión, entrar a tu cuenta para ver en qué estás invirtiendo o llamar a tu asesor financiero que gestiona el plan de jubilación de tu empresa para confirmarlo.

¿Cuánto debes ahorrar e invertir para la jubilación? La teoría

Hay muchas maneras de ver esto. Un enfoque es una perspectiva nebulosa y maximalista: ahorrar todo lo que se pueda para la jubilación. Para algunas personas eso significa aportar la máxima cantidad posible a su(s) cuenta(s) de jubilación cada año. Por otra parte, la mayoría de los expertos financieros, como los planificadores, recomiendan ahorrar entre 10 y 15% de los ingresos a partir de los 20 años de edad. Otra regla general para el objetivo de ahorro es tener ahorros que sumen entre 20 y 25 veces tu salario anual. Una calculadora en línea también es una buena manera de saber cuánto deberías ahorrar. Me gusta mucho la de Smart-Asset.[2]

Las proyecciones y las calculadoras en línea utilizan supuestos para generar sus proyecciones, pero éstas no son una garantía. Lo cierto es que nadie tiene la menor idea de lo que harán los mercados. Muchas de las personas que finalmente se jubilan no sólo hicieron todo lo correcto, como ahorrar lo suficiente, sino que también tienen buena fortuna. Esta buena suerte puede deberse a que lograron tener las prácticas profesionales adecuadas desde que salieron de la universidad, lo que ha impulsado su carrera; o puede ser que se graduaron durante un periodo económico fuerte; podría ser no haber adquirido deudas de préstamos estudiantiles o no tener que cuidar a un familiar con una enfermedad terminal.

No tengo idea de cuál será el futuro o el destino de la jubilación. No sé cómo será la seguridad social cuando estés en edad de jubilarte.

La jubilación tal y como la conocemos hoy es un concepto relativamente nuevo. Antes de la invención de las pensiones modernas en 1889, la mayoría de los casos de pensiones eran para las tropas del ejército y los veteranos. En realidad, las pensiones comenzaron como una forma de compensar a los veteranos por su servicio y no para que los trabajadores pudieran jubilarse.

Históricamente, el concepto de pensiones y jubilación, más allá de la compensación a los veteranos, fue introducido por el canciller alemán Otto von Bismarck en 1889, pero no porque le importara un carajo que los ancianos no trabajaran. Fue una medida preventiva para evitar que el creciente movimiento socialista en Alemania se fortaleciera. Después de esto, las pensiones se extendieron por toda Europa y luego por Estados Unidos.

Con el tiempo hemos visto desaparecer las pensiones. Una pensión es lo que se conoce como un plan de jubilación de prestación definida porque normalmente la prestación estaba definida. Las empresas invertían en nombre de los empleados y definían la prestación que el empleado recibiría en la jubilación. Por ejemplo, una pensión de prestación definida podría garantizar que les pagaran a sus trabajadores jubilados 2,200 dólares al mes.

En cambio, tenemos el plan de aportación definida. Es lo que la mayoría de las empresas han cambiado. Un plan de contribución definida no tiene una garantía de lo que una persona recibirá en la jubilación. En cambio, la empresa define lo que aportará a la cuenta de jubilación del empleado en ese momento. Por ejemplo, una empresa puede igualar hasta 3% de la contribución del empleado a su cuenta. Este cambio demuestra que la responsabilidad de asegurar la jubilación ha pasado de la empresa al empleado.

La jubilación es un experimento en proceso. El 401(k) se inventó en 1978. Apenas estamos empezando a descubrir cuándo funciona, cuándo no y qué suposiciones al respecto pueden ser erróneas.

El concepto de jubilación cambia y se redefine constantemente. Mucha gente se resigna a la idea de trabajar para siempre. Por mucho que yo piense que "siempre trabajaré", sé que en algún momento la sociedad no querrá emplearme y seré irrelevante. Pero la jubilación, en el sentido tradicional de no hacer ningún trabajo durante la última parte de tu vida, precedida por un trabajo de 40 años, no me parece normal ni atractiva.

Así que mi opinión sobre la jubilación es que voy a aspirar a ella continuando con la construcción de activos, como un negocio rentable y la propiedad intelectual que pueda vender o licenciar, ahorrando e invirtiendo una parte de todo lo que gane, haciendo evaluaciones a lo largo del camino y esperando lo mejor, lo cual quizá no es muy diferente de la estrategia de muchos.

Cómo ahorrar e invertir para la jubilación: la práctica

Para quienes tienen un empleo tradicional y acceso a un plan de jubilación patrocinado por el empleador, ahorrar automáticamente cada vez que se cobra es, en teoría, sencillo. Lo difícil es configurarlo para ponerlo en práctica. Si todavía no has empezado a ahorrar e invertir para la jubilación por cualquier motivo, comienza donde estás. Recuerda que, a veces, lo más importante es iniciar poco a poco, con tal de empezar. Incluso si ahora sólo puedes invertir 1% de tu sueldo, comienza por ahí.

Invertir una parte de lo que ganas cada vez que tienes ingresos es una forma sistemática de invertir. No importa lo que haga el mercado; mientras ganes, invertirás. Ésta es otra forma de eliminar el riesgo de la inversión, ya que se compran participaciones de fondos a distintos precios y no se tiene que medir el tiempo del mercado. Esto se denomina promediar el costo en dólares.

Encontrar el dinero para ahorrar e invertir vuelve a equilibrar la ecuación de las finanzas personales. Ya he hablado de esto una cantidad irritante de veces, pero, por si acaso, aquí va de nuevo: el dinero que utilizas para ahorrar e invertir puede provenir del desvío de fondos utilizados para pagar los gastos. Otra buena forma de "encontrar" el dinero para invertir es seguir invirtiendo la cantidad de dinero que estabas poniendo en tu fondo de emergencia después de haberlo financiado. También puedes hacer esto con el pago de un préstamo que depositabas cada mes. Si tenías un pago mensual de 350 dólares por un préstamo estudiantil, cuando lo hayas liquidado, toma esos 350 dólares mensuales e inviértelos. Sé que los 350 dólares al mes serían un placer para ti y los gastarías a tu antojo, pero recuerda la caminadora hedónica. Al principio, gastar esos 350 dólares te hará sentir bien, pero con el tiempo ese placer desaparecerá. Lo mismo ocurre con la inversión. Al principio puede doler, pero con el tiempo ese dolor desaparecerá.

También puedes encontrar dinero para invertir con cualquier aumento adicional de tus ingresos. Cualquiera de estos métodos por sí solo funciona, pero también sirve usar cualquiera de ellos en conjunto. Una vez más, los trabajadores independientes y los *freelancers* tienen una ventaja en este caso, ya que suelen tener mucha más autonomía e influencia para aumentar sus ingresos casi a demanda. Puedes invertir unos cientos (o miles) adicionales al mes al asumir más trabajo o al contratar a alguien que lo haga por ti.

Los trabajadores independientes y los *freelancers* tienen una complejidad añadida porque sus ingresos fluctúan. Esto significa que no pueden automatizar totalmente la inversión. Pero puedes invertir usando el método de "hágalo usted mismo" que describí en el capítulo 4. A continuación, te explico cómo hacerlo: Realiza pequeñas aportaciones para la jubilación de forma automática y luego aporta más conforme vayas ganando. Por ejemplo, tienes una aportación semanal automática de 50 dólares, pero durante el primer momento de financiación semanal del mes aportas 10% de lo que ganaste el mes anterior.

Otra estrategia para quienes tienen ingresos fluctuantes es ahorrar una cierta cantidad de los ingresos, alrededor de 25%, en una cuenta de ahorros a lo largo del año. Luego realizar una aportación para la jubilación al final del año o, si el tipo de cuenta lo permite, hacer una aportación en la declaración de impuestos. Esta estrategia significa que pierdes los altibajos del mercado durante ese año, pero la buena noticia es que tienes dinero en efectivo a la mano si lo necesitas durante el año. Por supuesto, el gran inconveniente es que podrías gastarlo en lugar de invertirlo. Haz lo que mejor te funcione.

Realmente no me importa la estrategia que utilices, siempre que te ayude a acercarte a lo que quieres lograr.

Empieza a invertir y sigue invirtiendo

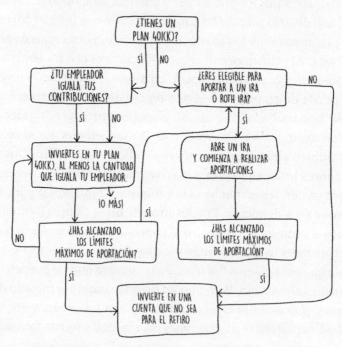

- Hablemos de estrategia. ¿Tienes un plan para empezar a invertir en los próximos 12 meses? ¿Cuál es?
- ¿Cómo es tu plan de inversión para los próximos cinco años?
- ¿Cómo es tu plan de inversión para los próximos diez años?

CAPÍTULO 16

¿QUIERES CONTRATAR A UN ASESOR FINANCIERO?

Me parece que pagar por servicios financieros profesionales es lo mismo que pagar por el brócoli al vapor. Dependiendo del momento en que me pidan mi opinión, podría responder con algo inocuo como: "Ambos tienen su lugar y su valor en el mundo". Otros días, tal vez si tengo frío o mucha hambre, quizá te diga que las dos cosas me parecen inútiles y aburridas. Cuando se trata de mis opiniones sobre la contratación de ayuda financiera, mis sentimientos son complicados.

Por un lado, la mayoría no necesita contratar a nadie para que le ayude con sus finanzas personales. La mayoría puede resolverlo todo sin contratar a un planificador financiero o a un asesor de inversiones. La persona promedio puede aprender por sí misma todo lo que necesita saber. Entre todos los libros, blogs, podcasts, videos y cursos *online*, la información está más disponible que nunca. Y, en algunos casos, como el de quienes viven al día, quienes tienen muchas deudas o quienes ya saben lo que hacen, no necesitan pagarle a alguien para que valide lo que tal vez ya saben sobre su plan financiero y su vida financiera.

Por otro lado, soy partidaria de contratar a profesionales que te ayuden a llevar tu vida al siguiente nivel. Los buenos planificadores y asesores financieros realmente añaden valor a la vida de sus clientes, pero no sólo en el ámbito de las inversiones. Puesto que nadie puede predecir el mercado y la mayoría de los asesores no pueden ganarle, un buen asesor o planificador debe ser valioso más allá de la inversión. Sobre todo, cuando empiezas a trabajar con un planificador o asesor, éste debe dedicar tiempo a escucharte. Tienen que entender en qué punto te encuentras y a dónde quieres llegar. Luego deben educarte, para que entiendas qué se necesita para alcanzar tus objetivos financieros. Deben saber en qué centrarse y qué ignorar. Y a veces tienen el desagradable trabajo de bajarte la moral, diciéndote qué objetivos son posibles, pero no probables, y todas las formas en que debes prepararte para una posible desgracia.

Vengo del mundo de la planificación financiera tradicional, donde trabajar con un planificador financiero requiere que tengas complejidad en tu vida financiera, una cierta cantidad de riqueza y el compromiso de firmar compromisos de un año. No todos los planificadores financieros trabajan así. Puedes contratar a alguien para que te cree un plan, para que revise un plan que tú creaste o para que te asesore en distintos momentos de tu vida. Por ejemplo, contratar a alguien que te sirva de guía temporal mientras atraviesas diferentes circunstancias de tu vida, como cuando te acabas de divorciar, si has recibido una herencia, obtenido un gran aumento de sueldo, si estás a punto de jubilarte, si has pasado por algún otro episodio financiero importante o si crees que necesitas a un profesional de verdad para organizar tus asuntos.

Si decides contratar a un planificador o asesor financiero (o a cualquier otro profesional de las finanzas), éstos son los aspectos que debes tomar en cuenta y las preguntas que debes plantear para decidir qué persona es la adecuada para ti.

PERO ANTES, ¿CUÁL ES LA DIFERENCIA ENTRE UN PLANIFICADOR FINANCIERO Y UN ASESOR FINANCIERO?

Los planificadores financieros también pueden ser asesores, y viceversa. Pero también pueden ser sólo planificadores o sólo asesores. La diferencia es similar a que los cuadrados y los rectángulos tienen cuatro lados, pero son diferentes cuando se ven de cerca. Los planificadores financieros suelen estar capacitados para ayudarte a elaborar un plan integral que te guíe para navegar por toda tu vida financiera, mientras que los asesores financieros se limitan más a aconsejarte sobre las inversiones.

LA DIFERENCIA ENTRE UN PLANIFICADOR FINANCIERO Y UN ASESOR FINANCIERO

AYUDA CON LAS METAS FINANCIERAS A LARGO PLAZO

LOS DOS TE ACONSEJAN SOBRE CÓMO INVERTIR

TIENE TIPOS ESPECÍFICOS DE LICENCIAS DE INVERSIÓN

EL PLANIFICADOR FINANCIERO

EL ASESOR FINANCIERO

CREA UN PLAN FINANCIERO INTEGRAL (DESDE PRESUPUESTACIÓN HASTA PLANEACIÓN PATRIMONIAL)

TÉRMINO AMPLIO QUE DEFINE A QUIEN MANEJA TU DINERO, INVERSIONES Y OTRAS CUENTAS

Los planificadores financieros son excelentes si buscas a alguien con una perspectiva integral que te ayude con toda tu vida financiera, por lo que mi predisposición es a favor de los planificadores financieros en lugar de los asesores. Los asesores financieros son buenos para quienes buscan ayuda específica en el ámbito de las inversiones. En general, he observado que los asesores son vendedores de productos, porque su remuneración suele estar vinculada a las comisiones. Dado que ganan dinero vendiéndote productos financieros, es buena idea que seas cauteloso cuando se trata de asesores que no son también planificadores.

Hasta ahora me han querido engañar en dos reuniones distintas con dos personas diferentes para la misma estafa piramidal de seguros de vida.

Ambos me dijeron que eran asesores financieros, cuando en realidad eran vendedores que participaban en una estafa piramidal y se hacían llamar asesores.

El primer tipo se acercó a mí después de que di una charla a un grupo de personas en un espacio de coworking en el suburbio de Costa Mesa, en California. Me dijo que era un asesor financiero: "He estado intentando conocer a la persona adecuada para asociarme y creo que tú eres ella". Fue lo bastante vago y elogioso para mi ego como para despertar mi interés. Así que, como una ingenua, accedí a intercambiar tarjetas y quedamos de hablar sobre el tema después. En los días siguientes, concertamos una cita en mi cafetería favorita del vecindario.

Me habló del "negocio" de asesoría financiera que estaba "construyendo", a pesar de que su experiencia profesional más reciente era en un sector no relacionado, o algo total y completamente distinto al de las finanzas. Le dije que había dejado el sector de los servicios financieros tradicionales por un par de razones: en primer lugar, porque me di cuenta de que detestaba hablar de inversiones. Además, no procedía de ese mundo donde la gente hereda patrimonios de un millón de dólares, por lo que buscar ese tipo de clientes no me resultaba tan natural y fácil como a quienes son de carne y hueso. Estuvo de acuerdo conmigo y me dijo que no intentaba construir una lista de clientes súper ricos y que, en cambio, su estrategia era construir una gran lista de clientes. Entonces me di cuenta de que ese tipo trataba de engañarme.

Quien sepa algo sobre la gestión del dinero sabe que ser un planificador independiente y tener una gran cartera de negocios, con un montón de pequeños clientes, es la receta para un estilo de vida innecesariamente estresante. Porque un negocio de asesoría independiente basado en el volumen, sin el apoyo o la tecnología adecuados, te hará pedazos. Hay un número limitado de clientes a quienes debes atender en un día, una semana, un mes y un año.

Le dije lo que pensaba: que su enfoque no era inteligente si no quería tener una vida en la que sus mil clientes le envíen mensajes de texto a cualquier hora del día, cualquier día del año. Y entonces empezó a explicarme que su negocio no consistía tanto en gestionar inversiones; en realidad existía la posibilidad de ganar más dinero reclutando gente y construyendo un negocio, en lugar de firmar más y más clientes.

Y en ese momento me sentí como la más idiota del mundo, porque yo era una profesional de las finanzas y me habían engañado para reunirme con alguien que intentaba reclutarme para una estafa piramidal. La empresa con la que estaba involucrado se llama World Financial Group. Le dije que estaba involucrado en una estafa, porque cada vez que ganas más dinero reclutando gente en vez de servir a tus clientes, en definitiva estás involucrado en una estafa piramidal. En lugar de detenerse a pensar de forma crítica, insistió en que no era una estafa y trató de demostrarlo con dibujos en una servilleta. Ya conoces el dibujo: se parece vagamente a la cima de una pirámide. No recuerdo cómo concluyó la reunión, pero algo así no termina bien cuando confrontas a alguien y le dices que intenta involucrarte en una estafa.

La siguiente vez que alguien intentó meterme en una compañía similar, fue a través de un DJ que conocí en una conferencia creativa en la que hablé. Se coló en los mensajes directos de Instagram y dijo que quería presentarme a uno de sus antiguos amigos, que ahora se dedicaba a las finanzas. Tal vez eso debería haber sido una bandera roja para mí, pero todavía estoy aprendiendo a establecer límites, así que organicé un almuerzo con este tipo. Mientras comíamos al aire libre en el precioso patio de un restaurante del centro de Los Ángeles en un día muy soleado, me di cuenta poco a poco. Me sentí mortificada porque una vez más no fui lo bastante inteligente como para verlo venir. Y, otra vez, le dije a este tipo que estaba involucrado en una estafa y tuve que escuchar cómo repetía las mismas respuestas que el último pobre hombre. Por fortuna, las servilletas de este restaurante eran de tela.

No estoy argumentando en contra de que contrates ayuda y no digo que siempre se trata de malas personas; simplemente están con una mala compañía dentro de un sistema que crea incentivos para vender productos, incluso si la gente no los necesita. Los grandes planificadores y asesores financieros pueden añadir mucho valor a tu vida, pero por cada uno existe un número incontable de charlatanes que se pavonean por la ciudad intentando venderte alguna mierda. El sector financiero es un terreno fértil para ello. Para evitar que te engañen y que aceptes comprar un seguro disfrazado de inversión, este capítulo te ayudará a armarte con cierta información para ir a cualquier reunión bien preparado y con los conocimientos suficientes para mantener a raya a estos charlatanes.

A QUIEN CONTRATES DEBE SER UN FIDUCIARIO INDEPENDIENTE QUE NUNCA RECOMIENDE PRODUCTOS BAJO LA "NORMA DE IDONEIDAD"

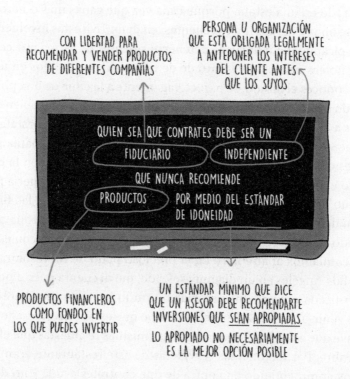

CON LIBERTAD PARA RECOMENDAR Y VENDER PRODUCTOS DE DIFERENTES COMPAÑÍAS

PERSONA U ORGANIZACIÓN QUE ESTÁ OBLIGADA LEGALMENTE A ANTEPONER LOS INTERESES DEL CLIENTE ANTES QUE LOS SUYOS

QUIEN SEA QUE CONTRATES DEBE SER UN FIDUCIARIO INDEPENDIENTE QUE NUNCA RECOMIENDE PRODUCTOS POR MEDIO DEL ESTÁNDAR DE IDONEIDAD

PRODUCTOS FINANCIEROS COMO FONDOS EN LOS QUE PUEDES INVERTIR

UN ESTÁNDAR MÍNIMO QUE DICE QUE UN ASESOR DEBE RECOMENDARTE INVERSIONES QUE SEAN APROPIADAS. LO APROPIADO NO NECESARIAMENTE ES LA MEJOR OPCIÓN POSIBLE

Definamos algunos términos clave.

- Un **fiduciario** es una persona u organización que actúa en nombre de otra persona para gestionar activos. Un fiduciario está obligado legal y éticamente a anteponer los intereses de su cliente a los propios. Pero aquí está el truco: ¡no todos los asesores financieros son fiduciarios! ¿Cómo es posible? Porque algunos vendedores sólo deben cumplir con algo llamado estándar de idoneidad.

- El **estándar de idoneidad** es un reglamento que establece que un agente de bolsa debe hacer "esfuerzos razonables para obtener información" sobre la vida financiera de un cliente, a la hora de determinar si un producto financiero se considera "adecuado" para dicho cliente.[1] La idoneidad no parece algo impreciso, pero puede serlo. Por ejemplo, si contratas a un nutriólogo cuyas recomendaciones alimentarias sólo tuvieran que cumplir un estándar de idoneidad, podría argumentar que es adecuado que tú sólo tomes vitaminas. Lo que es adecuado no siempre es lo que te conviene. Ése es el truco de este lenguaje.

- Cuando los asesores son **independientes** significa que son libres de recomendar productos financieros de diferentes empresas. Alguien no independiente sería un "gestor de patrimonio" que trabaja en Wells Fargo; normalmente sólo se le permite vender productos de Wells Fargo, que puede no ser el mejor producto para ti, pero es el único que este asesor puede vender.
- Los **productos** son tipos de inversiones, valores e instrumentos financieros, como las rentas vitalicias o las pólizas de seguro de vida.

Veamos un ejemplo. Supongamos que Jack es un asesor financiero que tiene dos opciones de productos para su cliente, Elane. El primer producto es una inversión que es la mejor opción para Elane y que es menos costosa, pero sólo le paga a Jack una comisión de 3 por ciento. La segunda inversión no es la mejor opción para Elane y es más cara, pero cumple el estándar de idoneidad y le paga a Jack una comisión de 10 por ciento. El problema con el estándar de idoneidad, y con las comisiones en general, es que provocan un conflicto de intereses entre el asesor y el cliente.

Tal vez estés pensando por qué dije específicamente: "A quien contrates debe ser un fiduciario que nunca recomiende productos bajo el estándar de idoneidad". Quizá te preguntes: "Si un asesor financiero es fiduciario, ¿cómo podría recomendar productos usando el estándar de idoneidad?". Por desgracia, los asesores que son fiduciarios siguen encontrando formas de eludir su obligación legal y ética de anteponer los intereses de sus clientes a los suyos.

He aquí cómo: todo está en el tecnicismo del tipo de empresa para la que trabajan (o crean ellos mismos). Todas las empresas de asesoría financiera deben registrarse como empresa de corretaje o como asesora de inversiones registrada (AIR), o pueden ser un híbrido de ambas cosas.

- Una **empresa de corretaje** sólo debe cumplir el estándar de idoneidad.
- Una **asesora de inversiones registrada (AIR)** está legalmente obligada a actuar como fiduciaria.
- Una **empresa híbrida** está registrada como asesora de inversiones registrada y como empresa de corretaje. Esto significa que ciertas operaciones de esta empresa se realizan bajo la obligación fiduciaria, como la gestión de dinero a cambio de una comisión. Pero hay otras ocasiones, como la venta de ciertos productos, en las que también pueden actuar como una empresa de corretaje, sólo en virtud del estándar de idoneidad. Una empresa híbrida es como cuando se visita la frontera de dos estados y puedes estar en ambos a la vez y decir que estás en California y Nevada al mismo tiempo. Es lo mejor de ambos mundos... para el asesor.

¿CUÁL ES LA DIFERENCIA ENTRE LOS DISTINTOS TIPOS DE FIRMAS DE ASESORÍA FINANCIERA?

En definitiva, ya no basta con que el planificador o asesor financiero que contrates sea fiduciario. Tampoco deben recomendar nunca, jamás, productos financieros utilizando el estándar de idoneidad. Y aunque puedan presumir de las ventajas de crear una empresa híbrida en lugar de una AIR, ten en cuenta que existe este pequeño vacío que puede ser explotado en su beneficio y posiblemente en tu perjuicio. No digo que todos lo hagan, pero es una posibilidad. Quizá lo mejor para ti sea trabajar con alguien con quien esa opción no exista.

CONOCE TODAS LAS FORMAS DE PAGARLE A QUIEN CONTRATES: TEN CUIDADO CON LOS COSTOS OCULTOS EN LA PROMESA DE RENDIMIENTOS

Por lo general, los profesionales financieros cobran de dos maneras. Están los honorarios de los clientes y las comisiones por la venta de productos financieros. Los honorarios se estructuran de diversas maneras. Hay honorarios de gestión de activos, honorarios por hora, retenciones, honorarios trimestrales u honorarios fijos.

Cuando contratas a alguien para que te ayude con tu dinero es importante saber cómo gana dinero esa persona, porque lo hacen a costa tuya, literalmente. No hay nada malo en que la gente reciba una compensación por su trabajo, pero eso no significa que no seamos críticos con los posibles conflictos de interés o con el valor que recibes en comparación con el precio que estás pagando.

Sólo honorarios

Si entrevistas a un planificador financiero pídele que te diga todas las formas en que le pagan, y si su respuesta es sólo por honorarios, esto significa que su compensación proviene directamente de los clientes a los que sirve. Los planificadores y asesores por honorarios son casi siempre fiduciarios y actúan en el mejor interés de sus clientes.

Dado que su remuneración proviene de sus clientes y no de terceros, como los fondos de inversión o las compañías de seguros, estos planificadores y asesores se centran en las necesidades y los intereses de sus clientes. Cuando un asesor o planificador de pago recomienda productos de inversión financiera puedes estar seguro de que realmente te está recomendando el mejor producto para ti, ya que las recomendaciones no compiten con las comisiones.

Los honorarios para los asesores y planificadores se estructuran de diferentes maneras. Hay retenciones anuales, suscripciones mensuales, una tarifa por entregar un plan financiero completo y diferentes paquetes de servicios con distintas opciones. Hay planificadores que cobran una tarifa por hora o por sesión. Los honorarios por gestión de activos han sido una estructura de honorarios muy popular en el sector, pero a la larga pueden resultar mucho más costosos para los clientes.

Activos bajo gestión

Los honorarios de los activos bajo gestión (HAG) sólo son por honorarios, pero también pueden formar parte de la remuneración basada en honorarios si el asesor recibe comisiones. Es complicado, por lo que es importante saberlo al considerar la posibilidad de contratar a alguien.

En mi primera semana de trabajo en la empresa de planificación financiera, mi nuevo jefe me explicó cómo funcionaba el sector. Me explicó cómo nuestra empresa podría cobrar una cuota anual de planificación financiera y una cuota de gestión de activos de 1 por ciento. Esto significa que 1% del saldo de la cuenta de inversión del cliente se paga como comisión. Así, un cliente con un millón de dólares invertidos con nosotros, nos pagaría 10,000 dólares al año, y un cliente con 10 millones de dólares, nos pagaría 100,000 dólares al año. Al principio, esto se veía muy bien y quizás una comisión de 1% no parezca mucho, pero acaba siendo muy cara a largo plazo. Podría costar a los inversionistas 25% de sus rendimientos a lo largo de 40 años (¡o casi medio millón de dólares!).[2] Auch.

Para algunas personas, el pago de estos honorarios vale la pena porque recurren a su planificador financiero para que analice todo tipo de opciones de inversión u oportunidades financieras, desde empresas en las que

COMPRENDER EL COSTO A LARGO PLAZO DE LOS HONORARIOS POR GESTIÓN DE ACTIVOS

LO QUE TU INVERSIÓN GANA $330,000

LO QUE TU INVERSIÓN PAGA EN HONORARIOS $170,000

LO QUE TU INVERSIÓN GANA $160,000

TU INVERSIÓN DE $100,000

SIN HONORARIOS

2% ANUAL EN HONORARIOS POR GESTIÓN DE ACTIVOS

FUENTE: VANGUARD

podrían invertir hasta acuerdos de publicación y concesión de licencias que están considerando. Pero, para la gran mayoría, estos honorarios no valen la pena porque no obtienen servicios que los justifiquen. Mucha gente no necesita o no quiere ceder tanto de los rendimientos, que podrían generar ellos mismos invirtiendo en fondos indexados y ETF.

Comisiones sobre los productos

Si le preguntas a un asesor financiero cómo se le paga y su respuesta es que su remuneración se *basa* en los honorarios, significa que puede cobrar los honorarios pagados por los clientes *y* las comisiones de los productos financieros que vende. ¿Por qué lo llaman "basado en honorarios" cuando suena similarmente engañoso a "por honorarios"? ¿Para confundirte, tal vez? No sé, pero quizá sería mucho más sencillo llamar a esta estructura de pago "honorarios *y* comisiones".

DÓNDE ENCONTRAR ASESORES Y PLANIFICADORES POR HONORARIOS

XY Planning Network (Red de Planificación XY) es una magnífica base de datos para encontrar asesores.[3] La base de datos es amplia, por lo que puedes buscar lo que esperas de un planificador. Si quieres encontrar a alguien local, que cobre una tarifa fija por crear un plan y que esté especializado en inversiones socialmente responsables, realiza una búsqueda para encontrar a todos los asesores de la red que cumplan esos criterios. También puedes recurrir a otros fiduciarios, como un profesional certificado de planificación financiera o un asesor que pertenezca a la Asociación Nacional de Asesores Financieros Personales, en sus respectivos sitios web.[4] Una vez que halles a los asesores y planificadores que cumplan tus criterios, concierta entrevistas informativas para averiguar si la persona es la más adecuada para ti.

¿Estás listo para trabajar con un experto en finanzas?

HAZ EL TRABAJO

SALIDA

¿YA SABES QUÉ BUSCAS AL TRABAJAR CON UN EXPERTO?
SÍ
NO

¿PUEDES RESOLVER EL ASUNTO POR TI MISMO?
SÍ
NO

¿LA PERSONA CON LA QUE TRABAJES SERÁ UN FIDUCIARIO?
NO
SÍ

OKEY, PRIMERO DEFINE ESO

¿ENTIENDES CUÁNTO TE COSTARÁ LA AYUDA?
NO
SÍ

¿ESTÁS LISTO PARA DELEGAR TUS DECISIONES FINANCIERAS?
NO
SÍ

PARECE QUE HAS CONSIDERADO LAS PREGUNTAS IMPORTANTES Y ESTÁS LISTO PARA ENCONTRAR UN EXPERTO

CAPÍTULO 17

CÓMO CREAR RIQUEZA

Conoce tu valor neto

Podemos rastrear la búsqueda de riqueza de la vida moderna hasta algunos acontecimientos desagradables y ruines. La búsqueda de más riqueza es lo que llevó a los países europeos a colonizar otras partes del mundo. La trata de esclavos en el Atlántico y los orígenes de Wall Street están entrelazados. El origen de la riqueza en nuestro mundo moderno brotó de estas semillas. No es de extrañar que persista la imagen recurrente del rico inmoral y codicioso. Es porque el mundo, tal y como lo conocemos, ha sido moldeado por estos principios de escasez por encima de la abundancia, de extracción por encima del intercambio sagrado y de la violencia de la colonización.

Reconocer cómo estas ideas están presentes en los principios de la construcción de la riqueza nos ayuda a entender las formas en que podemos abordar y reformular nuestra relación con la riqueza. Enfrentarnos a nuestra historia nos permite elegir cómo participar en la construcción de la riqueza.

La riqueza es un megáfono para nuestros valores, ideas y voz. Alguien con riqueza tiene la libertad y los recursos para trabajar y crear aquello que quiere ver en el mundo. La riqueza es poder. Cualquiera que se sienta fuertemente obligado a influir en la sociedad se da cuenta de que la riqueza es un ingrediente para lograrlo. No es necesario tener una riqueza extrema para apoyar las ideas radicales que uno desea ver en el mundo. Incluso con niveles modestos de riqueza, se puede influir en las comunidades al invertir en las relaciones.

La poeta, activista y autora Sonya Renee Taylor creó un proyecto llamado Buy Back Black Debt (Devolver la deuda a los negros). Es un proyecto local de construcción de relaciones interraciales, espirituales y económicas. Grupos de cinco a diez personas reúnen recursos económicos y se comprometen a apoyar económicamente a las personas negras de su comunidad que sufren los efectos del racismo institucional a través de la deuda. Se trata de una idea radical y un ejemplo muy literal de cómo la riqueza puede amplificar nuestros valores, ideas y voz en el mundo.

¿Qué es la riqueza? No todo es caviar y vuelos en primera clase. De hecho, para la mayoría de la gente crear riqueza con frecuencia requiere prescindir de esas cosas. La riqueza no es la cantidad de dinero que se gasta, al contrario de lo que se dice en todos los episodios de *Gossip Girl*. La riqueza es lo que guardas, es lo que posees.

Recuerdo la primera vez que el concepto de riqueza me quedó claro. Estaba sentada en el despacho de mi jefe, quien me estaba enseñando sobre las solicitudes de seguros de vida. En la solicitud había que elegir una cantidad de prestación y justificar el cálculo realizado para determinar dicha cantidad. Resolver esto era como hacer geometría; había diferentes maneras de solucionar el teorema.

Ese día conocí una sencilla regla general que mi jefe utilizaba para todos sus clientes. El seguro de vida, del que hablaremos más a fondo en el próximo capítulo, sustituía los ingresos de alguien si moría mientras estaba cubierto por la póliza. Decía que por cada 50,000 dólares de ingresos que hubiera que sustituir se necesitaría un millón de dólares de seguro de vida a plazo. La lógica era que si se tenía una suma global de un millón de dólares y se invertía el millón en ese momento, se podía esperar razonablemente generar un 5% de rendimiento cada año. Así se obtendrían los 50,000 dólares de ingresos que había que sustituir. El millón de dólares se invirtió, y esas inversiones generaron un rendimiento que constituyó el ingreso, que luego se pudo destinar a los gastos de subsistencia.

Lo que me sorprendió fue la suposición de que los beneficiarios de la póliza no se limitarían a recibir un millón de dólares y a gastarlo lentamente a lo largo del tiempo, como la mayoría de quienes ganan la lotería. La suposición de que lo invertirían y vivirían de sus ganancias implicaba la posibilidad de que la suma global se conserve en su mayor parte en forma de inversiones propias.

Aunque esto es teoría y no práctica (no afirmo al 100% que el seguro de vida sea una herramienta para crear riqueza), esta lección me hizo darme cuenta de que había estado pensando en los ingresos, el gasto, la inversión y la salud de forma equivocada. Pude ver que la gente con un millón de dólares podía conservarlo si podía vivir de los 50,000 dólares que generaba en rendimientos. Y al hacer esto, pueden pasar la riqueza a la siguiente generación. Esto ilustra que la riqueza no es lo que gastas, sino lo que posees.

Cuando eres verdaderamente rico, tu seguridad financiera no depende sólo de los ingresos que obtienes de un sueldo. Esto es lo que significa el término *financieramente independiente*. Tu seguridad financiera es independiente de tu salario. Cuando eres realmente rico, ganar dinero no depende del trabajo. El objetivo de ahorrar e invertir es la idea de que, en algún momento, tus ingresos provendrán de tu riqueza, en lugar de que tu riqueza se construya a partir de tus ingresos.

Mi familia nunca me enseñó esto. Sólo lo aprendí y lo interioricé después de exponerme una y otra vez al funcionamiento interno de la industria financiera. Para muchas personas pensar en construir la riqueza de esta manera no es un instinto natural. Hay que enseñar y mostrar esta perspectiva. Y si eres como yo, necesitas ver este concepto ilustrado de varias maneras para que realmente tenga sentido.

A veces la riqueza es difícil de entender porque suele confundirse con los ingresos. No estudié la carrera de Finanzas porque quería aprender a crear riqueza tranquilamente, mientras vivía de forma frugal. Quería aprender a gastar el dinero como idiota, mientras trabajaba lo menos posible. Me da vergüenza admitirlo, pero dudo que alguien estudie Finanzas por otra razón. No creo que sea la única que confunde la riqueza con los ingresos. Solemos pensar que la gente es rica porque tiene ingresos elevados.

La sociedad suele considerar que los actores y deportistas que firman contratos multimillonarios, o los médicos con consultas privadas que cobran miles, son personas ricas por su nivel de ingresos. Aunque los ingresos y la riqueza están definitivamente relacionados no son lo mismo. Los ingresos son la cantidad de dinero que ganas durante un periodo y la riqueza es poseer cosas valiosas. Y aunque tengas ingresos elevados, si te gastas el millón que ganas porque estás atrapado en la caminadora hedónica, nunca serás verdaderamente rico porque tendrás que salir a ganar ese dinero de nuevo.

INGRESO ≠ RIQUEZA
PERO LA RIQUEZA PUEDE GENERAR INGRESOS

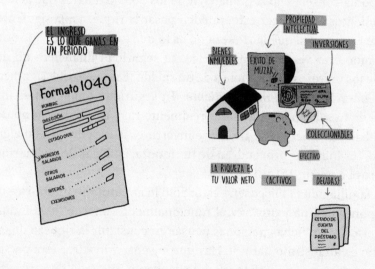

Por desgracia, no es raro ver esta situación entre los atletas profesionales. Según un artículo de *Sports Illustrated* publicado en 2009, 60% de los exjugadores de la NBA están en quiebra a los cinco años después de retirarse. Y 78% de los exjugadores de la NFL se han arruinado o están bajo presión financiera a los dos años de su jubilación.[1] Estos atletas ganan más en un año que la mayoría de la gente en toda su vida, pero se las arreglan para gastarlo todo, y se quedan sin nada. He visto este fenómeno de cerca, pero, en lugar de atletas, con gente de Los Ángeles.

Como planificadora financiera trabajé con parejas que ganaban casi un millón de dólares al año, pero que también gastaban casi todo lo que ganaban. Me di cuenta pronto de que los ingresos altos no garantizan la riqueza.

La creación de riqueza suele requerir la obtención de ingresos, pero además precisa de un cambio de perspectiva.

La creación de riqueza es un objetivo financiero que a menudo se asume, pero del que no siempre se habla. La riqueza puede representar la libertad y la seguridad, pero también te permite ser financieramente resistente en lugar de financieramente frágil. Cuando eres frágil desde el punto de vista financiero sientes todas las pequeñas crisis económicas y los baches en el camino. Recuerda que las crisis económicas y financieras son rutinarias, debemos esperarlas como esperamos que suban las mareas. La riqueza nos hace sentir capaces de lidiar con esa incertidumbre; nos da opciones y tranquilidad.

Así como la riqueza es maravillosa para los individuos que la amasan, también puede usarse para beneficiar a las comunidades mediante la financiación del activismo económico. Tener riqueza nos da los medios para invertir en las personas, organizaciones y causas que nos importan.

CREA RIQUEZA: CÓMO EMPEZAR

Ahora que hemos abordado la importancia de crear riqueza, veamos cómo empezar.

Invertir en el mercado

Una manera muy común, tradicional y, francamente, fácil de multiplicar tu dinero es la que hemos discutido en los capítulos anteriores: invertir en el mercado de valores. La forma más usual de hacerlo es a través de un plan o una cuenta de jubilación, pero también es posible por medio de cuentas de corretaje, es decir, aquélla en la que un inversionista compra y vende inversiones, como diferentes tipos de fondos o incluso acciones individuales. Es como una cuenta de jubilación, pero puedes vender tus inversiones y utilizar el dinero en cualquier momento, sin penalizaciones por retirar los fondos antes de la edad de jubilación. La contraparte es que cualquier ganancia e ingreso que tengas en tus cuentas de corretaje no tiene los beneficios fiscales de las cuentas de jubilación. Cuando ganes intereses y dividendos u obtengas una ganancia por una venta de algo que compraste a un precio más bajo deberás pagar impuestos por estos incrementos. Por eso las cuentas de jubilación se denominan cuentas con protección fiscal. El gobierno busca motivarnos a ahorrar para nuestra propia jubilación creando incentivos fiscales.

Bienes inmuebles

Otra forma común y tradicional de invertir es comprar una propiedad, como una casa que genere ingresos por alquiler. En comparación con el mercado de valores, esta forma de invertir requiere mucha más energía y capital. Si quieres hacerlo, edúcate sobre cómo manejarla como un negocio adecuado y aprende sobre el mercado en el que estás entrando. Y ten en cuenta que, al hacerlo, te obligas a ser propietario, a menos que contrates con una empresa de gestión inmobiliaria. Sin embargo, al final del día, la propiedad sigue siendo tu responsabilidad como propietario. Por otra parte, algunas personas consideran su residencia principal como una inversión.

Una casa *puede* ser una inversión inteligente, pero, en promedio, tu rendimiento esperado es aproximadamente igual al de la inversión en acciones.[2] Además, este rendimiento varía de una ciudad a otra y según el momento en que compres y vendas tu casa. Históricamente, la vivienda ha sido una forma de crear riqueza para muchas personas, sin importar su estatus socioeconómico o sus ingresos. Sin embargo, es importante tener en cuenta que los datos sobre la vivienda, que tienen muy poco tiempo en comparación con los miles de años que los seres humanos hemos estado en la Tierra, pueden convencernos de que apostar por nuestra residencia principal es algo seguro, pero en realidad requiere un enfoque mucho más matizado.

La compra de una vivienda suele ser la mayor adquisición que se hace en la vida, y requiere disponer de una suma de dinero importante para el pago inicial. Así que, al igual que todo lo demás en tu vida financiera, saber si la compra de una vivienda es lo más adecuado para ti es una decisión personal que sólo tú puedes resolver. *The New York Times* tiene una calculadora[3] muy buena que te ayuda a determinar si es mejor alquilar o comprar, en términos puramente económicos. Pero los números sólo cuentan la historia de los costos monetarios. Tu trabajo es explorar cómo estos costos monetarios se traducen en consecuencias de segundo orden que afectan a toda tu vida.

Crear cosas valiosas y poseerlas

Las personas más ricas poseen cosas valiosas. Poseer activos es la clave. Esto siempre ha sido así a lo largo de la historia. Quienquiera que haya generado la idea de poseer tierras tenía el poder y los medios para crear riqueza. Hoy en día, para bien o para mal, la financiación de todo significa que hay muchas formas de comprar activos. Los activos pueden ser una propiedad intelectual (son ideas que se monetizan, son arte, acciones fraccionadas de arte, e incluso arte digital en forma de *tokens*), son zapatillas deportivas, son medios de producción; son negocios.

Son un catálogo de canciones, un guion o una vivienda adicional de tu propiedad que aumenta el valor de tu casa o genera ingresos por alquiler. Incluso, si trabajas en una empresa que es propiedad de los empleados puedes ser dueño de una parte. Sí, deberás cumplir los requisitos para obtener dicha parte, pero es una forma de corregir el desajuste de valores entre empleados y empleadores, que mencioné en el capítulo 5. También hay empresas que compensan a sus trabajadores con opciones sobre acciones. Éste es otro camino para poseer algo valioso, aunque sea un camino menos transitado y menos disponible.

La propiedad es imprescindible para crear riqueza, pero también es valiosa más allá del desarrollo individual. La creación de riqueza no resolverá todos los problemas de la sociedad, pero ayuda a los grupos marginados. A nivel individual, alguien con un trabajo modesto puede acumular montos de seis cifras cuando está en la mediana edad o incluso más joven. Esto cambia la vida de las personas. Quizá no sea suficiente para jubilarte pronto y viajar por el mundo a los 35 años, pero es suficiente para sentirte seguro y próspero. Es suficiente para darle opciones a alguien y quitarle el estrés para que no esté atrapado en un bucle de malas decisiones inducidas por la ansiedad.

A mayor escala, si estás interesado en construir estructuras de poder que existan fuera de una estructura capitalista debes participar en la construcción y la propiedad de las cosas. Cuando un mayor número de personas controlamos los medios de producción, en lugar de sólo unos pocos, tenemos el poder y los medios para influir en las comunidades. Podemos crear, apoyar y elegir modelos empresariales que coexistan con el capitalismo y la comunidad. Imagina que tú y algunos de tus amigos son propietarios de los terrenos de un barrio que se está gentrificando; juntos podrían encontrar una forma de ayudar a la gente a permanecer en una comunidad de la que se está teniendo que salir rápidamente. Podemos emprender acciones radicales que construyan puentes hacia nuevas formas de organizar la sociedad. Crear estructuras alternativas de poder porque controlamos los activos. Cuando creas activos, creas una expresión concreta de una idea en el mundo. Eso es poder.

Un enfoque equilibrado

Cada persona aborda la creación de riqueza de una manera diferente. Algunas ahorrarán e invertirán tranquilamente durante 30 o 40 años. Otras iniciarán negocios o crearán otras cosas valiosas. Unos optarán por la vía inmobiliaria. Y muchos adoptarán un enfoque equilibrado, poseyendo e invirtiendo en muchas cosas: creando un negocio, invirtiendo en el mercado y comprando bienes inmuebles.

Crear riqueza mediante un enfoque equilibrado es tradicional, pero es una forma muy práctica de diversificar tu riqueza. Diversificar la forma de mantener tu patrimonio es un modo de cubrir o gestionar el riesgo, al igual que con la inversión en el mercado. Por ejemplo, si la mayoría de tus inversiones se concentran en unos pocos edificios de departamentos en un país, la falta de diversificación presenta el riesgo de que un desastre natural o algún tipo de crisis regional afecte el grueso de tus activos. Lo mismo sucede con tener la mayor parte de tu patrimonio invertido en el mercado de valores. Durante las inevitables caídas, el valor de tu patrimonio disminuye. Este tipo de riesgos también es la razón por la que ahorrar dinero en efectivo en un fondo de emergencia es una prioridad, antes de crear riqueza. Sin él, te ves obligado a utilizar tus activos, que es como dar un paso adelante en la creación de riqueza sólo para dar dos hacia atrás. Diversificar lo que posees es una forma de asegurarte de que no corres el riesgo de poner todos los huevos en una sola canasta, y perderlos.

Sea cual sea la combinación de activos que elijas para invertir, ten en cuenta que te conviene aprender todo sobre el funcionamiento de esa inversión. En otras palabras, si quieres invertir en un negocio deberías dedicar algún tiempo a aprender sobre él. Como mínimo, lee algunos libros. Si quieres comprar un departamento, estudia el sector inmobiliario y aprende qué implica ser propietario. Si quieres crear un activo necesitarás conocimientos al respecto. Aprovecha tu experiencia, tus contactos y tus recursos internos para crear un activo.

ALGUNOS ACTIVOS VARIADOS DEL JARDÍN

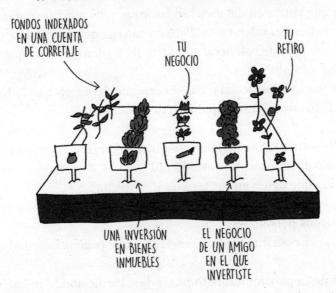

LA MEDIDA DE TU RIQUEZA ES TU PATRIMONIO NETO

Calcular tu patrimonio neto es muy fácil. Sólo debes sumar todo tu efectivo y el valor de tus activos, luego restar el saldo total de todas tus deudas y, *voilà*, tendrás tu patrimonio neto.

Por lo general, esto es lo que se incluye en la categoría de activos personales:

9 Todo el dinero en efectivo de tus distintas cuentas corrientes.
9 Todo el dinero en efectivo de las distintas cuentas de ahorro.
9 Las inversiones, incluidos los planes 401(k) y otros saldos de planes de jubilación.
9 Bienes inmuebles.
9 Muebles.

ꙧ Joyas.

ꙧ Arte.

ꙧ Otras cosas de valor, como una guitarra o un violín, o esa pequeña cantidad de Bitcoin que compraste para ver de qué se trataba.

ꙧ El valor de tu participación en un negocio.

No hay que entrar en detalles con las joyas y los muebles y todas esas cosas, sobre todo si no valen tanto. Pero en caso de que tengas una reliquia familiar o una tarjeta de baloncesto de Michael Jordan de joven, que realmente vale mucho, contabilízalas.

Los pasivos son tus deudas, o el dinero que debes porque lo has tomado prestado. Éstos son algunos ejemplos de deudas:

ꙧ Una hipoteca o una línea de crédito con garantía hipotecaria.

ꙧ El saldo de un préstamo estudiantil.

ꙧ El saldo que debes en tus tarjetas de crédito.

ꙧ Préstamo de coche.

ꙧ Préstamos personales.

ꙧ Cualquier cosa que hayas financiado y que pagues mensualmente.

La cifra de tu patrimonio neto te ayuda a medir dónde te encuentras en relación con tus objetivos financieros y vitales. Incluso si en este momento tu objetivo es tener un patrimonio neto positivo sigue siendo importante saber dónde te encuentras en relación con tu objetivo, ya que eso impulsará tu estrategia y tus decisiones. Tu patrimonio neto es un dato que te orienta sobre cómo actuar.

¿CUÁL DEBERÍA SER TU PATRIMONIO NETO OBJETIVO?

A corto plazo, el patrimonio neto es importante porque es una forma de entender el grado de estabilidad y resistencia de tus finanzas. Quienes tienen un patrimonio neto positivo, que tienen dinero en efectivo e inversiones, cuentan con espacio para respirar; tienen opciones; podrían dejar su trabajo sin estar obligados a tomar otro empleo inmediatamente.

A largo plazo, el patrimonio neto es el mecanismo que le permite a la gente jubilarse. Cuando se adopta el enfoque tradicional de la jubilación existe un método sencillo y rápido para calcular tu patrimonio neto objetivo basado en un múltiplo de tus ingresos antes de impuestos en función de tu edad. Por supuesto, hay cálculos mucho más complicados para encontrar tu patrimonio neto objetivo, pero por ahora vamos a mantenerlo simple. Más adelante habrá tiempo para ponernos a pensar en las calculadoras de jubilación.

Tuve mis reservas de incluir la siguiente gráfica en el libro porque sé que asustará a mucha gente que se encuentra muy lejos de "donde debería estar". Por un lado, no es bueno estar retrasado en tus metas y estresado. Es muy difícil pensar con claridad cuando te sientes así. Pero, por otro lado, si estás interesado en el tipo de bienestar financiero que te permite vivir sin tener que trabajar, esta gráfica es una gran herramienta para entender lo que necesitas para lograrlo y si es algo que te gustaría perseguir.

USA ESTA TABLA PARA DESCUBRIR CUÁL DEBERÍA SER TU VALOR NETO

EDAD	SUFICIENTE	MEJOR	BIEN	GENIAL	🔥🔥🔥
22	Ø				0.1
25	Ø	0.1	0.25	0.4	0.5
28	Ø	0.25	0.4	0.5	1
30	0.5	0.75	1	1.5	2
35	1	2	3	4	5
40	2	4	6	8	10
45	3	6	8	10	13
50	4	7	9	12	15
55	5	8	11	14	17
60+	6	9	13	16	20

PASO 1: ENCUENTRA LA EDAD MÁS CERCANA A LA TUYA

PASO 2: MULTIPLICA TU INGRESO ANUAL POR CADA NÚMERO EN TODAS LAS CATEGORÍAS

PASO 3: COMPARA TU VALOR NETO ACTUAL CON TU META DE VALOR NETO

EDAD	SUFICIENTE	MEJOR	BIEN	GENIAL	🔥🔥🔥
22	Ø				0.1
25	Ø	0.1	0.25	0.4	0.5
28	Ø	0.25	0.4	0.5	1
30	0.5	0.75	1	1.5	2
35	1	2	3	4	5
40	2	4	6	8	10
45	3	6	8	10	13
50	4	7	9	12	15
55	5	8	11	14	17
60+	6	9	13	16	20

POR EJEMPLO, JESS TIENE 30 AÑOS Y SU INGRESO ANUAL ES DE $45,000
ELLA TIENE EL SIGUIENTE VALOR NETO:

$ 45,000 X 0.5 = $22,500 ⟶ SUFICIENTE

$ 45,000 X 0.75 = $33,750 ⟶ MEJOR

$ 45,000 X 1 = $45,000 ⟶ BIEN

$ 45,000 X 1.5 = $67,500 ⟶ GENIAL

$ 45,000 X 2 = $90,000 ⟶ 🔥🔥🔥

JESS TIENE UN VALOR NETO DE $ 38,950,
QUE CAE EN EL RANGO ENTRE "MEJOR" Y "BIEN"

La gráfica tiene un rango porque algunas personas querrán saber cuánto deberían ahorrar para vivir una jubilación tradicional después de 40 o 50 años de trabajo, y otros querrán construir una riqueza que les permita liberarse mucho antes de la dependencia de un pago mensual. Estos últimos están interesados en acumular un dinero "liberador".

El dinero liberador es justo lo que parece. Es una gran cantidad de dinero (en efectivo y en activos) que te da la libertad de dejar tu trabajo, al estilo *Half-Baked*. Por supuesto, puedes hacer las cosas con más elegancia, eso depende de ti. La gráfica ilustra un rango y te permite ver cuánto más tendrías que ahorrar para jubilarte antes de la edad típica de jubilación. El rango sólo te da opciones o puede otorgarte el permiso para apuntar a una vida que no creías poder tener.

En la gráfica observarás que cuanto mayor sea tu edad, más alto es el múltiplo. La razón del aumento es doble. En primer lugar, estás más cerca de la jubilación, por lo que debes haber acumulado más. En segundo lugar, estamos asumiendo que tu riqueza se ha conformado con el tiempo, lo que significa que ha crecido exponencialmente.

ELIGE UN OBJETIVO Y DECONSTRUYE LOS HÁBITOS QUE PRECEDEN A LA CONSECUCIÓN DE TU OBJETIVO

Muchas personas no pudieron contar con el apoyo financiero de sus propios padres, por lo que desean crear un patrimonio que beneficie a sus hijos. También hay mucha gente que no está interesada en transmitir su riqueza a sus herederos. Les interesa disfrutarla, gastarla y destinarla a organizaciones a las que quieren apoyar.

No es necesario crear un gigantesco cúmulo de riqueza que se espera heredar algún día a los hijos. Muchas personas ricas se han comprometido públicamente a donar la mayor parte de su patrimonio a la caridad. Y en el momento de escribir este artículo, están empezando a surgir organizaciones que permiten invertir en otras personas y comunidades. Espero que este tipo de plataformas, que ayudan a las personas a crear un patrimonio para beneficiarios ajenos a ellas, adquieran más importancia con el tiempo. Sin embargo, este tipo de pensamiento no es necesariamente nuevo. Benjamin

Franklin legó 2,000 dólares para repartirlos entre las ciudades de Boston y Filadelfia. Pero el truco era que gran parte de ese dinero no se podría utilizar sino hasta dentro de cien años, y la mayor parte no se distribuyó sino hasta después de 200 años. En 1990, su donación tenía un valor de 6.5 millones de dólares.[4] Se trata de un ejemplo fascinante del poder de la capitalización y de una forma poco tradicional de dirigir la riqueza. Sea cual sea tu elección, espero que tu objetivo de patrimonio neto refleje lo que te parece correcto y lo que valoras.

Cuando elijas un objetivo de patrimonio neto tendrás un nuevo propósito financiero por el que trabajar. Ahora deberás determinar qué acciones periódicas debes llevar a cabo para lograrlo. No todos los planes de acción serán iguales.

Si eres el nuevo propietario de un negocio que busca tener un patrimonio neto de 3 millones de dólares deberás examinar todas tus opciones para hacer realidad este objetivo. Tal vez una alternativa sea crear un negocio que se venda por 3 millones de dólares en diez o en cinco años. Otra opción es crear un negocio que sea lo bastante rentable como para mantener el salario y los beneficios del propietario, para que éstos se inviertan en cuentas de jubilación y en bienes inmuebles durante los próximos diez años.

Alguien con circunstancias y objetivos diferentes tendría un enfoque distinto. Un empleado joven y soltero que quiera acumular 100,000 dólares a los 40 años tiene diferentes caminos para construir ese patrimonio. Puede encontrar un trabajo bien remunerado, decidir vivir con compañeros de piso u optar por vivir con la familia o en una camioneta. O quizá puede aceptar un trabajo adicional como *freelance* y vivir lo más frugal posible. Una vez que tienes un objetivo, empiezas a ver que muchos caminos llevan al mismo destino.

Es valioso establecer objetivos claros y una estrategia clara sobre cómo hacer crecer tu patrimonio. Pero recuerda los conceptos que repasamos en el capítulo 4. Los objetivos son excelentes para apuntar en una dirección, ponerlos en marcha, darles una estructura y ver qué tan lejos estás de donde quieres estar.

Siempre habrá cosas fuera de nuestro control que se interpondrán en el camino de lo que tratamos de lograr. Las cosas que están dentro de nuestro control son los hábitos que podemos crear y que nos llevan al logro de un objetivo. Por ejemplo, invertir 30% de los ingresos, las primas, los regalos o las ganancias inesperadas. ¿Cuáles son los comportamientos y hábitos que te llevan a alcanzar tus objetivos? ¿Puedes comprometerte con ellos de forma constante?

No subestimes tu poder personal. Lo digo en serio. No minimices lo que puedes hacer. Y tal vez esto suene muy arrogante y fuera de lugar porque ya sabes que hay muchas cosas fuera de nuestro control. Pero una vez que empiezas a ver lo que sucede cuando mantienes el enfoque en las cosas que están bajo tu control, te das cuenta de más aspectos en los que tienes dominio. Todas estas pequeñas áreas de influencia se acumulan. Es un largo juego de constancia.

CREAR RIQUEZA ES UN JUEGO LARGO

Construir riqueza requiere la misma constancia y fuerza que las olas ejercen sobre un acantilado, y que con el tiempo causan una hermosa erosión. Día tras día, las olas son una presencia constante: no necesariamente con demasiada presión, sólo hacen lo suyo. Así se construye la riqueza. Ahorrando, invirtiendo y creando cosas valiosas de forma constante. No hay absolutamente nada de glamour en lo que se requiere para tener un enfoque consistente en la construcción de la riqueza. En realidad, es bastante aburrido, pero eso es lo que pasa con cualquier tipo de logro o de consecución de objetivos. Como con el ejercicio, el resultado es sexy, pero el trabajo para llegar a él es muy poco sexy. Es la capacidad de poner tu energía en algo, sin importar el cansancio y el aburrimiento de todo eso que a veces resulta muy difícil hacer.

Pero cuando llegas al nivel de la Pirámide de las Finanzas Impactantes donde construyes riqueza, ya has atravesado muchos niveles. Has visto lo poderoso que eres: has dedicado tiempo a establecer sistemas de gasto y ahorro, has financiado tu fondo de emergencia. Tal vez has pasado años pagando la deuda de la tarjeta de crédito y construyendo poco a poco un negocio. A estas alturas, empezarás a ver que la creación de riqueza es el resultado natural de haber pasado por los procesos anteriores a éste.

UTILIZA ESTA HERRAMIENTA:
PLANIFICADOR DE LA JUBILACIÓN

A medida que tu patrimonio neto comienza a crecer es posible que desees examinar más detenidamente tu plan realizando una proyección de la jubilación o un planificador de la jubilación. Un planificador de la jubilación es una herramienta en línea para que realices un seguimiento de tu patrimonio neto y te ayuda a proyectarlo en el futuro. La herramienta que utilizo personalmente y que suelo recomendar es de la empresa Personal Capital[5] que cuenta con una aplicación para el teléfono. Agrega los datos de las distintas instituciones financieras, extrayendo los saldos de las cuentas de activos y deudas, lo que permite una visión general de tu patrimonio neto. La sección de planificación del sitio web te hará preguntas sobre tus ingresos actuales, tus ahorros, tus inversiones y tu fecha deseada de jubilación. La herramienta hará suposiciones sobre el rendimiento de las inversiones basándose en los datos que le proporciones. Y estas suposiciones le ayudarán a obtener un rango aproximado sobre si alcanzarás o no tu objetivo de jubilación.

Smart Asset también ofrece una herramienta de jubilación gratuita con la que puedes realizar una proyección de jubilación.[6] El sitio te guiará a través de una serie de preguntas sobre tus ingresos, ahorros, inversiones, gastos y cuándo te gustaría jubilarte. Aunque una proyección y un planificador no siempre están garantizados al 100%, son una buena herramienta para ver cómo pueden crecer tus inversiones con el tiempo.

UTILIZA ESTA HERRAMIENTA:
LA INVERSIÓN DEL DESEO

Inevitablemente, a medida que empieces a acumular riqueza, deberás aprender cosas nuevas, aceptar la incomodidad y cambiar tu comportamiento en tu intento de alcanzar tus objetivos financieros. A lo largo de este proceso enfrentarás miedo y resistencia. Es natural. Todas las personas que conoces experimentan este tipo de temores. Desde los más exitosos hasta los más relajados, todos debemos lidiar con nuestros miedos. Si quieres enfrentarte al miedo no puedes evitarlo. Tienes que rendirte ante él, dejarlo entrar y transitarlo.

Hay un par de maneras de atravesar el miedo. Cuando sientas que la sensación aparece, detente por completo, reconoce el temor en tu cuerpo y respira profundamente unas cuantas veces. Sentirlo es una forma de superarlo.

El entrenador que me enseñó a fluir con gratitud, me dio a conocer un ejercicio llamado Inversión del Deseo, creado por Phil Stutz y Barry Michels.[7]

La inversión del deseo es una herramienta de visualización para ayudarte a superar el miedo o para afrontar algo doloroso que estás evitando. Hay dos modos para utilizar esta técnica. La primera es cuando notes que te sientes incómodo debido a la resistencia o al miedo. La segunda es cuando requieras hacer algo difícil, desafiante o aterrador. Por ejemplo, cuando te sientas tenso justo antes de negociar tu salario, o cuando evitas un proyecto o una conversación difícil. Esta herramienta te ayudará a actuar ante el dolor y el miedo. Te permitirá seguir adelante.

Sólo una nota: verás que se utiliza las palabras *dolor y miedo indistintamente*. Esto se debe a que evitamos hacer cosas dolorosas, incómodas o que inspiran temor.

1. Cierra los ojos. Concéntrate en el dolor que estás evitando. Visualiza el dolor como una nube que aparece frente a ti. Piensa: "Que aparezca el dolor". Lo haces porque tu dolor tiene un gran valor y lo quieres.
2. A continuación, visualízate avanzando y entrando en esta nube de dolor y miedo: "¡Amo el dolor!", sigue moviéndote a través de la nube. Mientras lo haces, permítete aceptar el miedo y el dolor. No luches contra ellos.
3. Cuando salgas de la nube, piensa: "¡El dolor me libera!".

Sé que parece una locura, pero pruébalo con seriedad y quizá te funcione. Y si sucede, tienes un atajo real para trabajar con el miedo y el dolor que, sin duda, cambiará tu vida para mejor y de maneras que nunca sabrás hasta que lo intentes. Yo lo uso todo el tiempo, especialmente en mis prácticas creativas, cuando me encuentro con personas que desencadenan mi enojo Me ayuda a relajarme y a superar mis miedos para pasar a la acción y no hacer el ridículo porque sentí un miedo incontrolable.

Calcula tu valor neto

Utiliza el siguiente formulario. Introduce el valor total de cada categoría al día de hoy.

PASO 1. SUMA EL VALOR DE TODOS TUS ACTIVOS

+ BIENES INMUEBLES

+ EFECTIVO

+ INVERSIONES

+ ARTE, ANTIGÜEDADES U OTROS VALORES

+ OTROS ACTIVOS

= ACTIVOS TOTALES

PASO 2. SUMA EL TOTAL DE TODOS TUS PASIVOS

+ DEUDA HIPOTECARIA

+ DEUDA EDUCATIVA

+ DEUDA MÉDICA

+ DEUDA DE LA TARJETA DE CRÉDITO

+ OTRAS DEUDAS

= DEUDAS TOTALES

PASO 3: RESTA EL TOTAL DE TUS PASIVOS DEL TOTAL DE TUS ACTIVOS

TOTAL DE ACTIVOS

–

TOTAL DE PASIVOS

=

VALOR NETO

(margen lateral) **HAZ EL TRABAJO**

- ¿Cuál es tu patrimonio neto objetivo? ¿Y cuándo te gustaría alcanzarlo?
- ¿Cuáles son los detalles de tu patrimonio neto objetivo? ¿Cuál es tu estrategia para acercarte lo más posible a tu objetivo? Por ejemplo: un patrimonio neto de 3 millones de dólares en 30 años mediante la venta de mi negocio por 1.5 millones de dólares. Invertir 11,000 dólares al

año durante 30 años para llegar a unos 600,000 dólares. Ser dueño de un inmueble valorado en 900,000 dólares. Quizá quieras usar una calculadora o planificador de la jubilación para entender cómo pueden crecer tus inversiones actuales con el tiempo.

- ¿Cuáles son los comportamientos que preceden a la consecución de tu objetivo?
- ¿Por qué tiene sentido esta meta?
- ¿Qué actitudes y creencias tiene, representa y exhibe una persona que ha alcanzado su objetivo de patrimonio neto?
- ¿Qué decisiones has tomado en los últimos 12 meses que te han acercado a tu objetivo?
- ¿Qué decisiones has tomado en los últimos 12 meses que te han alejado de tu objetivo?
- ¿Qué decisiones tomarás en los próximos 12 meses para acercarte a tu objetivo?

PARTE 5

ᕑ

PROTEGE LO QUE TIENES

C uanto más asciendas en la Pirámide de las Finanzas Impactantes, mayor será tu caída potencial.

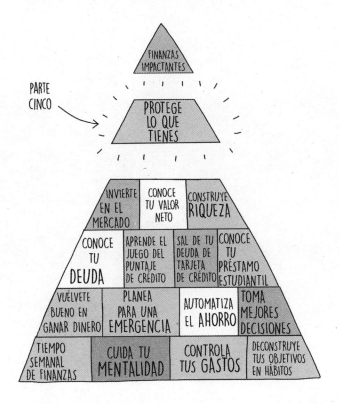

Aunque no hay una forma segura de evitar el riesgo de pérdida por completo, vamos a explorar el papel de los seguros para proteger lo que tienes.

CAPÍTULO 18

PROTEGE TUS ACTIVOS

¡Más vale que protejas tu cuello!
—Wu-Tang Clan

A medida que avanzas en tu vida financiera, construyendo y ascendiendo en la Pirámide de las Finanzas Impactantes, quizá comiences a tener una sensación de preocupación que antes no tenías. Es como envejecer; te preocupan los riesgos que no te quitaban el sueño cuando eras joven. En tu juventud, podías renunciar a tu horrible trabajo de medio tiempo porque no tenías muchas obligaciones, y era fácil encontrar otro horrible trabajo de medio tiempo. Podías saltar desde un acantilado de seis metros hacia un lago helado porque no te preocupaba mucho enfermarte o hacerte daño. De hecho, ni siquiera te planteabas ese daño. Pero conforme te vuelves mayor, las preocupaciones a las que nunca habías prestado atención, te frenan de repente. A los 12 años, el *snowboard* era algo maravilloso. A los 35 también es maravilloso, pero con la probabilidad de romperte un hueso o dos.

Escalar la Pirámide de las Finanzas Impactantes puede provocar que seas muy consciente de que cuando estás más arriba, la caída es más fuerte. El retroceso es un miedo natural que acompaña a cualquier tipo de progreso. Conforme crecen tus activos y tu riqueza, y disminuyes tus deudas, empiezas a darte cuenta de que sería doloroso perder la cantidad considerable de dinero que ya tienes. Incluso cuando somos precavidos, nuestras vidas están llenas de riesgos, financieros y de otros tipos. Este capítulo trata de cómo utilizar los seguros como herramienta para protegernos de las pérdidas que resultan de los riesgos que se hacen realidad.

Los seguros son extraños y quizás uno de los productos más incomprendidos que una persona puede comprar. Es diferente a la mayoría de los productos o servicios que se adquieren en la vida. Por lo regular, cuando compras algo tienes una expectativa razonable de que tú o alguien que conoces usará o consumirá lo que has comprado. Si pides un sándwich de atún tienes una expectativa razonable de que verás aparecer un sándwich de atún ante ti en un futuro próximo. Cuando contratas a un plomero para que te preste servicios de plomería tienes una expectativa razonable de que el plomero va a realizar el trabajo. Cuando compras cosas tienes la sensación de estar ganando algo. Los seguros no son así. En el caso de los seguros, una característica importante que la gente no comprende es que el seguro es una herramienta para protegerse de las pérdidas y no para ganar. La naturaleza de la compra de un seguro no es la de ganar nada, sino la de pagar por adelantado ahora para que, en caso de tener una pérdida más adelante, no pierdas tanto. El hecho de que el ser humano haya creado esta herramienta es sorprendente y ridículo. Es bastante abstracto.

Lo que también es extraño de los seguros es que muchos los compramos con la esperanza de no tener que usarlos nunca. Tener que utilizar el seguro significa que algo ha salido mal. ¿No es extraño comprar una cosa y secretamente esperar no usarla? Tal vez eso revela un poco de nuestra negación a que nos pasen cosas malas.

Esa negación impide que compremos un seguro. Porque al tomarnos en serio los seguros, sobre todo los de vida e invalidez, nos vemos obligados a enfrentarnos a la realidad de la vida: que las pérdidas ocurren y que hay riesgos cuyas consecuencias no siempre podemos predecir. Tomarse en serio los seguros es rendirse y enfrentarse a la idea de que somos vulnerables, de que no siempre tenemos el control y de que los peores escenarios pueden ocurrirnos. Me quedo corta al decir que esto es incómodo; para algunos, es paralizante. El simple hecho de comprar un seguro nos obliga a reaccionar racionalmente ante una catástrofe emocional imaginada. No culpo a nadie por evitar los seguros y la ineludible reflexión que los acompaña.

Pero renunciar a un seguro es elegir una ignorancia voluntaria, es dejar que tus miedos tengan una influencia indebida sobre ti y que te acobardes ante las responsabilidades que tú mismo has creado. Si sientes resistencia y miedo mientras lees este capítulo, usa la herramienta de "Inversión del deseo" del capítulo anterior para superarlos. Sólo te toma un minuto hacer el ejercicio, así que literalmente sólo tienes un minuto que perder y la protección de un seguro que ganar. El miedo no es la única razón por la que evitamos comprar un seguro.

Nuestros cerebros humanos son malos para entender el riesgo en términos de probabilidad y gravedad. Aunque la compra de un seguro es una apuesta, renunciar a ciertos tipos de seguro también es una moneda al aire. El reto es saber qué probabilidades son mejores. Para tomar una decisión sobre los seguros primero hay que comprender las diferentes maneras de gestionar el riesgo en nuestras vidas.

EL SEGURO ES UNA DE TUS OPCIONES PARA GESTIONAR LOS RIESGOS DE TU VIDA

Hay cuatro formas de gestionar el riesgo en nuestras vidas. Una manera es evitar el riesgo por completo, y no realizar actividades que tengan el potencial de provocar una pérdida. Si quieres volverte un profesional en la caza con caimanes te expondrás a todo tipo de pérdidas catastróficas. Podrías decidir evitar por completo esa actividad porque quieres conservar tus dedos, tus extremidades y tu vida.

Aceptar el riesgo es otro modo de afrontarlo. Por lo general, aceptamos los tipos de riesgo con una baja probabilidad de suceder y que resultan en una cantidad mínima de pérdidas. Por ejemplo, en lugar de llevar zapatos en casa para no golpearnos los dedos de los pies con cualquier mueble, preferimos andar descalzos; todos sabemos que se trata de un "riesgo" normal de la vida y lo aceptamos para estar cómodos en casa. El riesgo no sucede tan a menudo y no suele acarrear más pérdidas que un minuto de maldiciones y de sentirse como un idiota.

La tercera forma de afrontar el riesgo es mitigarlo. La decisión de ponerle un microchip a tu perro es una forma de mitigar la pérdida porque si se escapa o se pierde, el microchip aumenta la probabilidad de que lo localices.

La cuarta manera de afrontar el riesgo es transferirlo. Cuando contratas un seguro, lo que realmente estás comprando es la transferencia del riesgo. Transferir el riesgo tiene sentido cuando el riesgo que asumes puede provocar una pérdida grave y devastadora, pero existe una baja probabilidad de que ocurra. El seguro de alquiler es un buen ejemplo.

En el improbable caso de que te roben o arruinen por completo todas las cosas de tu apartamento o casa, existe la posibilidad de que se produzcan graves pérdidas económicas porque tendrías que reemplazar todo. Contratar un seguro de alquiler es una forma de transferir el riesgo de una pérdida que tiene una baja probabilidad de ocurrir, pero que tendría un impacto severo si ocurre.

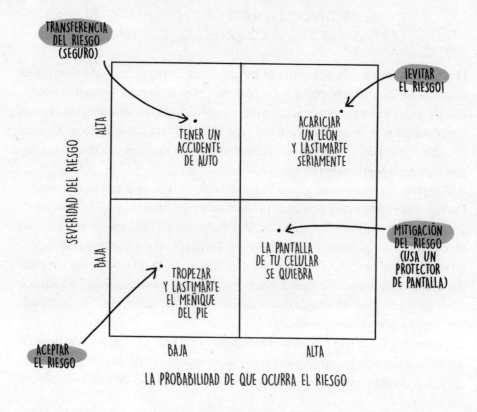

CUATRO FORMAS DE LIDIAR CON EL RIESGO
(TRANSFIERE, EVITA, ACEPTA O MITIGA)

CÓMO PENSAR EN EL SEGURO

Si nunca has tenido que utilizar un seguro quizá te sientas como un tonto por estar pagando primas que no has recuperado. Pero cuando compras un seguro, reúnes tu dinero con el dinero de un grupo de personas. Todos pagan un seguro y, cuando alguien lo necesita, el dinero está ahí.

El seguro es también una forma de pagar ahora para limitar tu miseria potencial más adelante. La naturaleza de los tipos de riesgo que se aseguran son los que tienen el potencial de cambiar la calidad de tu vida, pero no en el buen sentido.

El seguro de salud (en teoría) limita la cantidad de dinero que puedes gastar cada año en servicios médicos. El seguro de invalidez a largo plazo limita la cantidad de ingresos que puedes perder si estás muy enfermo o lesionado y no puedes trabajar. El seguro de vida limita la cantidad de ingresos que pueden perder las personas que están bajo tu cargo. El seguro de hogar limita tus posibles pérdidas en reparaciones o costos de sustitución. También puede limitar la cantidad de bienes personales que puedes perder por un accidente. El seguro de alquiler limita tus pérdidas si tienes que reemplazar tus cosas. Y el seguro de automóvil limita tus pérdidas si te ves involucrado en un accidente de tráfico. En todos estos casos, la desventaja de estos riesgos es mucho peor que la ventaja de no tener que pagar primas de seguro.

En este capítulo, te daré un breve resumen de los tipos de seguro mencionados en el párrafo anterior. Se trata de los más comunes que muchas personas utilizan para transferir el riesgo, limitar sus pérdidas y proteger lo que tienen.

SEGURO DE SALUD

El moderno sistema de salud estadunidense se creó a través de una serie de accidentes históricos. Durante mucho tiempo, la asistencia médica se quedó estancada en la relativa Edad Media y era barata porque era una basura. La mayoría de la gente asociaba los hospitales con la muerte, y no con la asistencia médica. Pero en 1909, el primer medicamento que curaba la sífilis sentó las bases de la asistencia sanitaria moderna. Entre los años 1910 y 1920, las expectativas de la gente cambiaron. Empezaron a creer que los médicos podían curarlos.

A medida que los hospitales pasaron de ser lugares donde la gente iba a morir, a espacios que realmente ayudaban a la gente a curarse, más personas empezaron a buscar atención médica. El aumento de la demanda elevó el costo de la asistencia. Entonces llegó la Gran Depresión y, debido al aumento del costo, la mayoría de la gente dejó de ir al hospital hasta que fuera absolutamente inevitable.

Un funcionario en Baylor, Texas, se dio cuenta de la disminución de pacientes en el hospital y se le ocurrió una idea descabellada que tuvo un profundo impacto en el funcionamiento actual de la asistencia médica en Estados Unidos. En principio, ideó una forma de comercializar y fijar el precio de los seguros médicos para que éstos se pudieran pagar a lo largo del tiempo en cuotas mensuales, como si se tratara de una suscripción. El hospital comenzó este negocio ofreciéndolo a un grupo de profesores de escuelas públicas. A medida que el impacto económico de la depresión asolaba el país, otros hospitales empezaron a notar que sus camas estaban desocupadas. De repente, el plan de grupo de Baylor parecía atractivo e innovador. Muchos más hospitales empezaron a adoptarlo y, finalmente, el plan de Baylor se convirtió en el de Blue Cross. Blue Cross empezó a comercializar el seguro médico a grupos de trabajadores. Ésta fue la razón inicial por la que la asistencia médica empezó a vincularse al empleo, pero dos cosas concretas ayudaron a solidificar la conexión: primero la guerra y luego Hacienda (IRS, por su siglas en inglés).

Durante la Segunda Guerra Mundial, hubo una enorme demanda para producir los materiales necesarios para luchar y, a su vez, una enorme demanda de trabajadores que ayudaran a producir estos materiales. Las empresas se desesperaron y empezaron a buscar diferentes formas de atraer a los trabajadores. Una de ellas era ofrecer beneficios adicionales, como un seguro médico. Y del mismo modo que la gente esperaba que se le curara la sífilis, empezó a esperar que los empresarios les ofrecieran prestaciones médicas.

Pero el último clavo en el ataúd de la asistencia médica vino de nuestros viejos amigos del IRS, con una decisión que tal vez fue rutinaria. La resolución establecía que, en algunos casos, los empresarios podían deducir las primas de seguro médico que pagaban en nombre de sus empleados. Los empresarios y los contadores se enteraron de esto, y empezaron a presentar declaraciones de impuestos que consideraban esta norma. Con el tiempo, los empresarios y los dueños de empresas exigieron que esta norma se convirtiera en ley, y en 1954 así fue. Y, *voilà*, así es como acabamos con esta basura que llamamos sistema de salud estadunidense.

No es de extrañar que un sistema de salud que no fue diseñado por completo tenga muchos defectos. Espero que los economistas trabajen con los líderes políticos para cambiar nuestro sistema, que bien podría mantenerse unido por un chicle, pero hasta entonces, esto es lo que hay.

En muchos sentidos, el seguro médico es la razón por la que la atención médica apesta en este país, pero necesitas un seguro médico para limitar la magnitud del daño que el sistema puede hacerte. El seguro médico limita la cantidad que pagarías por la atención sanitaria inesperada y de alto costo, así como por la atención rutinaria y preventiva. El acceso a la atención preventiva supone una protección financiera, ya que te mantiene sano

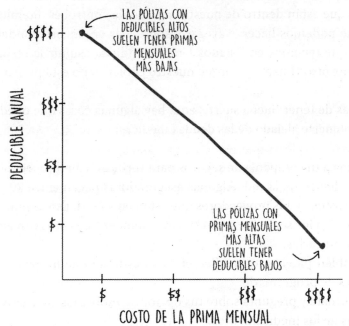

LA MAYORÍA DE LAS PÓLIZAS DE SEGURO MÉDICO TIENEN UNA RELACIÓN INVERSA ENTRE LAS PRIMAS MENSUALES Y EL DEDUCIBLE ANUAL

LAS PÓLIZAS CON DEDUCIBLES ALTOS SUELEN TENER PRIMAS MENSUALES MÁS BAJAS

LAS PÓLIZAS CON PRIMAS MENSUALES MÁS ALTAS SUELEN TENER DEDUCIBLES BAJOS

DEDUCIBLE ANUAL

COSTO DE LA PRIMA MENSUAL

y detecta posibles problemas o riesgos de salud que podrían convertirse en problemas más adelante. Sin un seguro, la atención preventiva, que puede ahorrarte dinero a largo plazo, puede resultar prohibitiva a corto plazo. El seguro médico te protege de pagar más por cosas esenciales y de alto costo, como los servicios de urgencia, los medicamentos con receta y la atención a la maternidad. Tu seguro médico pagará una parte o la totalidad de los gastos, siempre que se trate de servicios cubiertos y estén dentro de la red de tu proveedor de servicios médicos.

Aunque compres una póliza con un deducible alto y una prima mensual baja, puedes limitar la cantidad de dinero que gastas en seguro médico en un año determinado si todos tus gastos médicos están dentro de la red.

Un estudio sobre las declaraciones de quiebra en Estados Unidos demostró que 66.5% de ellas se debían, al menos en parte, a los gastos médicos.[1] Ésta es una característica muy triste y desafortunada de nuestro sistema de atención médica que está impulsado por el mercado. Lo que es aún más descorazonador es que no sólo la gente sin seguro se declara en bancarrota. También lo hacen las personas con seguro médico a quienes les siguen cargando gastos que no pueden pagar, a pesar de tener seguro. En cierto modo, parece que estás condenado si lo tienes o si no lo tienes. Pero centrarnos en las cosas que están dentro de nuestro círculo de control es, literalmente, lo único que podemos hacer. Navegar y sobrevivir en un sistema defectuoso como el que tenemos en Estados Unidos significa asumir la responsabilidad por nosotros mismos, porque nuestro gobierno no está preparado para hacerlo.

Además de tener buena suerte, aquí hay algunas cosas que puedes hacer para mantenerte alejado de las deudas médicas:

- Llama a tu compañía de seguros para verificar si un proveedor médico está dentro de la red. Algunas aseguradoras pagan entre 70 y 80% de los costos de los proveedores que están en su red. Eso es muchísimo.
- Investiga los servicios en línea para entender los costos con antelación y planificarlos.
- También pídele a tu médico el costo estimado de un procedimiento antes de programarlo.
- Infórmate y pregunta sobre tus opciones o sobre las alternativas genéricas de los medicamentos.

> Algunos médicos dan un descuento por el pago en efectivo de los servicios. Si estás en condiciones de hacerlo, pregunta si esa opción es posible.
> Asegúrate de examinar tus facturas médicas para detectar que no haya errores de facturación, y cotéjalas con tu póliza de seguro.
> Negocia con el consultorio de tu médico y establece planes de pago para liquidar las facturas médicas.

Cómo elegir un seguro médico

Puedes obtener un seguro médico en Estados Unidos si la empresa donde trabajas lo ofrece como prestación a sus empleados. En lugar de esto, algunos empleadores ofrecen un estipendio mensual para el cuidado de la salud. Si necesitas contratar una póliza de seguro independiente, consulta www. healthcare.gov para ver cuáles son tus opciones, las formas de inscribirte y los detalles sobre las distintas pólizas. Antes de decidirte por un plan con una compañía de seguros, deberás analizar las distintas combinaciones de franquicias, primas, copagos y coaseguros.

> Las primas mensuales son lo que tú y todos los demás miembros pagan cada mes a tu proveedor de seguros. Es el dinero que se destina a pagar los servicios médicos que tú y los demás asegurados usan cuando recurren al seguro.
> El deducible es lo que pagas antes de que la compañía de seguros desembolse un dólar por sus servicios médicos. Si tu deducible es de 1,000 dólares, significa que pagarás los primeros 1,000 dólares de servicios médicos. Una vez alcanzado el deducible del año, el seguro empezará a pagar algunos servicios.
> Los copagos son lo que pagas por las visitas al médico, las visitas al hospital y los medicamentos recetados. Pagas 100% hasta alcanzar el deducible.
> El coaseguro es el porcentaje que pagas por los procedimientos y las estancias en el hospital. Si la cantidad permitida por tu plan de seguro médico para una visita al consultorio es de 100 dólares y tu coaseguro es de 10%:

⁶ Si has alcanzado el deducible, pagas 10% de 100, es decir, 10, y la compañía de seguros paga el resto.

⁶ Si no has alcanzado tu deducible, pagas la cantidad total permitida, que son 100 dólares.

DISCAPACIDAD A LARGO PLAZO

No estoy hablando de la incapacidad a corto plazo porque, por lo general, un fondo de emergencia sirve como una póliza de incapacidad a corto plazo. El seguro de incapacidad a largo plazo es una póliza de seguro indepen-
diente que te pagará parte o la totalidad de tus ingresos si, a largo plazo, no puedes trabajar porque estás demasiado enfermo o lesionado. Tu empresa puede ofrecerte un seguro de incapacidad o tú puedes contratar tu propia póliza directamente con una aseguradora.

Sé que hay algunas cosas que no quieres escuchar, pero, como me importas tan-
to, voy a ser esa amiga verdadera que te dice las cosas que no quieres oír. Tu mayor activo es tu capacidad de obtener ingresos. Si dejas de tener esa ca-
pacidad debido a una lesión o enfermedad, y no tienes un monto de dinero en efectivo para amortiguar el golpe, la vas a pasar mal económicamente. Sé lo que estás pensando. "Paco, eso nunca le pasaría a alguien como yo". Pues bien, con el riesgo de que no me inviten a las fiestas porque menciono estadísticas de discapacidad, voy a citarlas porque, de nuevo, me importas.

- En la actualidad, es probable que más de 25% de los veinteañeros se quede sin trabajo durante al menos un año debido a una condición de discapacidad antes de llegar a la edad normal de jubilación.[2]
- Aunque existe el programa de seguro federal de discapacidad de la Seguridad Social (SSDI, por sus siglas en inglés) a disposición de los trabajadores discapacitados, por lo general se tarda de tres a cinco meses desde el momento de la solicitud de las prestaciones del SSDI para obtener un dictamen inicial.[3] Cuando se trata de apelar una decisión, el retraso de los casos de apelación fue de más de un millón en 2017. El tiempo de tramitación asociado superaba los 18 meses en promedio.[4]
- En febrero de 2021, la prestación promedio del SSDI era de 1,279 dólares al mes, o 15,348 dólares al año.[5] No es necesario consultar el umbral de pobreza para saber que esos ingresos son muy bajos, pero en 2021 era de 12,880 dólares para un hogar de una persona, y de 17,420 dólares para un hogar de dos personas.[6]

¿Cómo funciona el seguro de incapacidad a largo plazo?

- Primero, te inscribes en un plan de seguro de incapacidad. Los detalles del plan dependen de tus ingresos y de la cantidad que deseas recibir mensualmente si no puedes trabajar durante un largo periodo. La prima que pagas se ajusta a la cuantía de la prestación mensual que recibirías, por lo que una prima más alta supone una prestación mensual mayor.
- Luego, con suerte, nunca tendrás una lesión grave y vivirás feliz para siempre. Pero, por ejemplo, supongamos que sufres una enfermedad grave o un accidente y no puedes trabajar. El siguiente paso es presentar una reclamación.
- Tras un periodo de espera, llamado periodo de eliminación (generalmente de 30 a 90 días), recibes cheques quincenales o mensuales que sustituyen entre 50 y 80% de tus ingresos (dependiendo de tus ingresos y de la prima).

CÓMO FUNCIONA EL SEGURO DE DISCAPACIDAD

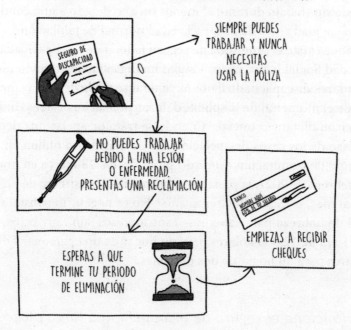

SEGURO DE DISCAPACIDAD

SIEMPRE PUEDES TRABAJAR Y NUNCA NECESITAS USAR LA PÓLIZA

NO PUEDES TRABAJAR DEBIDO A UNA LESIÓN O ENFERMEDAD. PRESENTAS UNA RECLAMACIÓN

ESPERAS A QUE TERMINE TU PERIODO DE ELIMINACIÓN

EMPIEZAS A RECIBIR CHEQUES

9 Dependiendo de tu plan, los cheques se prolongan durante meses o años y dejan de pagarse cuando te reincorporas al trabajo o cuando alcanzas la edad de jubilación, aunque algunas pólizas colectivas dejan de pagarse a los 65 años.

Cómo conseguir un seguro de incapacidad a largo plazo

9 **Opción 1.** Inscríbete en un plan patrocinado por tu empresa a través de tu trabajo. Algunas empresas pagan la cobertura. Si no lo hacen, es posible que puedas adquirir la cobertura con la tarifa colectiva de tu empresa.

9 **Opción 2.** Contrata una póliza a través de una asociación comercial o profesional. Por ejemplo, Freelancer's Union ofrece un seguro de incapacidad a una tarifa de grupo para trabajadores independientes. Las tarifas de grupo son estupendas porque no hay penalizaciones por profesión o género.

Obtienes la misma tarifa que los demás, incluso si tienes un mayor riesgo de sufrir una discapacidad a largo plazo.

꩜ **Opción 3.** Contrata una póliza individual a través de un corredor o una compañía de seguros. Guardian, MassMutual, Northwestern Mutual y Principal son grandes compañías de seguros de este tipo.

Debes asegurarte de que la póliza de incapacidad reúna tres características esenciales:

- No es cancelable.
- Su renovación está garantizada.
- Y es para tu propia ocupación (en lugar de cualquier ocupación).

Definamos algunos términos clave.

Seguro no cancelable

Una póliza de incapacidad es no cancelable si una compañía de seguros no puede cancelar o aumentar las primas, o bien reducir las prestaciones mientras el cliente pague las primas.

Garantía de renovación

Una póliza renovable garantizada requiere que la aseguradora continúe la cobertura mientras se paguen las primas de la póliza. La asegurabilidad está garantizada, pero el costo de las primas puede aumentar siempre que afecte a muchos asegurados y no a un solo cliente.

Ocupación propia

Una póliza de seguro de ocupación propia cubre a las personas que quedan incapacitadas y no pueden realizar la mayoría de las tareas profesionales para las que han sido formadas en su propia ocupación. Por ejemplo, si un artista ya no puede pintar o hacer cerámica debido a una lesión en la mano, una póliza de empleo independiente seguiría pagando una prestación, aunque el ceramista encontrara trabajo como escritor independiente. Si no puedes seguir trabajando en tu propia ocupación tienes derecho a recibir prestaciones por incapacidad. Este tipo de póliza de seguro depende de que la persona esté empleada en el momento en que se produzca la incapacidad.

SEGURO DE HOGAR O SEGURO DE ALQUILER

Si compras una casa por medio de un préstamo hipotecario prácticamente no hay ninguna posibilidad de que te aprueben una hipoteca sin tener un seguro de hogar. El seguro de hogar limita la cantidad de dinero que tendrías que pagar si tu casa sufriera daños y tuviera que ser reparada, o si hubiera un robo o pérdida y se tuvieran que reponer las posesiones, y limita tu responsabilidad personal por daños a terceros.

COMPRASTE ESTA TV POR $1,000 HACE TRES AÑOS.
AHORA ESTÁ VALUADA EN $500

ESTÁS LLENANDO UNA SOLICITUD DE REEMBOLSO
DEL SEGURO DE HOGAR Y ESTA TV
ES UNA DE LAS PERTENENCIAS QUE RECLAMAS

ESTO ES LO QUE PAGARÍA CADA TIPO DE COBERTURA

COBERTURA	CANTIDAD	¿POR QUÉ?
COSTO ANUAL	$ 500	ES EL COSTO REAL AL DÍA DE HOY
COSTO DE REEMPLAZO	$ 1,000	ES EL COSTO ORIGINAL QUE PAGASTE
COSTO DE REEMPLAZO GARANTIZADO	$ 1,300	ES LO QUE HOY CUESTA REEMPLAZAR LA MISMA TV

Existen básicamente tres tipos de seguros de hogar: valor real en efectivo, costo de reposición y costo/valor de reposición garantizado (o ampliado). La cobertura de costo real te paga lo que realmente valen tu casa y tus pertenencias, no lo que tú pagaste por ellas. El costo de reposición cubre lo que pagaste por tu casa y tus pertenencias, para que repares o reconstruyas tu casa al valor original que compraste. Y el costo de reposición garantizado tiene en cuenta la inflación y cubre los costos de reparación o reconstrucción de la vivienda, incluso si superan el límite de la póliza.

Cómo contratar un seguro de hogar

Si necesitas contratar un seguro de hogar es conveniente que compares y busques antes de comprometerte. Si ya tienes otro tipo de seguro, comprueba si tu proveedor de seguros también ofrece un seguro de hogar. Las compañías de seguros ofrecen descuentos a los clientes que contratan varias pólizas.

Tal vez quieras investigar en internet para conocer la reputación de una compañía de seguros en la gestión de reclamaciones. Si te encuentras en la desafortunada situación de tener que utilizar tu seguro de hogar, lo último que quieres es que una compañía de seguros te rebaje la cantidad que pagará para cubrir el costo de las reparaciones de la casa.

Un agente o corredor de seguros independiente es muy útil durante el proceso de compra de seguros. Son independientes, lo que significa que no tienen lealtad por una compañía de seguros. Te consiguen presupuestos de varias compañías y te orientan sobre qué proveedor y qué póliza serían los más adecuados para ti. Las ventajas de trabajar con un corredor o agente certificado es que son expertos en seguros. Todo el día ayudan a la gente con los seguros, por lo que saben qué buscar y qué evitar en una póliza de hogar.

¿Qué cantidad asegurada de alquiler debes contratar?

Deberías contratar una póliza de seguro para inquilinos por un importe igual al valor total de tus cosas. Al igual que la póliza para propietarios de viviendas, tú puedes elegir entre la cobertura real y la del costo de reposición. Las primas de tu póliza oscilarán entre 5 y 25 dólares al mes. Si tienes cosas muy valiosas que quieres cubrir, como un Picasso o unas cartas muy especiales de las tarjetas de Magic the Gathering, es posible que debas listar estas cosas especiales en tu póliza, o bien conseguir una póliza completamente diferente para cubrir tus objetos especiales y raros.

SI REÚNES TODO LO QUE POSEES EN UNA PILA, EL VALOR DE ESA PILA ES LA CANTIDAD ASEGURADA DE ALQUILER QUE DEBES OBTENER

SEGURO DE AUTOMÓVIL

Es bastante sorprendente cómo los seres humanos normalizamos el riesgo de conducir una máquina de dos toneladas que es una trampa mortal, también conocida como automóvil. Conducir un coche es un asunto muy arriesgado y no tener el seguro adecuado puede ser el principio de una historia de bancarrota, por lo que es importante entender los tipos de cobertura que hay.

- ɔ La responsabilidad civil por las personas que lesionas y los bienes que dañas. Esta cobertura no abarca tus propias facturas médicas ni tus bienes.
- ɔ Colisión.

ๆ Cobertura total.
ๆ Responsabilidad civil no asegurada y subasegurada.

Cobertura de responsabilidad civil

La parte de responsabilidad civil de tu seguro de automóvil paga los costos de otras personas y protege tus bienes si alguna vez te consideran culpable de un accidente automovilístico. La responsabilidad civil por daños corporales cubrirá a otras personas. Y la responsabilidad por daños a la propiedad protegerá los bienes de otras personas. Cuando contrates un seguro de auto establece los límites de esta cobertura. Los límites son la cantidad máxima que tu seguro pagará por los gastos médicos y los daños materiales. Casi todos los estados tienen un límite obligatorio para cada conductor, pero a veces esos límites son realmente bajos y, cuando tienes un accidente, tu cobertura podría quedarse corta.

Los límites de responsabilidad civil se expresan generalmente en tres números como éste: 50/100/100. Estos números se expresan en miles. El primer número, 50, significa que la cantidad máxima que la compañía de seguros pagará por las lesiones de una sola persona después de un accidente es de 50,000 dólares. El segundo número, significa que la cantidad total que la compañía de seguros cubrirá por las lesiones de todos, excepto las tuyas. El tercer número es el límite máximo que la compañía de seguros pagará por la propiedad que dañes. La propiedad es cualquier cosa que no sea una persona, y la cobertura paga por la propiedad de otras personas, como los autos de otras personas o un edificio, y no por tu propiedad.

A diferencia de los límites de lesiones corporales, que son por persona, los daños a la propiedad sólo tienen un límite por accidente. Así que si en un accidente eres culpable de golpear un Tesla, un autobús escolar y un hotel, el límite de daños a la propiedad tiene un máximo de 100,000 dólares, si usamos nuestros números del ejemplo anterior. El límite es la cantidad máxima que tu compañía de seguros pagará por los daños y la esperanza es que el límite sea suficiente para cubrir cualquier daño.

El seguro de responsabilidad civil limita la cantidad de bienes personales que puedes perder si causas un accidente. En otras palabras, protege tus finanzas. Debes asegurarte de que tu cobertura de responsabilidad civil sea igual al valor total de tus bienes. Lo mejor es usar una hoja de cálculo del patrimonio neto.

Cobertura por colisión

El seguro de colisión pagará los daños causados a tu vehículo si te involucras en un accidente de tráfico. Por lo general, a nivel estatal no se exige este tipo de cobertura, pero algunos prestamistas o arrendadores sí pueden pedirla. En la mayoría de los casos hay un deducible, y algunas compañías de seguros te obligan a contratar un seguro de cobertura total cuando compras un seguro de colisión, y viceversa. El seguro de colisión tiene sentido si tu auto sigue siendo muy valioso. Compara el valor de tu coche con el costo del deducible, más el total que pagas en primas de seguro durante seis o 12 meses. Si tu vehículo vale mucho más que ese total, quizá valga la pena mantener la cobertura por colisión.

Cobertura total

Cubre las reparaciones de tu auto si resulta dañado por algo que no sea otro vehículo, es decir, eventos como incendio, robo, granizo, inundación o un oso que arranca la puerta probablemente están contemplados por la cobertura total. Por lo general, a nivel estatal este tipo de cobertura no es obligatoria, pero algunos prestamistas o contratos de alquiler pueden exigirla. Y al igual que la cobertura por colisión, ésta tiene sentido si tu auto sigue siendo muy valioso en relación con el costo que pagas por la cobertura total y el costo de tu deducible.

Seguro de responsabilidad civil no asegurada y subasegurada

Si alguien conduce sin seguro y provoca un accidente que resulta en daños a tu vehículo o a ti, ¿quién paga? Tú lo pagas, a menos que tengas una cobertura de motorista no asegurado y con seguro insuficiente. Si parece que estás pagando más en tu seguro por la gente que no tiene seguro es porque lo estás haciendo. Algunos estados exigen este tipo de seguro. Si el estado en el que vives no lo solicita, considéralo, porque es otro tipo de seguro de responsabilidad civil. Recuerda que el seguro de responsabilidad civil está pensado para proteger tus bienes. Añadir este tipo de cobertura no es gratis, pero generalmente el costo vale la pena por la amplitud de la cobertura y tu tranquilidad.

Seguro de responsabilidad civil adicional: seguro paraguas

Si tienes un valor neto saludable, como 700,000 mil dólares, puedes descubrir que tu seguro de automóvil no ofrece límites de responsabilidad tan altos. Quizá sólo ofrezca un límite de hasta 500,000 dólares. En ese caso, si necesitas una cobertura mayor para proteger tus bienes, existe la póliza paraguas. Estas pólizas amplían la responsabilidad civil de tu automóvil y tu hogar más allá de los límites normales que ofrecen las aseguradoras. Si alguna vez alcanzas el límite de tu póliza de automóvil o de hogar, la cobertura general entra en acción para cubrir el resto. Es como tener una mesa de comedor extensible para pasar de seis a ocho comensales. Esas mesas son un lujo, al igual que el seguro paraguas, y sólo deberías adquirir cualquiera de esas cosas si su costo tiene sentido para ti. En otras palabras, sólo si piensas invitar a ocho personas a cenar o si tienes un patrimonio cuantioso.

CÓMO PENSAR EN EL SEGURO DE VIDA

Antes de lanzarnos a la piscina de los seguros de vida primero debemos sumergirnos en la realidad de que la vida termina para todos nosotros. Sí, hablar de seguros de vida significa que vamos a referirnos a nuestro inevitable destino. Sólo quería advertirte en caso de que estés leyendo esto justo antes de ir a la fiesta de cumpleaños de tu mejor amigo y no quieras estar pensando en la muerte. Sé que pensar en tu mortalidad es duro, pero la verdad es que es un recordatorio muy importante de que sólo tenemos un tiempo corto para amar a nuestros seres queridos, y hacer lo que queremos y necesitamos hacer.

Entonces, ¿quién necesita un seguro de vida?

Un seguro de vida sirve para sustituir el apoyo económico o el salario de un ser querido cuando fallece. Si alguien depende de tu apoyo económico, como un cónyuge, varios hijos o tus padres, considera la posibilidad de contratar un seguro de vida. En especial si tienes una hipoteca, préstamos estudiantiles privados u otro tipo de deudas de las que tus seres queridos se harán responsables cuando faltes.

Incluso si no tienes ingresos, pero eres el principal cuidador de tus hijos, considera la posibilidad de contratar una póliza para cubrir los gastos del cuidado de los niños en tu ausencia. Si no tienes a nadie que dependa de tus ingresos, técnicamente no necesitas un seguro de vida. Contempla una pequeña póliza que cubra los gastos funerarios que, de otro modo, tendrían que pagar tu familia y tus allegados.

El seguro de vida aporta la tranquilidad de saber que tu familia estará atendida si tú ya no estás presente.

El seguro es una herramienta para protegerte de las pérdidas, no una herramienta para ganar

Ya lo mencioné al principio de este capítulo, pero vale la pena volver a señalarlo: el seguro es, ante todo, una herramienta de protección contra las pérdidas y no una herramienta de ganancia. Hay pólizas de seguro de vida que los agentes venden argumentando que son más que un simple seguro. El problema con ese tipo de pólizas es que la mayoría de la gente sólo necesita el seguro.

Hay más de un tipo de seguro de vida, pero la mayoría de la gente sólo necesita un seguro a término

Hay muchos tipos de seguros de vida y puede ser confuso entenderlos, pero la buena noticia es que, para la mayoría de la gente, el seguro de vida a término es el camino a seguir. Este tipo de seguro de vida recibe su nombre por cómo funciona.

La prima (el importe que pagas a la compañía de seguros por la póliza) se fija para un plazo determinado, de ahí su nombre. Las modalidades típicas de los seguros a plazo son entre cinco y 30 años. Así, durante 20 años, pagas la misma prima fija cada año. Puedes pagar la prima del año de una sola vez o establecer pagos mensuales o trimestrales. Por lo general, esto se decide en el momento de solicitar el seguro.

Si falleces durante el periodo de vigencia, la compañía de seguros pagará una cantidad predeterminada (que tú eliges en el momento de la solicitud) a tu beneficiario. Debes nombrar a tus beneficiarios durante el proceso de solicitud, pero puedes cambiarlos una vez que la póliza esté en vigor.

Si la póliza expira, y vives más que la duración de tu póliza, la compañía de seguros gana la apuesta y se queda con tu dinero. Es sencillo, ¿verdad?

El seguro a plazo es el más popular porque es la forma más sencilla y barata de satisfacer tus necesidades de seguro de vida. Es la oferta que se ajusta a todo. Cumple con su cometido y es el más rentable. Sin embargo, lo más importante es saber que tus seres queridos no quedarán desamparados si mueres prematuramente.

En caso de que seas un rebelde que siente curiosidad por el seguro de vida entera, aquí hay algo que debes tener en cuenta. Sí, es un tipo de seguro popular que a los agentes les gusta vender diciendo que es lo mejor de ambos mundos: una inversión y un seguro. A diferencia de los seguros a plazo, que son excelentes como seguro, las pólizas de vida entera en su mayoría son mediocres como inversión y como póliza de seguro.

Las finanzas de cada persona son un conjunto de circunstancias únicas. En general, los asesores financieros recomiendan las pólizas de seguro de vida entera a las personas con muchos recursos que ya están invirtiendo la máxima cantidad de dinero posible en cuentas de ahorro con protección fiscal (cuentas de ahorro para la jubilación, cuentas de ahorro para la universidad de los hijos y cuentas de ahorro para la salud). Si tienes mucho dinero y sólo estás leyendo este libro para sentirte bien por todo lo que estás haciendo bien, maximizando las contribuciones a las cuentas que he enumerado, entonces considera añadir una póliza de seguro permanente a tu estrategia.

¿Qué monto de seguro de vida temporal necesitas?

Muchos caminos llevan al mismo destino. En otras palabras, hay diferentes maneras de calcular el monto de seguro temporal que necesitas. Una regla simple es multiplicar tu salario anual por diez. Se trata de una regla burda que no tiene en cuenta tus detalles financieros.

Un cálculo mejor es la regla DIME (por sus siglas en inglés), que significa *deuda, ingresos, hipoteca* y *educación*. Es un método mucho más detallado.

- **Deudas y gastos finales:** suma todas tus deudas no hipotecarias, más una estimación de tus gastos funerarios.
- **Ingresos:** ¿durante cuántos años tu familia necesitará apoyo? Multiplica tus ingresos anuales por esa cifra.
- **Hipoteca:** calcula la cantidad necesaria para pagar tu hipoteca.
- **Educación:** calcula los costos escolares y universitarios de tus hijos.

Puedes elegir si restar o no tus activos del número que obtengas. Si no lo haces, tendrás un poco más de cobertura de la que necesitas, pero eso cambia conforme envejeces. Si adquieres un seguro de vida temporal mientras eres joven, tus ingresos son modestos y tu familia aún no ha crecido del todo, siempre puedes adquirir más. Si bien es cierto que cada día que envejeces el seguro de vida es más caro, comprar hoy un seguro suficiente te garantiza no gastar de más en este momento.

UN SEGURO SUFICIENTE

Cómo contratar un seguro de vida temporal

Puedes contratar un seguro de vida a través de un agente de seguros lo-cal independiente, de un corredor *online* independiente o directamente con una compañía de seguros.

Un agente o corredor independiente te presentará opciones y presupuestos de más de una compañía. Esto es muy bueno para que compares precios y tus opciones.

Saber lo que quieres es otra forma de evitar que se aprovechen de ti. Recuerda que 85% de las personas sólo necesitará un seguro temporal. Es una decisión inteligente saber esto antes de trabajar con un agente de seguros. Los agentes de seguros no son malas personas, pero el sistema en el que trabajan crea una situación en la que sus incentivos no están alineados con lo que es mejor para sus clientes. Si sólo reciben comisiones, tenlo en cuenta si vuelven a ofrecerte más seguros de los que creías necesitar. Ésta es una desafortunada realidad del sector. Entonces, si consigues una referencia de una fuente de confianza, es un buen comienzo.

Policy Genius es un corredor *online* realmente bueno.[7] En su caso, la mayoría de las veces no te pide un examen médico al solicitar la póliza; si usabas el examen médico como un obstáculo mental que no podías superar, ya no es el caso. Y si no sabías que podrían hacerte un examen médico, no te preocupes porque rara vez lo necesitarás para obtener una póliza.

La primera parte del proceso de solicitud es llenarla en línea. Después, un agente te llamará para verificar los datos, explicarte las opciones y ayudarte a decidir la compañía con la que vas a solicitar el seguro. El agente te enviará los documentos para que los firmes. Una vez que te aprueben, pagas la prima. Si es necesario el examen médico, el proceso puede durar varias semanas.

Algunos consejos y consideraciones profesionales sobre un seguro de vida

ᵔ **Las pólizas que te dan en tu trabajo son estupendas, pero si dejas de trabajar ahí, tu póliza no se va contigo.** Una póliza de seguro de vida que es un beneficio a través de su empleador actual no es una póliza portátil. Las pólizas independientes de seguro de vida a plazo estarán en vigor (ése es el término técnico de un seguro de vida activo y en regla) siempre que esté dentro del plazo y tus pagos de póliza estén al día. Me gustan las pólizas independientes por esta razón. Pero no estoy totalmente en contra de las pólizas colectivas. Dado que se ofrecen con tarifas de grupo, podrías acceder a un seguro adicional más barato que no contratarías de forma independiente. Si tienes la oportunidad, considera una póliza de grupo como un seguro adicional.

ᵔ **No dejes de pagar.** Si dejas de pagar una cuota, tu cobertura caducará. Eso significa que perderás la cobertura y tendrás que volver a solicitarla para recuperarla. Y como cada día eres mayor, tus primas aumentan cuando vuelvas a solicitarla. Por lo general, si realizas el pago dentro de un periodo de gracia de 30 días, tu póliza no caducará, pero asegúrate con tu proveedor de seguros de que ése sea el caso.

ᵔ **El periodo de impugnación.** El periodo de impugnación son los dos años posteriores a la contratación de la póliza. Si falleces dentro de ese periodo, la compañía de seguros investiga el siniestro y puede negarse a pagarlo, lo que significa que quizá tus beneficiarios no reciban el dinero.

ᵔ **No mientas en tu solicitud.** Dar una calada al cigarro de un amigo en una fiesta en los últimos 12 meses y no informar de ello en tu solicitud es muy diferente a omitir el hábito de fumar un paquete al día. En cualquier caso, no mientas en tu solicitud para que tus primas sean más bajas. Es un fraude. La compañía de seguros podría investigar tu solicitud y, si demuestran que mentiste porque publicaste fotos diarias en Facebook en las que apareces fumando, eso repercute en que tu familia reciba o no el beneficio del seguro. Sí, es posible que revisen tu Facebook. Las compañías de seguros son mezquinas, así que sé sincero para no ponerle las cosas difíciles a tu familia.

৯ **Necesitas una póliza mientras tengas personas a tu cargo.** Esto puede ser difícil de predecir porque podrías tener hijos adultos o padres ancianos a los que ayudas a mantener. Pero como regla general, la póliza a plazo debería durar todo el tiempo que tengas personas a tu cargo. Y en un mundo perfecto, cuando seas mayor, habrás construido tu patrimonio y no necesitarás un seguro para sustituir tus ingresos porque tus activos lo habrán hecho.

HAZ EL TRABAJO

Protege tu pellejo, asegúrate

El proceso de investigar las opciones de seguro, comparar presupuestos y revisar el plan de gastos para ver cómo encaja todo, tiene varios niveles. Es totalmente razonable dividir todas estas tareas en varios momentos financieros semanales.

Si no tienes seguro médico:

৯ Infórmate sobre tus opciones de seguro médico.
৯ ¿Puedes participar en un plan colectivo que ofrece tu empresa?

  ৬ En caso afirmativo, ¿cuánto te costará mensualmente?
  ৬ ¿Cuándo es la próxima inscripción en la que puedes comenzar tu cobertura?
  ৬ Asegúrate de anotar en tu calendario la fecha de la inscripción.
  ৬ Si no tienes la opción de participar en un plan colectivo, investiga otras alternativas.
  ৬ ¿Perteneces o puedes afiliarte a una asociación profesional como Freelancer's Union que ofrezca un seguro médico colectivo?
  ৬ Consulta las opciones en Healthcare.gov.
  ৬ Revisa tu plan de gastos y explora tus opciones para asegurarte de que puedes pagar un seguro médico.

Si no tienes un seguro de invalidez a largo plazo:

- Infórmate sobre tus opciones de discapacidad.
- ¿Puedes participar en un plan colectivo que ofrece tu empresa?

  - En caso afirmativo, ¿cuánto te costará mensualmente?
  - ¿Cuándo es la próxima inscripción en la que se puede optar por la discapacidad?
  - Asegúrate de anotar en tu calendario la fecha de la inscripción.
  - Si no tienes la opción de participar en un seguro médico colectivo, investiga otras alternativas.
  - ¿Perteneces o puedes afiliarte a una asociación profesional como el Freelancer's Union que brinde tarifas colectivas para la incapacidad a largo plazo?
  - ¿Tu seguro de automóvil o de alquiler ofrece la posibilidad de discapacidad?

- Revisa tu plan de gastos y explora tus opciones para adquirir un seguro de incapacidad a largo plazo.

Si no tienes un seguro de alquiler:

- Contrata un seguro de hogar o comprueba que tienes el adecuado.
- Revisa tu plan de gastos y explora tus opciones para adquirir un seguro de alquiler o un aumento en tu póliza de hogar.

Si conduces, comprueba que tu seguro de auto incluya:

- Responsabilidad civil por las personas que lastimes y los bienes que dañes. Esta cobertura no cubre tus facturas médicas ni tus bienes.
- Colisión.
- Cobertura completa.
- Responsabilidad civil no asegurada y subasegurada (opcional, pero recomendada).

¿Necesitas un seguro paraguas?

◦ Si es así, compara precios. Empieza por la compañía de seguros que utilizas para tu seguro de auto y/u hogar.

¿Necesitas un seguro de vida?

◦ Calcula cuánto necesitas.
◦ Echa un vistazo a Policy Genius para ver algunos presupuestos. Puedes contratarlos o servirte de esta información si usas un corredor.
◦ Solicita un seguro de vida.
◦ Comprueba que tu póliza está en vigor y que estás al día en el pago de las primas.

CONCLUSIÓN

Un estado de maravilla financiera: cuida tu relación con el dinero

Aunque los sistemas generales de opresión son la causa principal de los males del mundo, la lucha contra las injusticias y el desmantelamiento de las estructuras violentas comienzan con un solo acto.

—Jesi Taylor Cruz[1]

Llegar a la cima de la Pirámide de las Finanzas Impactantes no es una hazaña fácil. Enhorabuena por haber llegado hasta allí. Significa que has dedicado una cantidad considerable de tiempo y energía a contemplar y dar forma a tu vida financiera. Ahora que has llegado a un logro, espero que aprecies la sensación de haber conseguido algo. Espero que también reconozcas que, en muchos sentidos, tu viaje acaba de empezar.

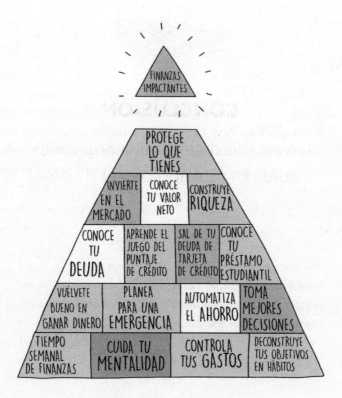

Tu relación con el dinero es como cualquier otra en tu vida. Tus relaciones son dinámicas, evolucionan y cambian conforme tú y el mundo cambian. Mientras sigues navegando por tu vida financiera y te enfrentas a decisiones financieras, no olvides las diferentes herramientas que hay a tu disposición. Tener una buena relación con tus finanzas está vinculada a la forma en que tomas buenas decisiones de forma práctica y racional, así como con sentirnos emocionalmente alineados con nosotros mismos y nuestras acciones.

Mientras sigas fomentando una relación sana con el dinero, espero que recuerdes que hacerlo no consiste sólo en acumular riqueza. No se trata sólo de profundizar en nuestra dependencia al capitalismo en aras de la ganancia material. Este trabajo es una forma única, pero poderosa, de ejercer el poder en un mundo que se empeña en negárselo a mucha gente. Es un modo de utilizar la moneda para amplificar los valores e ideas que deseamos que existan en el mundo. Es una área de nuestra vida en la que podemos practicar transformar las cosas en lo que deberían ser, mientras vemos la paradoja de este esfuerzo. Cuidar tu relación con el dinero es un acto radical y revolucionario.

Pero ¿qué aspecto conlleva una revolución? A veces es resistir y protestar, y otras es leer tranquilamente la palabra escrita en las páginas de un libro, sembrando las semillas de nuevas ideas. Quizás hay muchos caminos que conducen a la revolución. Pero un requisito indispensable, sin importar el camino que tomemos, es reconocer nuestro poder personal y entrar en él.

Mientras procesas lo que has aprendido y lo expresas en el mundo, me gustaría ofrecerte algunos pensamientos finales sobre aspectos que debes tener en cuenta conforme sigas fomentando una relación saludable con el dinero y el poder en tu vida.

RECONOCE TU PODER DE ELEGIR LA ABUNDANCIA POR ENCIMA DE LA ESCASEZ

Incluso cuando las circunstancias son difíciles y cuando la economía se contrae, hay formas en las que puedes expandirte y apreciar la abundancia. No te motivo a que vivas fuera de la realidad. Es un recordatorio de que en cualquier circunstancia hay una multitud de perspectivas. Ver las cosas desde muchos ángulos revela tus opciones y te quita la impotencia. Siempre podemos elegir ver lo bueno en lo malo y lo malo en lo bueno. Tienes muchas

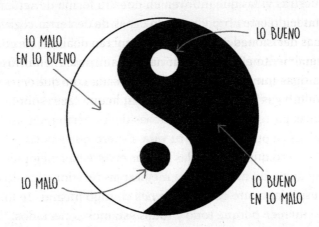

herramientas para calmar tu sistema nervioso y para ayudarte a tomar decisiones financieras. Muchas de ellas son de uso y acceso gratuitos.

SIGUE INVIRTIENDO EN TI MISMO

Lo que has hecho al leer este libro, contemplado y realizado los ejercicios, y pasar a la acción, es invertir en ti mismo. Por favor, sigue haciéndolo. Tú lo vales, te lo mereces. Recuerda que el progreso puede ser lento y requiere tiempo y espacio. Este libro no busca eliminar tus sentimientos negativos sobre el dinero y el mundo, sino de darte el espacio y el enfoque necesarios para experimentar el crecimiento. El crecimiento no consiste en eliminar todas las formas de sufrimiento, sino en estar dispuestos a lidiar con nuestro sufrimiento. Se trata de preguntarte qué no estás dispuesto a sentir, y confiar en ti mismo para atreverte a sentirlo. En la mierda y en el sufrimiento es donde está lo bueno (en la vida, en las relaciones) y es donde encontraremos soluciones a los grandes problemas.

NO CREAS TODO LO QUE PIENSAS

Tu relación con el dinero tiene que ver con el dinero, pero es mucho más. Al reevaluarla y trabajar en ella, te demuestras a ti mismo lo poderosas que son las historias que nos contamos a nosotros mismos y que acaban creando reglas en nuestras vidas que influyen en nuestra forma de actuar y comportarnos. Si has leído este libro y has sido capaz de desterrar reglas e historias ocultas que te has contado y cambiarlas, también debes darte cuenta de que puedes hacer lo mismo con las historias que te cuentas en otras áreas de tu vida. Las historias que te cuentas están entrelazadas. Lo que crees sobre tu valor no se limita a tus decisiones financieras; lo que crees sobre tu valor crea reglas en todas partes de tu vida. Muchas de las herramientas de este libro pueden aplicarse a otras áreas de tu vida. Espero que lo veas.

También espero que aprecies las formas en que has mejorado tu relación con el dinero como un modelo para mejorar las relaciones en otros aspectos de tu vida, especialmente en la que tienes contigo mismo. Te lo mereces; el mundo se lo merece porque todo y todos estamos conectados.

AGRADECIMIENTOS

Ha sido un privilegio y un honor dedicar tiempo, atención, energía y reflexión a la creación de este libro, algo que no habría sido posible sin el apoyo de las muchas personas implicadas.

Me gustaría dar las gracias a la gente que ha leído, apoyado y compartido mi trabajo a lo largo de los años. Gracias a todos los clientes con los que he tenido el gran placer de trabajar: me inspiran cada día.

Por el equipo del Grupo Hell Yeah: Randy, Traci, Jon, Evan y Alex. Gracias por cubrirme las espaldas mientras me tomaba el tiempo para trabajar en este libro.

Tengo una enorme deuda de gratitud con mi agente, Jenny Stephens, y el excelente equipo de Sterling Lord Literistic. Muchas gracias por arriesgarse conmigo y animarme a emprender la loca tarea de escribir un libro.

Gracias a mi editora, Emily Wunderlich, por guiarme a lo largo de este proceso, dando forma a este libro, y por ser tan paciente durante este viaje. Gracias a Nidhi Pugalia por su entusiasmo, perspicacia y apoyo. Y a todo el equipo de Penguin, estoy muy agradecida por haber trabajado con un grupo de profesionales tan amables.

Gracias a mi familia, a mis padres y a mi hermana Al, por animarme siempre a ser yo misma con toda mi rareza, por motivarme a seguir mi curiosidad, por fomentar mi espíritu independiente y por no cuestionar nunca cualquier cosa a la que decidiera lanzarme.

Mordechai, fuiste la persona que realmente me mostró cómo funciona este mundo del dinero. Y fuiste la primera persona que realmente quiso saber lo que yo pensaba al respecto. Desde entonces no he dejado de compartir mi opinión. Te estaré siempre agradecida.

Gracias a Sonja Rasula. La comunidad de propietarios de pequeñas empresas y bichos raros creativos que has reunido para hacer magia ha cambiado mi vida para siempre. Gracias por traerme a tu mundo.

Muchas gracias a Kristan Sargeant. No sé si este libro habría llegado a escribirse, y mucho menos a lanzarse, si no me hubieras ayudado a enfrentarme a mi mayor obstáculo: yo misma. El trabajo que haces cambia la vida; las palabras literalmente no hacen justicia a lo transformador que es, y estoy siempre agradecida de que nuestros caminos se hayan cruzado.

Gracias a mis amigos por su apoyo infinito, su amor ilimitado y el tiempo que han dedicado generosamente a escuchar mis ideas. Espero poder contribuir a su vida tanto como ustedes contribuyen a la mía. Gracias a Jenna, Andrew, Bryan, Anne, Emma, BK, Casha, Chris, Michelle, Shaun, Aye, Karen, Roja, Noel, Junko, Frosti, Dina, Nico, Alyx, Cathy, iO... y a tantos de ustedes que han sido alentadores de mi trabajo y mi escritura. Muchas gracias a todos.

Y gracias a mi esposa, Jenn. Tu amor y apoyo incondicionales me han convertido en quien soy hoy. Gracias por enseñarme a creer en mí misma, por tu infinita paciencia para ayudarme a superar mis miedos, por tu imaginación y por tu incesante empuje para que le ofrezca mi trabajo al mundo.

NOTAS

CAPÍTULO 1. POR QUÉ SOMOS RAROS CON EL DINERO

[1] Adam Curtis (dir.), *The Century of the Self*, episodio 1, "Happiness Machines," transmitido el 29 de abril de 2002, en Two, https://www.youtube.com/watch?v=DnPmg0R1M04

[2] Edward. L. Bernays, *Propaganda Brooklyn* (New York: Ig Publishing, 2004), p. 71.

[3] Robert M. Sapolsky, "Economic Inequality Inflicts Real Biological Harm", en *Scientific American,* 1 de noviembre de 2018, https://www.scientificamerican.com/article/how-economic-inequality-inflicts-real-biological-harm

[4] Carl Gustav Jung, *The Wisdom of Carl Jung* (Nueva York: Citadel Press, 1960), p. 81.

CAPÍTULO 2. CÓMO PENSAR EN EL GASTO

[1] Leon Festinger, "A Theory of Social Comparison Processes", en *Human Relations 7*, núm. 2 (1 de mayo de 1954): pp. 117-40, https://doi:10.1177/001872675400700202

[2] B. L. Fredrickson, "Gratitude, Like Other Positive Emotions, Broadens and Builds", en *The Psychology of Gratitude*, editado por R. A. Emmons, M. E. Mc-Cullough (Nueva York: Oxford University Press, 2004), pp. 145-166.

CAPÍTULO 3. PROTÉGETE DE TI MISMO

[1] Alan S. Waterman, Seth J. Schwartz, Byron L. Zamboanga, Russell D. Ravert, Michelle K. Williams, V. Bede Agocha, Su Yeong Kim y M. Brent Donnellan, "The Questionnaire for Eudaimonic Well-Being: Psychometric Properties, Demographic Comparisons, and Evidence of Validity", en *Journal of Positive Psychology 5*, núm. 1 (enero 2010): pp. 41-61, https://doi:10.1080/17439760903435208

[2] World Bank, "Poverty and Shared Prosperity 2020, Reversals of Fortune", en Washington, D.C.: World Bank, https://openknowledge.worldbank.org/bitstream/handle/10986/34496/9781464816024.pdf

CAPÍTULO 6. EN CASO DE EMERGENCIA, AHORRA

[1] Walter Mischel y Ebbe B. Ebbesen, "Attention in Delay of Gratification", en *Journal of Personality and Social Psychology 16*, núm. 2 (1970): pp. 329-337, https://doi.org/10.1037/h0029815; Angel E. Navidad, "Marshmallow Test Experiment and Delayed Gratification", en *Simply Psychology*, 27 de noviembre de 2020, https://www.simplypsychology.org/marshmallow-test.html

[2] Celeste Kidd *et al.*, "Rational Snacking: Young Children's Decision-Making on the Marshmallow Task Is Moderated by Beliefs About Environmental Reliability", en *Cognition 126*, núm. 1 (enero de 2013): pp. 109-114, https://doi:10.1016/j.cognition.2012.08.004, https://pubmed.ncbi.nlm.nih.gov/23063236

[3] U.S. Bureau Economic Analysis, Personal Saving Rate [PSAVERT], extraído de FRED, Federal Reserve Bank of St. Louis; consultado en junio de 2021, https://fred.stlouisfed.org/series/PSAVERT

CAPÍTULO 7. CÓMO TENER EL CONTROL CUANDO NO LO TIENES

[1] David T. Neal, Wendy Wood y Jeffrey M. Quinn, "Habits—A Repeat Performance", en *Current Directions in Psychological Science 15*, núm. 4 (agosto de 2006): pp. 198-202, https://doi.org/10.1111/j.1467-8721.2006.00435.x

[2] Bankrate, "Best Money Market Accounts", en Bankrate, LLC, consultado el 20 de septiembre de 2021, https:// www.bankrate.com/banking/money-market/rates

[3] Alta liquidez es un tipo de instrumento financiero que puede convertirse rápidamente en efectivo, o lo que la industria llama equivalentes de efectivo. Lo sé, lamento que sea así.

[4] Los activos son cosas valiosas y pueden intercambiarse por dinero.

[5] Por ejemplo, si de cada pago que recibes aportas 3% a tu plan 401(k), tu empleador también aportará 3 por ciento.

[6] L. Wisner, "An Exploratory Study of Mindfulness Meditation for Alternative School Students: Perceived Benefits for Improving School Climate and Student Functioning", en *Mindfulness 5* (2014): pp. 626-638, https://doi.org/10.1007/s12671-013-0215-9

CAPÍTULO 9. REESTRUCTURAR LA DEUDA

[1] Tara Isabella Burton, "The Protestant Reformation, Explained", en *Vox*, 2 de noviembre de 2017, https://www.vox.com/identities/2017/11/2/16583422/the-protestant-reformation-explained-500-years-martin-luther-christianity-95-theses

[2] Olivia Schwob, "The Long History of Debt Cancellation", en *Boston Review*, 13 de noviembre de 2019, http://bostonreview.net/class-inequality-politics/olivia-schwob-long-history-debt-cancellation

CAPÍTULO 10. CÓMO FUNCIONAN LOS PUNTAJES DE CRÉDITO

[1] Louis DeNicola, "How Long Do Late Payments Stay on Credit Reports?", en *Experian*, 14 de enero de 2020, https://www.experian.com/blogs/ask-experian/how-long-do-late-payments-stay-on-credit-reports

[2] Para mayor información sobre cómo solucionar los errores en tus informes de crédito, consulta https://www.consumer.ftc.gov/articles/015-disputing-errors-credit-reports

CAPÍTULO 11. CÓMO SALIR DE LAS DEUDAS DE LAS TARJETAS DE CRÉDITO

[1] "1958", en *Morris County Library*, consultado el 20 de septiembre de 2021, https://mclib.info/reference/local-history-genealogy/historic-prices/1958-2

[2] "The Fresno Drop", en *99% Invisible*, consultado el 19 de enero de 2016, https://99percentinvisible.org/episode/the-fresno-drop

[3] Elizabeth C. Hirschman, "Differences in Consumer Purchase Behavior by Credit Card Payment System", en *Journal of Consumer Research 6*, núm. 1 (junio, 1979): pp. 58-66, https://doi.org/10.1086/208748

[4] Rick Weiss, "Study Has Tips for Waiters: Credit Card Logos Serve Them", en *Washington Post*, 21 de septiembre de 1996, https://www.washingtonpost.com/archive/politics/1996/09/21/study-has-tip-for-waiters-credit-card-logos-serve-them-too/2f13b12f-86d9-4e46-b27d-5d52e96a4619

[5] Esta compañía se especializa en refinanciar la deuda de tarjetas de crédito: https://www.payoff.com

[6] Esta compañía es relativamente nueva y ofrece préstamos personales: https://www.sofi.com

[7] Si quieres opciones de préstamo entre particulares, revisa: https://www.lendingtree.com y https://www.prosper.com

[8] Si quieres más información para comprender la diferencia entre la liquidación de una deuda y los programas de manejo de deuda, revisa el siguiente link: https://www.experian.com/blogs/ask-experian/debt-settlement-vs-debt-management-programs

[9] Para obtener ayuda con un Asesor Financiero Certificado de la Fundación Nacional para la Asesoría de Crédito (NFCC, por sus siglas en inglés), consulta: https://www.nfcc.org

CAPÍTULO 12. ¿PEDIR O NO PEDIR DINERO PRESTADO?

[1] Matt Levine, "Fed Day, Junk Bonds and Unicorns", en *Bloomberg*, 16 de diciembre de 2015, https://www.bloomberg.com/opinion/articles/2015-12-16/fed-day-junk-bonds-and-unicorns

[2] Ésta es una sencilla calculadora de préstamos para ayudarte a comprender cuál será tu pago mensual para devolver el préstamo: https://www.bankrate.com/calculators/mortgages/loan-calculator.aspx

[3] "What Is a Debt to Income Ratio? Why Is the 43% Debt to Income Ratio Important?", en *Consumer Financial Protection Bureau*, consultado el 15 de noviembre de 2019, https://www.consumerfinance.gov/ask-cfpb/what-is-a-debt-to-income-ratio-why-is-the-43-debt-to-income-ratio-important-en-1791

[4] David Brooks, "The Wisdom Your Body Knows. You Are Not Just Thinking with Your Brain", en *The New York Times*, 28 de noviembre de 2019, https://www.nytimes.com/2019/11/28/opinion/brain-body-thinking.html

CAPÍTULO 13. PASA UN FIN DE SEMANA LARGO CON TUS PRÉSTAMOS ESTUDIANTILES

[1] Éstas son algunas de mis herramientas favoritas rastrear el saldo de tus deudas y para comparar diferentes planes de pago mensual: http://www.personalcapital.com; https://unbury.me; https://www.tillerhq.com/solutions/get-out-of-debt

[2] Zack Friedman, "99% of Borrowers Rejected Again for Student Loan Forgiveness", en *Forbes*, 1 de mayo de 2019, https://www.forbes.com/sites/zackfriedman/2019/05/01/99-of-borrowers-rejected-again-for- student-loan-forgiveness/#7c9060c0b16b

[3] Éstos son muy buenos boletines a los que te puedes suscribir para estar al día con la información sobre préstamos estudiantiles: https://studentloanhero.com/subscribe and https://askheatherjarvis.com/blog. Ten en cuenta que de vez en cuando Student Loan Hero enviará correos electrónicos promocionando productos financieros.

[4] Para más información sobre cómo consolidar tus préstamos federales, consulta: https://studentloans.gov/myDirectLoan/index.action

CAPÍTULO 14. CÓMO PENSAR EN INVERTIR

[1] Melissa Rayner, "Happy National One Cent Day: So What Could a Penny Buy You 100 Years Ago?", en *Gale*, 31 de marzo de 2015, https://blog.gale.com/happy-national-one-cent-day

[2] Kimberly Amadeo, "Consumer Price Index and How It Measures Inflation", en *The Balance*, consultado el 15 de abril de 2021, https://www.thebalance.com/consumer-price-index-cpi-index-definition-and-calculation-3305735

[3] Si tienes curiosidad sobre las tasas de interés del CPI, puedes consultarlas todas aquí: https://www.usinflationcalculator.com/inflation/consumer-price-index-and-annual-percent-changes-from-1913-to-2008

CAPÍTULO 15. CÓMO INVERTIR EN EL MERCADO DE VALORES

[1] "Dividend History", en *Dividend History*, Apple, consultado en abril de 2021, https://investor.apple.com/dividend-history/default.aspx

2   Ésta es una buena calculadora para ayudarte a comprender cuánto dinero y activos debe-
    rías tener para retirarte: https://smartasset.com/retirement/retirement-calculator

CAPÍTULO 16. ¿QUIERES CONTRATAR A UN ASESOR FINANCIERO?

1   "Suitability", en *Rules and Guidance*, FINRA, https://www.finra.org/rules-guidance/key-to
    pics/suitability
2   Dayana Yochim y Jonathan Todd, "How a 1% Fee Could Cost Millennials 590,000 in Re-
    tirement Savings", en *NerdWallet*, 27 de abril de 2016, https://www.nerdwallet.com/blog/
    investing/millennial-retirement-fees-one-percent-half-million-savings-impact
3   Esta base de datos te puede ayudar a encontrar un asesor o planificador financiero por ho-
    norarios: https://www.xyplanningnetwork.com
4   Para encontrar un profesional certificado de planificación financiera o un asesor que perte-
    nezca a la Asociación Nacional de Asesores Financieros Personales, consulta: https://www.
    letsmakeaplan.org y https://www.napfa.org

CAPÍTULO 17. CÓMO CREAR RIQUEZA

1   Pablo S. Torre, "How and Why Athletes Go Broke", en *Sports Illustrated*, 23 de marzo de
    2009, https://vault.si.com/vault/2009/03/23/how-and-why-athletes-go-broke
2   Nick Holeman, "Is Buying a Home a Good Investment?", en *Betterment*, 19 de noviembre
    de 2016, https://www.betterment.com/resources/buying-home-good-investment
3   Esta calculadora, que compara la opción de alquilar o comprar, te ayuda a decidir qué es
    mejor para ti: https://www.nytimes.com/interactive/2014/upshot/buy-rent-calculator.html
4   Fox Butterfield, "From Ben Franklin, a Gift That's Worth Two Fights", en *New York Times*, 1
    de abril de 1990, https://www.nytimes.com/1990/04/21/us/from-ben-franklin-a-gift-that-
    s-worth-two-fights.html
5   Para conocer la herramienta de planeación de la jubilación de Personal Capital, consulta:
    https://personalcapital.com
6   Para conocer la herramienta de planeación de la jubilación de Smart Asset, consulta:
    https://smartasset.com/retirement/retirement-calculator
7   Para más información sobre la herramienta de la "Inversión del deseo", consulta: https://
    www.thetoolsbook.com/the-reversal-of-desir

CAPÍTULO 18. PROTEGE TUS ACTIVOS

1   David U. Himmelstein, Robert M. Lawless, Deborah Thorne, Pamela Foohey y Steffie Wool-
    handler, "Medical Bankruptcy: Still Common Despite the Affordable Care Act", en *American
    Journal of Public Health 109 (2019)*: 431-433, https:// doi.org/10.2105/AJPH.2018.304901

[2]   Johanna Maleh y Tiffany Bosley, "Disability and Death Probability Tables for Insured Workers Born in 1997", en *Table A*, Social Security Administration, octubre de 2017, https://www.ssa.gov/oact/NOTES/ran6/an2017-6.pdf

[3]   "What You Should Know Before You Apply for Social Security Disability Benefits", ficha técnica, Social Security Administration, https://www.ssa.gov/disability/Documents/Factsheet-AD.pdf

[4]   "State-by-State Disability Backlog", en *Allsup*, mayo de 2017, https://www.allsup.com/media/files/stateby-state-backlog-2017.pdf

[5]   "Monthly Statistical Snapshot, February 2021," Tabla 2, Social Security Administration, marzo de 2021, https://www.ssa.gov/policy/docs/quick facts/stat_snapshot/2021-02.html

[6]   "Poverty Guidelines 01/15/2021", Office of the Assistant Secretary for Planning and Evaluation (ASPE), 2021, https://aspe.hhs.gov/poverty-guidelines

[7]   Éste es un gran corredor de seguros en línea: https://www.policygenius.com

CONCLUSIÓN

[1]   Jesi Taylor Cruz, "Composting Food Waste Is an Act of Resistance", en *ZORA*, julio de 2020, https://zora.medium.com/composting-food-waste-is-an-act-of-resistance-f5ba3425394a

Esta obra se imprimió y encuadernó
en el mes de mayo de 2022,
en los talleres de Impresora Tauro, S.A. de C.V.,
Av. Año de Juárez 343, Col. Granjas San Antonio,
C.P. 09070, Iztapalapa, Ciudad de México.

Esta obra se terminó de imprimir en ...
Folios ... en ... de ... de ... de 20...
en los Talleres de Impresión de ... Láser, S. A. de C. V.
con domicilio en ... No. ... Col. ... , C. P. ... , Naucalpan,
Estado de México. El tiraje consta de ... ejemplares ...